CS 比较译丛 32

比 较 出 思 想

比较
Comparative Studies

人口大逆转

老龄化、不平等与通胀

［英］查尔斯·古德哈特（Charles Goodhart）
［英］马诺吉·普拉丹（Manoj Pradhan） 著

廖岷 缪延亮 译

中信出版集团｜北京

图书在版编目（CIP）数据

人口大逆转 /(英)查尔斯·古德哈特，(英)马诺吉·普拉丹著；廖岷，缪延亮译. -- 北京：中信出版社，2021.8（2023.7重印）
书名原文: The Great Demographic Reversal: Ageing Societies, Waning Inequality, and an Inflation Revival
ISBN 978-7-5217-3164-4

Ⅰ.①人… Ⅱ.①查…②马…③廖…④缪… Ⅲ.①人口构成—影响—世界经济—研究 Ⅳ.①F11

中国版本图书馆CIP数据核字（2021）第098643号

First published in English under the title The Great Demographic Reversal: Ageing Societies, Waning Inequality, and an Inflation Revival by Charles Goodhart and Manoj Pradhan, edition: 1
Copyright © Charles Goodhart and Manoj Pradhan, under exclusive license to Springer Nature Switzerland AG, 2020 *
This edition has been translated and published under licence from Springer Nature Switzerland AG.Springer Nature Switzerland AG takes no responsibility and shall not be made liable for the accuracy of the translation.
Simplified Chinese translation copyright © 2021 by CITIC Press Corporation
ALL RIGHTS RESERVED

本书仅限中国大陆地区发行销售

人口大逆转

著　者：［英］查尔斯·古德哈特　［英］马诺吉·普拉丹
译　者：廖岷　缪延亮
出版发行：中信出版集团股份有限公司
（北京市朝阳区东三环北路27号嘉铭中心　邮编 100020）
承　印　者：宝蕾元仁浩（天津）印刷有限公司

开　本：787mm×1092mm　1/16　印　张：19.75　字　数：240千字
版　次：2021年8月第1版　印　次：2023年7月第10次印刷
京权图字：01-2021-0963
书　号：ISBN 978-7-5217-3164-4
定　价：79.00元

版权所有·侵权必究
如有印刷、装订问题，本公司负责调换。
服务热线：400-600-8099
投稿邮箱：author@citicpub.com

目 录

"比较译丛"序 ································· V

中文版序言 ····································· VII

导读 作者和译者的对话 ························· XIII

第1章 导论 ··································· 1
1.1 人口"甜头":人口、中国和全球化的基本力量如何塑造了过去几十年的经济 ············ 1
1.2 大逆转正在开启:"甜头"变酸 ············· 11
1.3 我们可能错在哪里? ······················· 17

第2章 中国:一场历史性动员的终结 ············ 25
2.1 三幕历史塑造了中国的世界地位 ············ 26
2.2 经济权力集中,政治权力下放 ·············· 32
2.3 中国的大逆转 ··························· 39

第3章 人口大逆转及其对未来增长的影响 ······· 50
3.1 人口"甜头"正缓慢变酸 ··················· 50

I

3.2 人口周期：地域特征统一，经济特征失衡 ………… 54
3.3 产出增长 …………………………………………… 59

第4章 依赖性、痴呆和护理危机 …………………… 64
4.1 引言 ………………………………………………… 64
4.2 老龄化的危害 ……………………………………… 65
4.3 痴呆的成本 ………………………………………… 70
4.4 痴呆的宏观经济影响 ……………………………… 76

第5章 通胀卷土重来 ………………………………… 84
5.1 通胀是储蓄和支出平衡的产物 …………………… 85
5.2 部门平衡：私人部门的盈余将受到侵蚀，政府能减少赤字吗？ …………………………………………… 88
5.3 总体宏观经济影响 ………………………………… 103

第6章 大逆转之下的（实际）利率 ………………… 105
6.1 引言 ………………………………………………… 105
6.2 低迷的增长会导致实际利率保持低位吗？ ……… 106
6.3 事前储蓄和事前投资的分部门变化 ……………… 108
6.4 风险厌恶和安全资产的短缺？ …………………… 116
6.5 政治压力 …………………………………………… 118
6.6 结论 ………………………………………………… 119

第7章 不平等和民粹主义的兴起 …………………… 120
7.1 引言 ………………………………………………… 120

目 录

7.2	不平等	122
7.3	不平等上升的原因	130
7.4	民粹主义的兴起	133

第 8 章　菲利普斯曲线　139
8.1　引言：历史的发展　139
8.2　水平的菲利普斯曲线？　146

第 9 章　为什么没有发生在日本？　153
9.1　引言：传统分析的缺陷　153
9.2　国内投资：繁荣与萧条　158
9.3　国内生产和就业的结构变化　167

第 10 章　什么可以抵消全球老龄化的影响？　176
10.1　国内：自动化、劳动参与率、移民　177
10.2　印度和非洲能否抵消老龄化经济体的人口不利因素？　185

第 11 章　我们可以逃离债务陷阱吗？　193
11.1　引言　193
11.2　债务的积累　198
11.3　我们可以逃离债务陷阱吗？　207

第 12 章　从债权融资转向股权融资？　212
12.1　引言　212
12.2　拉平股权融资和债权融资的净财务优势　215

12.3 改革企业经理人的激励结构 ················· 221

第13章 未来的政策问题 ························· 226
13.1 引言：未来的崎岖道路 ····················· 227
13.2 不可避免的两件事：老龄化和税收 ··········· 230
13.3 货币政策 ································· 239

第14章 逆（主）流而行 ························· 242
14.1 我们的方法论和主要判断 ··················· 246
14.2 我们和主流观点的不同之处及其原因 ········· 247

后记 新冠疫情后不完美的未来 ····················· 254
参考文献 ······································· 261
译后记 ··· 277

"比较译丛"序

2002年，我为中信出版社刚刚成立的《比较》编辑室推荐了当时在国际经济学界产生了广泛影响的几本著作，其中包括《枪炮、病菌与钢铁》《从资本家手中拯救资本主义》《再造市场》（中译本后来的书名为《市场演进的故事》）。其时，通过20世纪90年代的改革，中国经济的改革开放取得阶段性成果，突出标志是初步建立了市场经济体制的基本框架和加入世贸组织。当时我推荐这些著作的一个目的是，通过比较分析世界上不同国家的经济体制转型和经济发展经验，启发我们在新的阶段，多角度、更全面地思考中国的体制转型和经济发展的机制。由此便开启了"比较译丛"的翻译和出版。从那时起至今的十多年间，"比较译丛"引介了数十种译著，内容涵盖经济学前沿理论、转轨经济、比较制度分析、经济史、经济增长和发展等诸多方面。

时至2015年，中国已经成为全球第二大经济体，跻身中等收入国家的行列，并开始向高收入国家转型。中国经济的增速虽有所放缓，但依然保持在中高速的水平上。与此同时，曾经引领世界经济发展的欧美等发达经济体，却陷入了由次贷危机引爆的全球金融危机，至今仍未走出衰退的阴影。这种对比自然地引发出有关制度比较和发展模式比较的讨论。在这种形势下，我认为更有必要以开放的心态，更多、更深入地学习各国的发展经验和教训，从中汲取智慧，这对思考中国的深层次问题极具价值。正如美国著名政治学家和社会学家李普塞特（Seymour Martin Lipset）说过的一句名言："只懂得一个国家的人，他实际上什么国家都不懂"（Those who only know one country know no country）。这是因为只有越过自己的国家，才能知道什么是真正的共同规律，什么是真正的特殊情况。如果没有比较分析的视野，既不利于深刻地认识中国，也不利于明智地认识世界。

相比于人们眼中的既得利益，人的思想观念更应受到重视。就像技术创新可以放宽资源约束一样，思想观念的创新可以放宽政策选择面临的政治约束。无论是我们国家在二十世纪八九十年代的改革，还是过去和当下世界其他国家的一些重大变革，都表明"重要的改变并不是权力和利益结构的变化，而是当权者将新的思想观念付诸实施。改革不是发生在既得利益者受挫的时候，而是发生在他们运用不同策略追求利益的时候，或者他们的利益被重新界定的时候"。* 可以说，利益和思想观念是改革的一体两面。囿于利益而不敢在思想观念上有所突破，改革就不可能破冰前行。正是在这个意义上，当今中国仍然是一个需要思想创新、观念突破的时代。而比较分析可以激发好奇心、开拓新视野，启发独立思考、加深对世界的理解，因此是催生思想观念创新的重要机制。衷心希望"比较译丛"能够成为这个过程中的一部分。

钱颖一

2015 年 7 月 5 日

---

* Dani Rodrik, "When Ideas Trump Interests: Preferences, Worldviews, and Policy Innovations," NBER Working Paper 19631, 2003.

中文版序言

人口趋势和全球化对世界尤其是中国金融和实体经济长期趋势的影响，应该得到比当下更多的关注，本书试图纠正这种不平衡。本书的标题"人口大逆转"，在中国表现得尤为明显。在过去的40年里，中国惊人的崛起一直是经济全球化进程中最重要的事件。因此，中国在本书中扮演了重要的角色，第1章专门描述了中国近期以及当前的经济发展，我们在书中对中国的引用也远多于其他国家。中国规模庞大的技能劳动力群体加入全球化，使得全球有效劳动力的供给一度上升了120%。随着人口趋势的逆转，中国的劳动力并不会脱离世界劳动力市场，而是会在未来的30年里与西欧甚至东欧一道迅速萎缩。

人口趋势和全球化通常变化缓慢，并且是在全球层面而不是在国家层面起作用。由于大多数宏观经济分析关注的是周期性和国家层面的变化，所以我们认为，这些因素的重要性被严重忽视了，也许西方学者比亚洲学者更甚。对全球性和结构性因素的关注为我们提供了很多素材，足以写一本很厚的书。

我们的一个重要结论是：我们的国家和社会，包括中国，还没有为老龄化带来的无数问题做好充分的准备。社会保障、财政问题、医学研究的重心以及债务积压，都会随着全球老龄化而变得越来越重要。

我们既没有实际上也无法涵盖所有影响长期经济走势的众多议题,比如气候变化和技术发展。这主要是因为有许多比我们更加专业的人士已经在讨论这些议题。另外,还有一些"未知的未知"(unknown unknowns),可能在我们未来的生活中起主导作用。

我们认为,这些人口和全球化因素是造成过去30年通缩压力的主要原因,但是这些力量正在发生逆转,使得世界主要经济体在未来30年左右的时间里将再次面临通胀压力。我们最常遇到的问题是:"从通货紧缩到通货膨胀的拐点何时出现?"当我们在2019年写作本书的时候,我们不得不承认我们并不知道,也许5年内会发生。

当然,那是在2020年初新冠疫情之前;疫情的发生是"已知的未知"(known unknown)。疫情的总体影响将使本书概述的趋势加速发生。中国将更加关注国内,减少给全球带来的通缩压力,通胀本身将比我们预期的更早、更快地上升。由于这对我们在书中提出的问题很重要,出版商欣然同意让我们在本书后面增加一个简短的结尾(后记)。

这本书的内容主要是实证性的,如果没有帕特里克·德罗兹季克(Patryk Drozdzik)和唐博(Bo Tang)给研究提供的宝贵帮助和对数据的洞见,以及玛丽娜·埃蒙德(Marina Emond)对手稿的组织和准备,本书是不可能完成的。我们感谢他们的不懈努力,也要感谢普拉坦查·帕德什(Pratyancha Pardeshi)对这些主题的早期研究提供的帮助。

然而,数据需要依据理论转化为叙事才易于理解和具有说服力。为此,我们当然要感谢许多在我们之前的人,例如,第8章

中文版序言

中讨论的比尔·菲利普斯（Bill Phillips）撰写的关于劳动力市场疲软与工资增长之间关系的文献，以及第7章中讨论的布兰科·米兰诺维奇（Branko Milanovic）对不平等的研究。我们特别感谢卡罗尔·贾格（Carol Jagger）纠正了我们在依赖性和痴呆方面的一个错误，感谢卡米拉·卡文迪什（Camilla Cavendish）在第4章中提供的指导，感谢卡罗尔·贾格及其合作者允许我们引用PACSim模型研究中的表格，以及克里斯·林奇（Chris Lynch）和阿尔茨海默病国际组织允许引用《世界阿尔茨海默病报告》中的表格。我们从阿尔茨海默病全球首席执行官倡议（Global CEO Initiative on Alzheimer's Disease）召开的会议上收集到的见解非常有用。我们要感谢乔治·弗拉登伯格（George Vradenburg）和德鲁·霍尔扎普费尔（Drew Holzapfel），还要单独感谢娜塔莉亚·谢尔维（Natalia Shelvey）。同样，我们感谢迈克尔·德弗鲁克斯（Michael Devereux）及其合作者允许我们引用他们关于"基于目的地的现金流量税"（Destination-based Cash Flow Taxation，DB-CFT）的论文的摘要，以及他对本书文稿提出的有益评论。我们还感谢贝努瓦·莫洪（Benoit Mojon）和泽维尔·拉戈（Xavier Ragot）在劳动参与率数据方面提供的帮助。

除此之外，我们还要感谢：

- 英格兰银行允许我们转载古铁雷斯和皮东（Gutiérrez and Piton, 2019）的研究报告中的图表，以及2019年7月《金融稳定报告》中的两张图表。
- 圣路易斯联邦储备银行允许转载埃尔南德斯·穆里略等人（Hernández Murillo et al., 2011）的研究报告中的图表。
- 泰勒和弗朗西斯（Taylor and Francis）允许转载米恩

（Meen，2005）的研究报告中的图表。

- 伦敦银行与金融研究所（London Institute of Banking and Financial）允许转载《金融世界》（2019）中梅休（L. Mayhew）文章的部分段落。
- 西班牙银行（Banco de España）允许转载阿克索伊等人（Aksoy et al.，2015）的研究报告中的表格。
- Rightslink 允许转载海瑟（Heise，2019）的研究报告中的表格。
- Brookings 允许转载雷切尔和萨默斯（Rachel and Summers，2019）的研究报告中的图表。
- Marketplace Copyright 允许转载格博豪等人（Gbohoui et al.，2019）的研究报告中的段落和图表。
- 美国经济学会允许转载奥托等人（Autor et al.，2019）的研究报告中的两张图表。
- Statista 允许转载其中的一张图表。
- The High Pay Centre 允许转载其中的一张图表。

更广泛地，我们要感谢申铉松（Hyun Shin）鼓励我们写作本书。我们特别感谢黄海洲仔细阅读了整本书，并大大改进了有关中国的章节。同样，我们也要感谢伊藤隆敏先生（Takatoshi Ito）对有关日本的章节提供的帮助。帕尔格雷夫 – 麦克米伦（Palgrave Macmillan）的一些编辑为本书的出版提供了很多帮助，特别是图拉·维斯（Tula Weis）、雷切尔·桑斯特（Rachel Sangster）、露西·基德韦尔（Lucy Kidwell）和阿扎鲁丁·谢里夫（Azarudeen Ahamed Sheriff）。

我们非常荣幸该书中文版能由中信出版集团出版，并特别感谢我们的出版人吴素萍女士，两位译者廖岷先生和缪延亮博士，他们的工作都非常出色。

然而，我们最感亏欠的仍是米菲·古德哈特（Miffy Goodhart）和普拉丹（Pradhan）的家人，他们不计较我们疏于关心，还原谅了我们。

查尔斯·古德哈特
马诺吉·普拉丹
2021年5月于英国伦敦

导读　作者和译者的对话

廖岷： 古德哈特教授，很高兴再次在网上与您相见。我还记得在英国与您几次见面的场景，其中一次是您在剑桥大学和我们讨论《巴塞尔协议Ⅲ》及银行风险管理问题。马诺吉·普拉丹博士，您好！首先，我想说我们俩都非常喜欢你们合著的这本书。本书关于全球人口趋势大逆转及其影响的主题非常重要。我们非常赞同你们阐述的观点，即这一影响宏观经济长期趋势的重要因素一直以来都被严重低估。因此，我想问的第一个问题是，出于什么样的原因促使你们写出了这样一本好书？在新冠疫情之前，主流观点都认为我们依然处于金融危机后艰难而缓慢的经济复苏中，利率还会继续下降或保持较低水平，一切都会在未来5年、10年甚至20年内保持不变。谢谢！

古德哈特： 谢谢！很高兴与你们在网上见面！本书的写作可以追溯到较久以前，我们在伦敦摩根士丹利一起工作的时候。在我这个年纪，对事物的记忆并不如马诺吉来得好。所以，当初是什么促使我们向国际清算银行提交了那份报告？马诺吉，你还记

---

* 该导读为本书译者和作者于2021年4月16日的对话实录，原文为英文，由缪延亮和王帅翻译整理，廖岷核校。

得吗？

普拉丹：我记得。当时的主流观点是，利率将会在很长一段时间内保持低位。那时候，几乎所有发达经济体10年期和20年期债券的收益率都是负的。我和查尔斯（指古德哈特教授）都对世界永远不变的观点很不以为然，因为事物总是在发展变化之中。我们的观点是，尽管市场正确地强调了周期性力量，但它们忽视了长期结构性因素（同时也是生产函数的一部分）即将发生巨大变化。我们可以相对确信地说，中国和其他加入全球化进程的国家帮助降低了全球的通胀，因为这一现象已经发生30年了。在那个时间点，我们提出的观点是，如果人口因素出现逆转，那些趋势凭什么还会继续保持不变？讨论就是这样开始的，接着我们讨论了该如何处理债务？日本以及其他相关的问题说明了什么？在向国际清算银行提交报告之前，我们已经在摩根士丹利发表了关于人口的报告。我们将它们（人口和债务）联系在一起。如果我没有记错的话，国际清算银行一位杰出经济学家申铉松建议我们深入研究并写成一本书。然后我们花了更多的时间，更好地表达我们的观点，提高可读性。就是这样，我们大概花了四年的时间创作此书。

古德哈特：我想补充的是，我们最感自豪的是第4章，它起初不在国际清算银行的报告里。这一章我们提到了神经退行性疾病的影响，以及这将如何使老龄化社会对政府来说更加昂贵且更加难以应对，甚至比我们之前认为的更加棘手。以上部分是因为我们的个人经历。马诺吉和我都因为家庭原因对痴呆的问题有更多了解。我们之所以为此感到自豪，是因为通过跨学科的联系，我们将宏观经济分析与人口统计学和老龄化的医疗影响结合起来。

廖岷： 教授，这也是我最喜欢的章节，正如您所说，它是跨专业领域的研究。你们得出非常有力且有意思的结论，发人深省。当读到第 4 章时，我个人认为当下中国的实际情况也是一个例证。你们的书会让我们认真思考如何更快、更好地应对老龄化的一系列社会经济挑战。人口结构变化很快，人口老龄化、医疗、养老等造成的问题正发生在中国的主要大城市里，我们也改变了一胎、二胎政策。另外，我还想和你们讨论关于中国那一章（第 2 章）的几个观点。我的第二个问题是，金融市场的一系列指标都在体现通胀上升的预期。有人说大通胀已经来临，同时，也有人认为这只是短期现象，或者说是受到了新冠疫情的影响。到底如何看待这个问题？如果没有这次疫情，我认为你们书中的结论仍会得到验证，但不会这么快。所以我在想，这只是一种巧合吗？新冠疫情的暴发似乎给你们的观点提供了更多的证据。你们如何看待最近发生的一切？你们认为利率和通胀上升会持续，还是说只是暂时的？我认为，也可能有一种情况，即便你们的观点是对的，我们也会大概率看到未来通胀将出现一定的反复。很希望你们向中国读者介绍一下你们目前的看法，谢谢！

古德哈特： 没人真正知道未来一两年会发生什么，因为我们从来没有经历过大片地区被封锁这样的情况。现在我们正在走出这种状况。在封锁期间，出现了很多新的现象。部分由于不能消费，储蓄急剧上升，并且是被迫储蓄，没人知道储蓄有多少，也不知道会维持多久。一旦恢复正常，人们会动用这些储蓄。除了大量储蓄，大多数国家的货币供给也急剧增加。在日本和美国等一些国家，货币的增长几乎比以往任何时候都快得多。我们认为，这意味着经济重启后通胀会上行。在这之后，主流观点认为，在当局不施加更多刺激的情况下，一切都会回到更低的通胀水平，约每年2%。但是我们觉得通胀预期会相应调整，主要是因为美国（当然也包括其他国家）已经采取并将继续的大规模刺激政策。同时，劳动力的供给已经开始出现短缺，例如在美国，失业救济金如此之高以至于人们不愿意接受低收入的服务业工作，宁愿保持失业状态。在英国，许多低收入的工作和服务基本上由东欧移民完成，他们中很大一部分已经回国。因此，基于各种不同的原因，我们认为工资会开始上升。同时，世界上许多国家的最低工资都在急剧上升。由于供给相对于需求更少，我们认为，将会出现劳工地位提升导致劳工议价能力重新增强的情况，并且通胀会持续高于大多数央行当前的预期。

普拉丹：如果从金融市场看，我认为2020年的市场非常不愿意承认这一点。现在有了很多变化，并且重要的是当前全球经济高度同步。在金融危机期间则相反，全球经济的复苏是极端不同步的。一开始，美国和英国出现大规模的房地产债务危机；数年后，中国经济开始放缓；大约一年后，欧洲陷入危机；然后新兴市场出现了"脆弱五国"（南非、巴西、土耳其、印度和印尼）。所以，即便表面上显示经济经历十年的扩张，全球增长看似稳定，但其实每隔两到三年就会有一次巨大冲击。我们从不敢说每一个经济体都在持续地扩张。这一次，我们正在见证这辈子最同步的经济扩张。所有的经济体都在增长，中国和北亚开始于2020年2月，发达经济体也包括新兴经济体在6月重启。在那之后，又陆续出现一些问题，有些地区被重新封锁，但是产出再也没有降到2020年2月的水平。当每一个经济体都在增长的时候，正外部性溢出的概率会更大。如果某些经济体内部出现了问题，它们还可以从外需中获益。美联储继续扩大宽松政策，发达经济体甚至中国都大量使用财政政策。在进行国别分析时，大多数人都习惯于仅考虑本国的情况，很少考虑甚至直接忽视全球的影响。正如我们在书中所说，大多数人只是在口头上承认中国对世界的影响。同样，我认为他们也忽视了我们看到的大规模全球财政和货币扩张的影响。即便一个国家微不足道，当你把150个国家放在一起考虑时，这也是一个非常巨大的冲击。

廖岷：我想稍微挑战一下你们的看法。有些人可能会说，当下通胀的来袭并不是由人口结构变化这种长期趋势造成的，而是如您所说的，是由绝大多数经济体同时出现超量货币供给导致的。你们如何回应这些观点？因为人口结构因素确实还存在，尽管有变化，但是中国现在还在一如既往地为全球提供着相对廉价的劳动力，尤其是在疫情期间。中国对外出口大幅增长，这一趋势依然存在。与此同时，通胀的上升实际上比人口趋势的变化要快得多。因此，有些人会说，也许你们的观点并不十分准确，通胀主要是由经济政策造成的，而不是结构性因素的变化。你们会如何反驳这种观点呢？谢谢！

古德哈特：我认为您说得很有道理。事实上，当我们在2019年新冠疫情之前写作本书时，我们真的不知道这些潜在的人口趋势会在什么时候产生影响。并且，我们在五年之内也不会知道。不过我们非常肯定，除非有重大的医学突破或者其他主要因素，到2030年世界的通胀会更高。只是我们还不太确定拐点会在什么时候到来。我们的观点是，近期的政策以及由此导致的同步复苏将会推升通胀，一旦出现持续上升的通胀，由于潜在的人口趋势和全球化的影响，那个拐点会比我们预期的来得更快。现在我们还不知道的是，全球化会慢到什么程度，或者会不会逆转。我们也不知道，中美的贸易摩擦会持续多久，这会不会影响中国的对外出口。我相信大家都注意到了一件事，由于新冠疫情的影响，许多国家都开始意识到一些关键产业，尤其是生产疫苗的制药业，应该留在本土。我认为本次危机的教训，意味着许多国家都将面临压力，欧元区的国家也好，美国也罢，都会确保一些产业留在本土。举一个例子，我认为美国人担心中国拥有世界上大部分的稀土资源，所以他们将努力尝试开发中国之外的稀土资源。这仅仅是一个例子。我们确实有理由相信，无论出于什么原因，全球化都会面临政治阻力，这会抑制中国出口在全球占比持续上升的趋势。

普拉丹： 我认为您刚刚提出的问题确实需要一个两天的研讨会来解决。我们几乎不可能给出完整的答案，但是让我们试试。目前衡量中国对世界影响的方法严重低估了其真正影响。如果你仔细看看美联储的研究以及投行的研报，他们关心的是什么？他们关心中国对进口价格的影响。他们关心中国进口商品所占的份额和经常账户的情况。他们甚至关心中国进口商品如何影响通胀的一些度量指标。这远远不够，中国在其他方面也是抑制通胀的主力军。我认为，问题在于人们一直讨论的技术转化。中国经历了世界上最大规模的技术转化。因为在1979年，中国刚开始对外开放，基本没有什么资本积累。不过好消息是，当你什么资本都没有时，任何引进的事物都是最先进的。如果你现在去看看纽约或者伦敦的地铁系统，它们很难维护，因为它们是一百多年前建成的。如果你在中国建一个铁路系统，它肯定是全新的。在一张白纸上，你们采用最先进的技术，也更容易在此基础上创新突破。现在你们有了世界上相对便宜的劳动力以及几个世纪的知识积累。我认为，中国的技术转化和廉价的技能劳动力，影响了发达经济体的各个行业。就像查尔斯经常说的，工资的问题是向中国外包的影响使工资处于低位。但是这很难被精确测度。如果我们是对的，这些压力已经是过去时了，不影响我们对未来将发生逆转的判断。另外，您提到的出口是新冠疫情期经济的一部分。大家主要消费制造品、快递和外卖。北亚是世界上具有所有这些东西的地方，这也是这里的出口如此强劲的原因。当经济逐渐恢复正常，出口增长就会放缓。实际上，中国本身并不想过多依赖出口，而是想更持续地发展经济，所以我认为经济发展的重心会转移。我想说的第二点依旧是来自查尔斯的经历。就我个人来说，写这本书可能是我这一生中最宝贵的经历，我感觉我每天都在上经济学101课，不断从查尔斯那里接收信息。他分享了他在英格兰银行工作的经历。他说，在20世纪80年代之后，也就是最初对抗通胀的胜利之后，央行并不需要年复一年地积极对抗通胀，通胀几乎是自己回落的。如果未来通胀变得越来越难控制，逆转过去30~35年的故事，这将会是对我们观点的又一次佐证。最后，简单地说，央行控制通胀会变得越来越难，原因有二。第一，通胀是人口结构性和全球性力量的结果；第二，政府不会同意加息，因为加息危害经济增长，妨碍政府连任。

廖岷： 我同意二位的观点。因为当前很多其他因素在全球发挥作用，例如像您说的，科技、竞争、地缘政治压力等，我们进入了全球化的未知区域，我们不知道未来会发生什么。当然，根据你们在书中的论点，你们至少对过去的30年或40年做出了强有力的解释。正如您所说，中国走向世界舞台，带来了大量相对廉价的劳动力，这是我们看到的去通胀因素，是对过去的一种强有力的解释。同样，我们也十分确信，人口因素还会在未来发挥它的作用。也许它不能百分之百预示未来，但我们必须记住人口趋势的变化是一个非常重要的因素。而且，非常重要的是，不只美国、欧洲、日本等发达国家和地区，中国也面临着人口趋势变化带来的巨大压力。我们需要思考如何应对人口老龄化给我们的生产率和经济增长等造成的冲击。因此，从这一意义上说，这是一本非常好和非常及时的书。我们需要更多地向古德哈特教授学习，他总能一直把握时代的思潮。我把时间留给我的同事，缪延亮博士。谢谢。

缪延亮：谢谢，我必须承认当廖先生邀请我一起翻译这本书时，我通读了全书。起初我并不太赞同书中的许多观点，或许是受我咸水派经济学训练的影响。但越深入地读下去，我就越赞成你们的观点，但是我依然有些疑问。第一，本书把人口趋势放在最瞩目的位置，解释通胀和实际利率这两个宏观经济变量。传统上，正如我们在教科书中学到的，生产函数包括三个要素：技术、资本和劳动，而劳动在大多数基准模型中只写在脚注中，例如典型的索洛模型，均衡状态下的 GDP 增速、人均资本、人均 GDP，这些都不会随人口增速的改变而改变。在均衡状态下，劳动不起作用。那又是什么在驱动经济周期？是什么在推动经济的潜在增速？主流观点认为是由技术进步和资本积累驱动。这也是人们关注的因素。我的问题是为什么要强调人口，又为什么要在这个时候强调人口？我觉得你们在书中说的人口大逆转实际上是两个逆转，不仅是人口趋势的逆转，还有全球化的逆转。这两种

导读　作者和译者的对话

力量在中国结合在一起，因为中国融入世界体系是人口和全球化同时进行的。现在这两股力量看起来都在逆转。而且，说到这里，您刚才也提到了资本，中国的资本增加了，技术也发展了。中国的抚养比早在十年之前就见底了，2010年就已经是人口转折点了。你们为什么认为现在才是转折点？从根本上，我还是在问为什么要把宏观经济典籍和前沿研究一笔带过的人口放在最中心的位置？这是第一个问题。

古德哈特：我认为经济学课本忽略劳动供给变动的影响是不妥的。在过去30年里，世界的劳动力供给的确发生了巨大的变化。现在又要再次改变。您问我为什么是现在？这是因为这些趋势对工资的影响非常缓慢，捕捉到这些影响需要很长时间。另一个因素是生育率的下降，这与耐用消费品如冰箱、洗衣机等的普及相互作用。在20世纪五六十年代之前，几乎有一半的工作年龄妇女都在家里做家务，没能为GDP做贡献。妇女的劳动参与率，即女性工人占比，在过去四五十年中急剧上升。所以，如果你把中国的增长、普遍的全球化以及妇女劳动参与率的上升结合在一起，它就成了极其重要的潜在影响因素。其中一个问题是，这些趋势变化既缓慢又平滑，以至于如果你展望未来两年——我们经济学家大多做未来两年的宏观经济预测——你完全可以忽略它，因为这基本上就是外生给定的值。而当你预测未来十年时，你就不能忽略它。这些潜在的全球变化和趋势有很强的惯性，从拐点出现到根本上影响劳动和资本的关系，需要经过很长一段时间。但是新冠疫情是世界上的重大危机，它改变了全球的政策，会加速显现长期潜在因素改变带来的影响。

普拉丹：新兴市场经济体和发达经济体的一个重要区别是，

劳动力在新兴经济体比较便宜而资本在发达经济体中相对比较便宜。那么新兴市场国家如何积累资本呢？它们通过扭曲资本的价格来积累资本，而这通常发生在快速增长的过程中。比如，中国舍弃了"不可能三角"中的资本自由流动，这使中国可以拥有独立的货币政策和控制汇率。当人口前景乐观时，这种快速增长会特别有力。我想说的第二点是，如果你读到本书中关于中国的章节，你会看到第一行问的是：是全球化成就了中国崛起，还是中国崛起推动了全球化？我们真的不知道答案。但是人口在过去30年里没有引起人们注意的原因之一在于，这是一个真正的融合，合二为一。人们都不知道是该称为中国劳动冲击还是全球化冲击，它们或多或少是同一件事。最终，全球老龄化问题也发生了变化。斯堪的纳维亚半岛在老龄化，美国在老龄化，西欧在快速老龄化，北亚和东欧也都在老龄化。世界上没有一个地区还在享受人口红利。如果你去非洲、印度以及拉美地区看看，人们也会指出这个问题。正如查尔斯所说，经济学教科书需要重写。

缪延亮：对。我个人认为，如果考虑长期问题，人口结构因素确实有更重要的作用，它会出现在经济模型中。刚刚你们提到全球老龄化，书中关于通胀会上升的一个主要论点是，抚养比会因为老龄化而上升。书里有一个比喻确实给我留下了深刻的印象，它说有太多的嘴在争夺太少的食物。作为经济学家，我们知道这是在类比有太多的货币追逐太少的商品。我们都很清楚这一点，却很少以这种方式看待通胀，虽然这看起来非常直观。您说工作是通缩性的，因为你必须生产出比消费更多的商品才能被雇用，这种说法非常直观。然而，在课本和模型中，很少有人会这么想。我想给您一个相反的论点，以农业为例，农业人口越来越少，但是我们依旧有能力养活70亿人口，并没有农产品的持续通胀。某种程度上这突出了技术进步的重要性，是技术进步在减少生产单位产品所需的劳动力方面发挥了重要作用。所以，如果说是人口驱动了通胀，言外之意就是您认为技术进步还不够快，其影响只能退居次位。是这样吗？否则，您无法将您的理论与农业或制造业领域发生的事相匹配，对吧？

古德哈特：是的，我同意。我们不是也没有试图成为技术领域的专家。技术确实有可能会大幅进步，极大地提高生产率，我们当前面临的问题大多会迎刃而解。同样，也有罗伯特·戈登这类人，他们认为，所有通过最简单直接的技术就可以获取的经济果实已经被人类完全获取了。同时，在技术开发者之间依然存在技术进步是会慢下来还是会加速的争论。我们在这个方面并没有任何的特殊专业知识。我们的观点并不是完全乐观的，但是这也不一定完全是坏事，比如，国家之间可以更加平等。出于某些原因，我们的观点可能是错的。比如，如果医学可以治疗神经退行性疾病，那就太好了，这意味着照顾老年人只需要更少的人口，社会应对老年人问题会更加简单便宜。药物可能会解决一些问题。我想表达的是，有充分的理由相信，随着增长变慢，生活可能会变得更加困难。

普拉丹：首先，我们的主要观点是我们非常需要科技。您提到了农业，制造业也是一样的。中国出口占世界出口之比已经上升了非常多，但这并没有减缓中国的增长，只是改变了增长的构成。美国变得更加消费主导，而中国变得更加投资主导。这些趋势也开始发生变化，现在中国希望更高比例的消费，而美国不得不提供更多的投资。如果想持续增长，就必须引入更多的技术。

其次，不管是在哪个部门，都有一些人认为技术是好的，因为这给了他们更多的工资，而其他人则认为技术是有害的，因为技术会替代他们的工作。服务业，特别是直接或者间接照顾老年人的行业很不同，因为有些工作不适合由机器人来做。即便面临的任务是一样的，但是每个人都应不同对待，每一个有神经退行性疾病的人每次也不是接受相同的护理，所以我们需要人手。但是，如果政治原因使我们不能雇用移民，那么，我们就要从经济系统中的其他部门转移人手。因此，我们需要科技来替代其他重复性很强的工作。相较于您提到的农业，服务行业转变并不是那么容易，因为它不是重复性任务，也不是季节性的，或者通过编程就能完成的。日本有一家完全自动化的酒店，它大约在三年前开业，之后有将近50%的机器人都被淘汰并被替换成了人工，因为它们不能通过改变程序让自己变得足够灵活。现在它们依然可以改变，但是这种改变会很快发生吗？人们都在谈论无人驾驶汽车，好像未来五年每辆车都能实现自动驾驶一样。这可能需要更长的时间来完成。在那之前，我们会有更多的老年人，劳动力的供需两端会变得非常不同。

缪延亮：好的。如果我理解的没错，您是在说随着人口趋势的逆转，未来对劳动力的需求会激增，尽管科技对制造业和农业有很大帮助，但是它并不能像之前一样作用于服务业，尤其是养老服务上。

普拉丹：完全正确。

廖岷：当你在分析全球化或全球经济时，这是一个非常复杂的系统，资本、技术、劳动每一个因素都在发挥作用。我在读这本书时，给我留下深刻印象的是你们按照自己的逻辑分析了复杂情况下某一个因素的作用，这是一种重要的方法，让我们用一个简单、清晰的逻辑思考具有重大影响的长期因素。当然，这并不是说，我们能用一个因素取代所有其他因素，我们不能有这种野心，这也不切实际。因此，正如我一开始说的，本书围绕自己的主题，有非常强的论据。而且，我们确实必须牢记在心，人口趋势作为结构性因素在长期起着非常关键的作用，而这经常被经济学家以及政策制定者忙于短期决策时忽视。我认为这是本书的闪光之处。

缪延亮：我还有一个问题，这个问题大多数主流经济学家思考了很久，并且得出了与您不同的结论，这就是老龄化对储蓄和资金需求的影响。对储蓄的影响，你们说老龄化会带来更低的储蓄。但是，越来越多的人开始质疑这一点，老龄化实际上可能会提高储蓄，看看欧洲，预期寿命和退休年龄都延长了许多，人们必须储蓄更多。储蓄率实际上在上升。就算我们退一步讲，在供给端，正如您说的，工作人口在减少，储蓄率下降，储蓄总量下降。我们还要再看看需求端，在书中，你们说住房需求会一直在那里，因为人们更不愿意搬家。这种解释是不是比较牵强，在美国当人们有了孩子后会住在大房子里，退休之后会搬到两间卧室的公寓里住；也许在这之后，他们还会搬去护理中心这样的地方。所以，随着人口老龄化，住房需求和投资需求基本上都会下降。但是本书的观点完全相反。这也是你们得出实际利率会上升的原因。就算储蓄按照你们的推理会下降，虽然不少人认为储蓄实际上会上升，需求仍有可能下降得更快，这依然会导致利率更低而不是更高。

古德哈特：不同的国家、不同的文化地区会不太一样。也许英国的情况有些特殊。但是，尽管他们的孩子已经离开，对老年人的护理依然更多地发生在原有的房子里，因为搬迁对他们来说确实是一件艰难而又痛苦的事，到最后，他们还是大概率要搬到养老院去。但是随着预期寿命的增加，住房空间的严重错配时间也会变长，因为老年人那时候可能还会住在当初大到可以容纳他们孩子的房子里。在他们的孩子离开后的很长一段时间里，他们依然会住在那。这可能会出现很大程度上的居住空间分配不当。还有另一重考虑是，我们在书中提到的一个现象，我觉得人口学家已经注意到了，但是经济学家还没有考虑到，结婚年龄和生育第一个孩子的年龄都在快速上升。在我年轻的时候，人们二十几岁就结婚，30岁之前就会生小孩，在他们50岁之前，孩子就会离开家。他们可以用收入最高而且没有任何负担的15年来储蓄。现在结婚年龄上升了，生育第一个孩子的年龄也在上升，很多人40岁之前都没有成家，这意味着他们不需要抚养孩子的时间在减少。人最没有家庭负担的时候是18~30岁。可是，当你25岁时，你很少会想到你能活到85岁以上，从而有十七八年的退休时间，需要你很早就开始储蓄。年轻时你只想着买一套房子，这确实需要很多储蓄。你也为此省了很多钱，但这差不多就是你储蓄的全部。年轻人不能足够地储蓄，因为在20岁时，你很难想象退休后是什么样子。你的主观贴现率实际上非常高。

普拉丹：在我们的书中，相较于均衡实际利率的上升，我们更加确信未来的预期通胀会上升。因为，正如您所说，问题是储蓄和投资会同向运动，我们在纠结到底哪一项会变化更多。如果储蓄相比于投资下降得更多，那么实际利率会上升，如果投资下降得更多，那么利率就会下降。所以，哪一种观点都没有太强的说服力。而通胀的路径则要清晰得多。假设我们接受主流观点，均衡实际利率保持不变。主流观点会认为，在去通胀的环境中，由于通胀下降，所以实际利率会上升。我们持相反意见。尽管均衡实际利率保持不变，通胀上升也会压低实际利率。此外，我们还认为均衡实际利率甚至有上升的趋势，略高的实际利率加上更高的通胀，这意味着名义利率会上升非常多。这一点是问题的关键。有了这样的结论后，我要补充一点，住房是一个非常复杂的问题。老人年纪大了，不想离开家。但是许多老龄化的家庭往往希望住得离医疗设施近一些，这会吸引他们住到市中心，看看意大利空荡荡的乡镇和村庄就知道了。最后，如果老年人住在家里，那么城市里的年轻家庭就需要新的住房。总的来看，在储蓄持续下降的时候，住房需求会依旧保持强劲。其结果是给实际利率带来上升压力。

廖岷：对中国而言，如你们所说，一方面，很多人都想搬进大城市，另一方面，大城市里的很多人也开始想搬到郊区，住更多、更大的房子，这两种情形实际上都在发生，会对未来房屋的需求造成影响。

普拉丹：这与发达经济体中的一些趋势一样，很多人都想住进第二家园。总而言之，住房问题还是非常棘手。我觉得查尔斯大体上是对的，我父亲就不想离开他的房子。无论外面的世界多美好，他只想待在自己该待的地方。这意味着新的住房问题还很复杂。我们不觉得我们已经把所有的因素都考虑进去了。

缪延亮：即使在中国，很多老一辈人都不想离开自己的家，也不想去养老院，他们只想待在自己的家里。

普拉丹：当你到了六七十岁的时候就知道了，我妻子对我说

XXVII

下次将会是最后一次搬家，之后就要别人把我们抬走了。（众人笑）

廖岷：好的，由于时间的关系，我们换一个话题吧。因为这本书是关于人口趋势，国家层面以及世界层面的问题。在与您讨论中国这个具体案例之前，我首先要说，你们关于中国经验的历史分析很有启发性。书中提到的三幕历史塑造了中国经济和世界经济，令人印象深刻。我想问问你们，因为中国的故事还没有结束，我们还会持续发展并且融入全球化。考虑到外部世界如此动荡，根据书中的结论，您对中国政府有具体的建议吗？我不知道您有没有想过这个问题。

古德哈特：我觉得马诺吉回答这个问题比较合适。他比我更了解亚洲地区，关于中国和日本的章节也是他牵头的。

普拉丹：我很高兴，当查尔斯说我在某一方面比他更懂时（众人笑）。如果您五年前问我这个问题，那么答案会大不相同。因为五年以前，我认为传统观点似乎依然是中国可以回到8%～9%的增长率。这是一种非常危险的思路。因为这意味着决策者要试图继续保持旧的增长模式，这会在未来变得更糟，不过事情已经好转了。自2015—2016年以来，我认为中国政府和决策者的愿景发生了巨大的变化。他们完全清楚，必须摒弃旧的增长模式。钢铁的生产受到打击，而国有企业也不能驱动未来经济增长。新的增长模式还在积极探索中。实际上，我个人认为中美的贸易摩擦实际上对中国有利。我们书中关于中国的那一章有一幅图表明，在向消费主导的经济体转型过程中，中国似乎在走日本的老路。日本转型是因为在过去几十年的过度投资之后，投资不得不停滞。虽然消费占GDP之比提高了，但消费增长缓慢，日本是被动地和机械地变成了消费驱动的经济。这就是中国面临的风险。不过，贸易摩擦带来了转机，我认为这给中国带来了意料之外的好处，因为这迫使中国不得不考虑别的增长模式，而不是仅仅依赖于消费（我认为这最后会以失败告终）。例如，对半导体产业前景的冲击是如此之大，以至于中美都想更加独立自主。这不完全是一件坏事，因为中国在展望未来时会被迫更加关注自身，并且分配更多的资本用于保证未来的增长。我认为现在最大的挑战就是如何解决过去的问题，即国有企业和银行资产负债表上的债务。如果这些债务不能被清算或者转化为股权，那就很难继续发放信贷。如果清算债务，那就必须对银行注资。所以，很难指望利益相关方自己会主动解决这些问题，因为这将会使所有人的资产负债表恶化。未来，除了社会保障性住房以外，我建议要长期重点关注社会护理体系。世界各地的政府都很少关心未来老年人的需求。你越激励更多的工人护理老年人，或者让他们进入社会护理系统，未来的压力就越小。这需要得到政府的关注，尤其是在中国。

廖岷：不仅对中国来说是这样，全世界也是如此。在我看来，每个社会都需要加快准备，以应对一个加速到来的老龄化世界带来的各种挑战。人们对此还没有进行足够深入、细致的思考。

古德哈特：是的，这是非常好的意见。我承认人口老龄化问题还没有受到足够的关注。我非常同意您。我们的社会还没有为这种变化做好准备。正如我在开头说的，中国政府现在对此非常关注，但我认为很难扭转这样的局面，因为这是个长期问题。如果你想发展社会护理体系、社会保障体系和医疗体系，这并不是那么容易的，你要花很多的时间、很多的精力。

廖岷： 但是无论如何，这本书给了很好的预警。我想说这本书在中国出版以后，会得到很多人的关注，因为中国有14亿人口，人口问题永远是最大的问题。这个问题在全球被忽视已经很久了，尤其是对长期受益于人口红利的国家而言。长期因素、慢因素往往如此，会使全球各个国家为自己的疏忽承担后果。我还想和你们讨论一个问题，书中有一个关于中国杠杆率和债务问题的讨论。实际上，正如普拉丹博士所说，您认为债务问题是中国的一个非常大的问题，但同时，你们在书中又提出，由于杠杆的资产和债务双方都在同一张资产负债表上，因此，在中国，债务问题并不是太大的问题。这个看法值得商榷。我们都知道，问题的核心不是看你有多少资产，而是要看资产能不能产生足够的收益或足够的未来现金流，如果不能，这些资产对应的负债就会给你带来更大的伤害，因为你还欠别人很多钱，而你的资产不能产生足够的利润让你偿还债务。因此，这是我们需要关注的问题。

普拉丹： 您完全正确。您的推理没有任何问题。但是我们指出的只是一个政策选择，如果你选择减记债务和相应的资产，那么要付出的代价就是无法继续积累信贷。在讨论债务之后的段落中，我们说，这一策略的代价就是无法通过信贷刺激消费，从而带来经济增长。因为当你在消化过去资本错配造成的损失时，你就不能拥有足够的新资本来创造新的信贷增长。如果你想要新的信贷增长，那么你就不能保持现有的策略。中国现在的策略好像就是"有3%的增长就足够了"。中国只是想要以一种不造成更多问题的方式消化债务。如果战略是创造新的资产以促进更快的增长，那就必须做出改变。但只要这种更高增长策略不是政策优先目标，中国愿意接受低增长以控制债务问题，那么我认为我们就处在可持续的平衡状态上。

廖岷： 我想把您今天说的话放在本书的前面，好让中国的读者真正理解您的意思，因为我有点担心，当读到这部分时，人们可能会有不同的解读。有人会由此觉得这不是一个很严重的问题。

古德哈特： 我们本应该说得更清楚些，马诺吉，你能重写这段话并发过来吗？

普拉丹： 可以，我可以做到。

廖岷： 但不是这个版本，对吧？也许未来您可以重写这段话并把它发给我们，由我们来翻译。

普拉丹： 是的，我们也可以做到。你们可以把对话放在书的开头，我也会试着在相应的章节中更清楚地阐释这点。既然您提出了这么好的意见，为什么不在两个地方都改进呢？

廖岷： 非常好。另一个问题就是您说的，在日本和中国，劳动力市场都不能作为减震器，在日本这是由长期存在的文化导致的，而在中国这是由关注社会稳定因素造成的。因为中国不喜欢解雇工人，实际上，我不太认同这一点。在过去的三四十年里，中国取得了巨大的成就。但在20世纪八九十年代，我们也解雇了大量的国企工人，许多人因此失去了工作，这个过程也很复杂。国有企业以及商业银行在改革过程中都通过各种方法解雇了冗余员工。这次疫情期间，我们有很多人失业，但同时，我们在某种程度上没有像西方企业那样大规模裁员。我们看到像美国等发达经济体，由于新冠疫情，航空公司解雇了飞行员，其他行业解雇员工的报道。我们有的企业通过压减部分工资，员工会继续和企业在一起，因此他们不会被解雇。但是，我想说，因为你们

XXXI

在一开始就提到中国的三幕改革开放的历史，这些改革是我们建设市场经济的重要经验与教训，也是中国成功的秘诀。所以，当读者读到本书关于中国劳动力市场这一部分时，这种印象可能会削弱你们一开始提出的观点。另外，中国的民营部门在就业、生产、税收等各个方面，都扮演了越来越重要的角色。因为在1979年之前，我们是100%的计划经济，而现在已大不相同，这和本书中第一部分关于中国市场经济改革和开放的逻辑是一致的。

普拉丹：这一点容易协调。真希望在写书时能有我们今天这样的对话。很明显，中国民营部门的作用已经显著增加，绝大多数的就业都来自民营企业。实际上，如果观察中国应对疫情的政策，它必须更多是财政方面的，而不是货币方面的，因为货币政策通常会使大银行、地方政府和大企业获得资金，但是70%的就业都是由中小民营企业提供的，而财政是唯一能使资金进入这些机构的方式。中日之间的比较也与此相关，因为大多数资源错配是由国有企业造成的，民营企业没有那么大程度的资源错配。因此，民营企业裁员的呼声也没有那么大。通过不良资产管理公司的试点，中国消除了八九十年代的资源错配问题。当前采取这种做法的呼声不高。思路似乎不再是对银行采取冲击疗法，通过制造"好的"或者"坏的"资产来改变资产负债表，而是通过两种方式吸收过去的资本错配：一是通过资产管理公司，二是通过债转股。在物质资本方面，许多有过剩产能的部门（如钢铁部门）被直接关闭了，但你不能这样处理工人。由于过剩产能很多来自国有企业，有灵活的方式吸收过剩的工人，允许他们进入城市和民营企业。这让我们的故事逻辑更一致了，您的评论非常好。

廖岷：好的，我们不想耽误你们太久了，你们那边已经是凌晨了,非常感谢。这是一次非常有趣并且充满思考的讨论,让我们更深入地理解了你们的观点。我说过,我们真的希望这本书的中文版能够产生影响,这样我们就会更多地关注人口趋势的变化,这是一个充满挑战又极具敏感性的领域。我们既需要改革,出台一些激励相容的措施,让人们乐意工作更长一段时间,同时也需要循序渐进。比如,有人提议,一项可能的政策是让人们获得退休待遇的同时,继续通过服务社会来挣更多的钱,减少社保的压力。有人提议减免一部分退休后继续工作的人的个人所得税,让人们愿意为社会工作更长时间。对医疗保健系统而言,这也是一个巨大的挑战。尤其是在这次疫情期间,一些地方的医疗系统经受了超负荷的考验,给我们提出了很多新问题。总之,我们希望读者朋友在读完你们的书后能有更多的收获。最后,再一次感谢你们,我们期待今后能继续保持交流,也希望你们的书在中国取得成功,谢谢你们!

缪延亮:谢谢,再见!

普拉丹:谢谢,这很好!

古德哈特:谢谢!

第 1 章 导论

中国的崛起及其人口带来的"甜头",强力影响了过去三十多年全球通胀、利率以及不平等的变化走向。然而,未来将完全不同于过去,因为我们正在经历一个转折点:随着"甜头"变酸,几十年来由人口变化带来的趋势将发生戏剧性逆转。

我们的许多结论充满争议。无论是金融市场还是政策制定者都没有准备好应对通胀和工资的大幅上升,或者名义利率的上升。我们的其他预测则更为乐观:生产率会提高,劳动力在国民产出中所占的份额会增加,引发了诸多社会和政治动荡的不平等将缩小。

无论我们是对还是错,"人口大逆转"都具有广泛的影响,涉及金融、医疗保健、养老保障体系以及货币和财政政策等方面。

我们可以肯定的一点是,未来将与过去完全不同。

1.1 人口"甜头":人口、中国和全球化的基本力量如何塑造了过去几十年的经济

1.1.1 中国的崛起

1990 年到 2018 年,经济发展唯一最重要的变化就是中国的

崛起及其融入全球贸易体系。20世纪80年代，邓小平改变了此前失败的经济政策，将社会主义思想体系与市场经济的务实开放相结合，提出了"建设有中国特色的社会主义"的政策口号，这最终促使中国在2001年加入了世界贸易组织（WTO）。中国融入全球制造业综合体系使得发达经济体可贸易部门的可用劳动力供给量增加了一倍多。因此，本书第2章以有关中国的内容开启全书的讨论。

1990年到2021年，中国新增的劳动年龄人口（15～64岁）比欧洲和美国新增的劳动年龄人口总和的4倍还多，前者的新增量超过了2.4亿人，而后者的新增量不到6 000万人，且主要在美国。劳动年龄人口参与就业的变化也使得天平向有利于中国的方向倾斜。一方面，从2000年到2017年，中国农村劳动人口大规模转移至城市，使城市人口占总人口的比例提高了23个百分点以上，或使城市人口增加了约3.7亿人。同期，美国劳动力占总人口的比例下降了4个百分点以上，如果这个比例没有下降，则失业率在新冠疫情暴发之前可能更高。

1.1.2 东欧重新融入全球贸易体系

1989年柏林墙的倒塌，以及随后的苏联解体，是推动全球劳动力供给有效增加的另外一种力量。这使得从波罗的海国家开始的整个东欧国家，从波兰往南到保加利亚，也融入了世界贸易体系。东欧劳动年龄人口从2000年的2.094亿人增加到2010年的2.097亿人，2020年预计为1.939亿人。

中国的崛起和东欧回归世界贸易体系这两个政治经济变化，给世界贸易体系的可用劳动力供给带来了巨大的正向冲击。过去几十年里经济自由主义被广泛接受，从1986年的乌拉圭回合到2001年的多哈回合的贸易谈判，降低了国际贸易壁垒，增加了新增劳动力被利用的机会，其结果是，全球化突飞猛进，1990年到2017年，全球贸易量年均增长5.6%，而同期全球GDP年均增长2.8%。2004年，中国在全球制造业产出中的份额为8.7%，到2017年，这一份额已经达到26.6%。

然而，中国与东欧融入全球贸易体系并不是导致可用劳动力数量剧增的唯一因素。发达经济体内部的其他两个人口特征，也助推了全球劳动力供给的增加。

1.1.3 发达国家人口的良性变化

人口的第一个变化特征是，这些年人口抚养比（被扶养人口与劳动年龄人口之比）持续下降。第二个变化特征是劳动年龄人口中从事有偿工作的女性比例增加。

抚养比下降与出生率有关，出生率在二战后曾短暂上升，50年代之后开始急剧下降。另一方面，预期寿命则在相对较迟的时候才开始了长期上升趋势。婴儿潮一代是这一变化中的重要组成部分，他们从20世纪60年代末开始进入劳动力市场，直到2010年以后的10年内才开始进入退休年龄。1970年到2010年，年轻人口相对于劳动人口的减少超过了退休人口的增加，但日本和英国除外（表1.1）。与此同时，许多社会经济领域的变化提高了劳动人口中女性的劳动参与率（表1.2，美国、英国、法国、德国和日本）。

中国崛起、全球化和东欧重新融入全球贸易体系，连同人口因素，包括婴儿潮一代进入劳动力市场和抚养比的改善、更多女

人口大逆转

性就业，使得劳动力供给受到有史以来规模最大的正向冲击。1991年到2018年的27年间，全球发达经济贸易体系的有效劳动力供给增加了一倍多（图1.1）。

表1.1　年轻人和退休人员占总人口的百分比　　　　　（单位：%）

	美国	英国	德国	日本	中国
年轻人					
1970	28	24	23	24	40
2010	20	17	14	13	19
1970年到2010年的变化	-8	-7	-9	-11	-21
2010	20	17	14	13	19
2019	19	18	14	13	18
2010年到2019年的变化	-1	1	0	0	-1
退休人员					
1970	10	13	24	7	4
2010	13	17	21	22	8
1970年到2010年的变化	3	4	-3	15	4
2010	13	17	21	22	8
2019	16	19	22	28	11
2010年到2019年的变化	3	2	1	6	3

资料来源：联合国人口统计。

表1.2　女性的劳动参与率　　　　　　　　　　　　（单位：%）

	美国	英国	德国	法国	日本
1990	56.2	52.0	45.2	46.3	50.1
2010	57.5	55.5	52.8	50.9	48.7
2019	55.8	57.1	55.3	50.2	51.4
1990年到2019年的变化	-0.4	5.1	10.1	3.9	1.3

资料来源：世界银行。

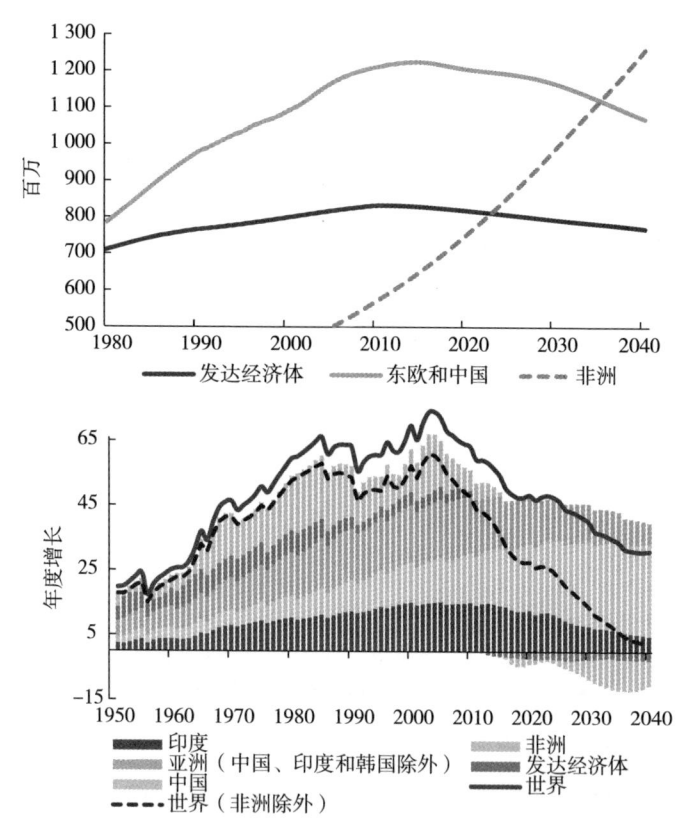

图 1.1 老龄化世界：劳动年龄人口的规模正在下降，增速正在减缓
资料来源：联合国人口统计。

1.1.4 对经济的巨大影响

20世纪90年代至今的三十多年，对全球经济而言非同寻常（第3章）。劳动力供给受到如此正向的冲击，其结果就是劳动力议价能力不可避免地被削弱。特别是在发达国家，相对于资本、利润、管理人员和技能劳动力的报酬而言，低技能和中等技能劳动力的实际工资下降，经济状况恶化。

私人部门工会成员数量的持续下降，既是劳动力议价能力下降的征兆，也是加深这一问题的原因，这两点在大多数发达国家是共同存在的。图1.2显示了主要发达经济体的情况。

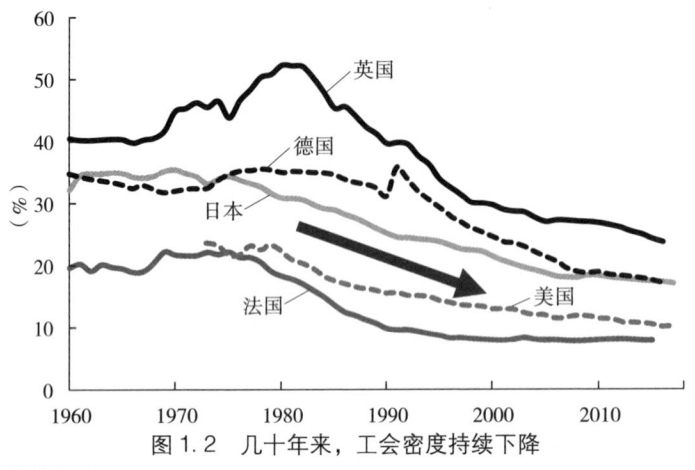

图1.2 几十年来，工会密度持续下降

资料来源：OECD。

因此，通缩的力量如此之强就不足为怪了。28年来，大多数发达经济体的耐用制成品价格趋于有规律地下降，尽管最近几年下降幅度有所减少。相比之下，发达市场经济的服务业通胀率从20世纪80年代开始急剧下降，90年代以来趋于稳定，接近2%的水平，尽管在最近几年又略有下降。奥布斯特费尔德（Obstfeld，2019）在有关"美国货币政策的全球维度"中展示了一张与我们图1.3类似的图。

导致通缩的力量如此强大，使得通胀率在1990年以来的几十年里大多维持在2%左右（这是央行的政策目标区间），最近已经低于2%。即使采用极为宽松的货币政策和财政政策，也基本无法使全球经济再次出现通胀，而这些政策却导致公共部门债务率在和平年代里呈现最大规模、最持久的上升（除德国外，见表1.3和图1.4）。

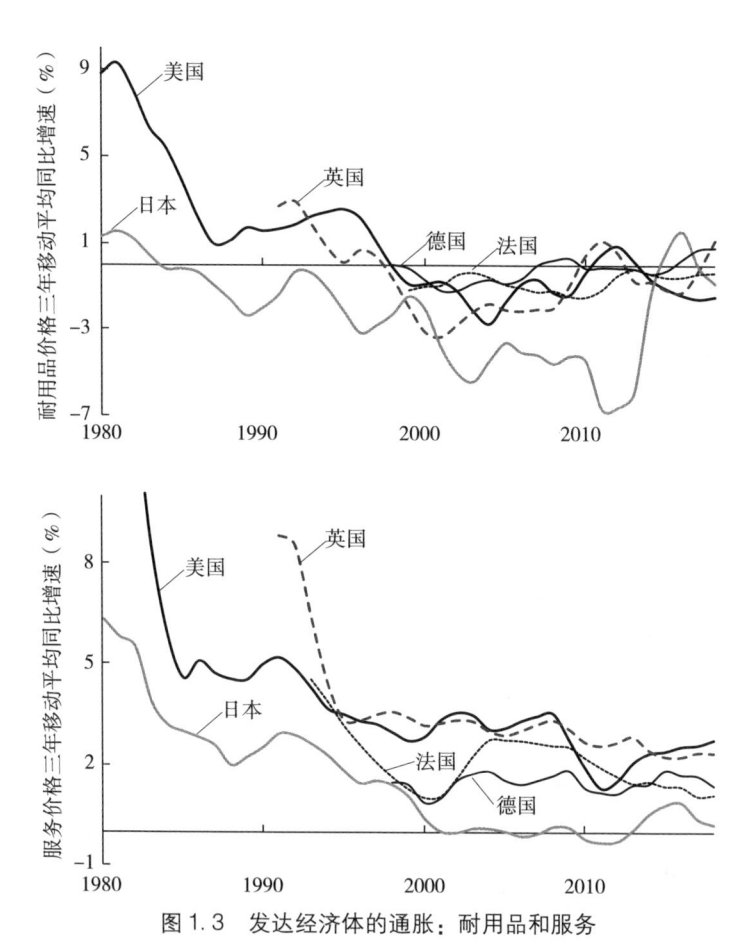

图 1.3　发达经济体的通胀：耐用品和服务

资料来源：美国劳工统计局（BLS），英国国家统计局（ONS），以及各国数据。

表 1.3　一般政府债务与 GDP 之比　　　　　　　　　　　　　　（单位：%）

	1990	2000	2010	2017
美国	62.0	53.1	95.7	105.2
英国	27.2	37.0	75.6	87.5
德国	41.0	58.9	80.9	63.9
法国	35.4	58.6	85.1	96.8
日本	64.3	137.9	207.9	237.7
中国	N/A	22.8	33.7	47.0

注：N/A 表示数据不可得。

资料来源：国际货币基金组织全球债务数据库。

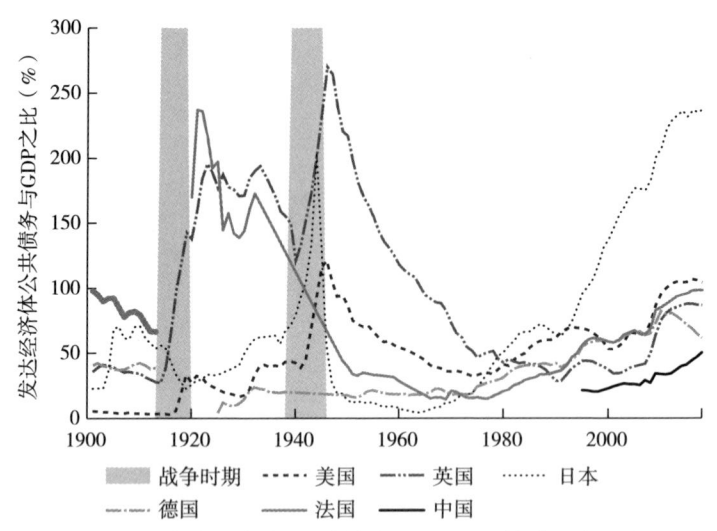

图1.4 发达经济体公共债务与GDP之比将进一步上升

资料来源：国际货币基金组织。

人口变化给金融市场带来了一些最为突出的影响。至少到2017年或2018年，利率呈稳步下降趋势（图1.5）。由于通胀率维持较低水平，这意味着当前经通胀调整后的实际利率也在下降。利率下降导致资产价格上涨。虽然这一趋势因2008—2009年全球金融危机有所中断，但一直未变，尤其是在股票价格和房价方面。

1.1.5 对社会的影响：赢家、输家和不平等

在这一过程中，赢家是发达经济体拥有有形资本和人力资本的那些人，以及中国和东欧的工人。因此，正如表1.4所示，美国工人与中国工人、法国工人与波兰工人的工资之比迅速缩小。由于中国人口数倍于美国人口，因此，在发达国家内部的收入不平等状况趋于恶化的同时，国家之间以及全球的收入不平等状况

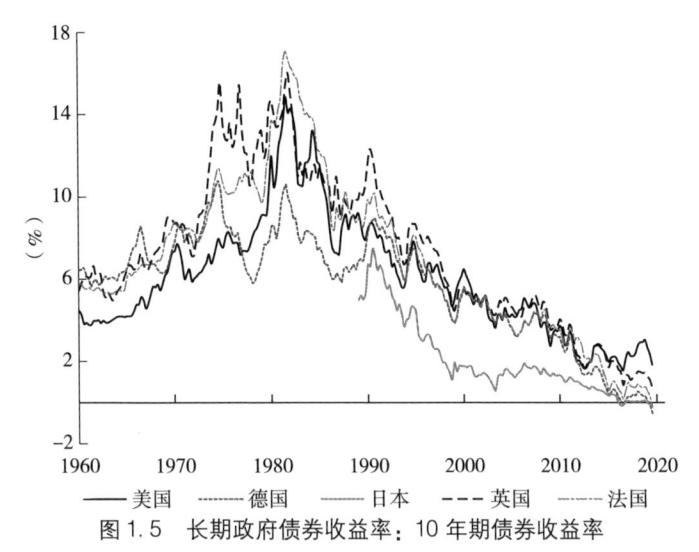

图 1.5　长期政府债券收益率：10 年期债券收益率

资料来源：美联储经济数据库。

则得以改善。在大多数国家，用顶部10%与底部90%人口的收入比衡量的不平等状况趋于恶化，财富不平等也是如此。第7章对此有详细阐述。

在许多发达国家，收入与财富不平等加剧，低技能工人的实际工资缓慢增长，导致更高比例的选民对其政治制度失去信心，并深信精英阶层不再关心他们。这是自二战以来第一次，在我们国家的很多人，也许是绝大多数人，看不到自己或孩子们的经济福利在未来几十年内有任何较大改善的可能性。对于这种暗淡的前景，他们主要归罪于全球化和来自海外的竞争，包括制造业生产的离岸外包；国内来自抢夺低技能工种的外来移民的竞争，以及精英阶层未能成功回应他们的担忧。其结局就是政治民粹主义泛起和经济自由主义危机。

2008年全球金融危机之前没有政治反弹的原因是，这一时期国家经济总福利的增加对冲了不断加深的不平等，这一阶段通常

表1.4 工人工资之比：美国/中国，法国/波兰

	美国/中国	法国/波兰
2000	34.6	3.9
2001	30.6	3.3
2002	27.4	3.5
2003	25.0	4.0
2004	22.9	4.2
2005	20.4	3.8
2006	18.1	3.7
2007	15.2	3.5
2008	12.2	3.0
2009	10.8	3.7
2010	9.7	3.3
2011	8.4	3.3
2012	7.5	3.4
2013	6.7	3.4
2014	6.3	3.3
2015	6.0	3.4
2016	5.9	3.4
2017	5.6	3.2
2018	5.1	2.9

资料来源：各国数据。

被称为"大缓和时期"。从许多方面看，这确实是世界历史上经济总体取得成功的最好的15余年：稳定的经济增长、低失业率、稳定的通胀、脱贫人数比以往任何同等时期都要多。正如默文·金（Mervyn King，2003）所说，这是一个经济无通胀且持续扩张的"美好"年代，这自然抵消了发达国家内部日益恶化的不平等。

然而，一旦全球金融危机爆发，这种良性对冲就消失了。在大多数发达经济体，实际工资的下降加剧了不平等。人们往往错

误地认为，对银行的救助以及扩张性货币政策对资产价格的支撑作用，表明精英们只顾自己的利益，而没有对大多数劳动者日益恶化的境况做出反应。

我们确信，中国的崛起及其大规模劳动力正向冲击的影响是全球必须消化的，如果你也同样信服这个说法，那么为什么在宏观经济分析中没有普遍强调这一点呢？一个基本的问题是，大多数金融、宏观经济和政策讨论都只与未来两年（最多三年）走势的预测有关。在这种较短的时间内，以人口因素和全球化影响为代表的基本趋势，通常变化缓慢而稳定，无法影响短期周期性预测的主要特征。只有在极少数情况下，因短期冲击及其政策应对，这些基本趋势才有可能成为主导因素。

我们在形成长期观点时，可能出现的失误是往往赋予影响短期预测的因素太大的权重，而像人口这样确实主导长期变化的慢变因素被赋予的权重太小。

1.2　大逆转正在开启："甜头"变酸

但是，无论研究文献存在何种缺陷，这些长期趋势终究会决定经济的潜在基本面。过去 30 年，全球化和人口冲击导致非同寻常的通胀下行趋势。从 20 世纪 70 年代到 2000 年的几十年里，随着婴儿潮一代的劳动力队伍不断壮大，人口趋势改善了抚养比。

但是，未来将不同于过去。事实上，在许多关键方面，过去的趋势将出现重大逆转。

人口大逆转

1.2.1 "甜头"正在变酸

许多发达国家，尤其是欧洲国家的出生率稳步下降。未来30~40年，出生率将低于人口更替水平，许多国家的劳动力增长会大幅下降。在有的国家，如日本、中国、北亚大部分地区以及一些欧洲大陆国家，如德国、意大利、西班牙和波兰，劳动力的绝对数量将减少。同时，随着发病率和死亡率降低，预期寿命会延长，65岁以上退休人员的数量将较快增长。第3章对此有详细讨论。

1.2.2 照顾老年人会大幅增加经济成本

我们对第4章情有独钟。我们试图通过引入人口学交叉学科研究来弥补文献的缺陷，该研究将老龄化的医学视角与急剧增加的身体依赖（physical dependency）和痴呆发病率的经济学研究相结合。该章探讨了痴呆患者的检测、治疗和护理的医疗进展及其成本估算。

与我们这个时代的主要疾病不同，痴呆不会缩短寿命。相反，它使患者丧失能力，因而需要大量资源去照护他们。尽管医学对导致死亡加快的癌症和心血管疾病的治疗取得了显著进展，但在痴呆的治疗方面却几乎没有改善。机器人和人工智能等新技术的进步也不太可能在照护老人这个传统领域带来很大帮助。当然，这一切都有可能改变，几乎可以肯定的是，政府将把医药研究经费转向智力衰退的治疗。但如果我们尝试用过去的趋势推演未来，则医疗费用、养老院和护理人员的前景令人担心。抚养比的恶化将给财政带来令人担忧的严重影响（图1.6）。

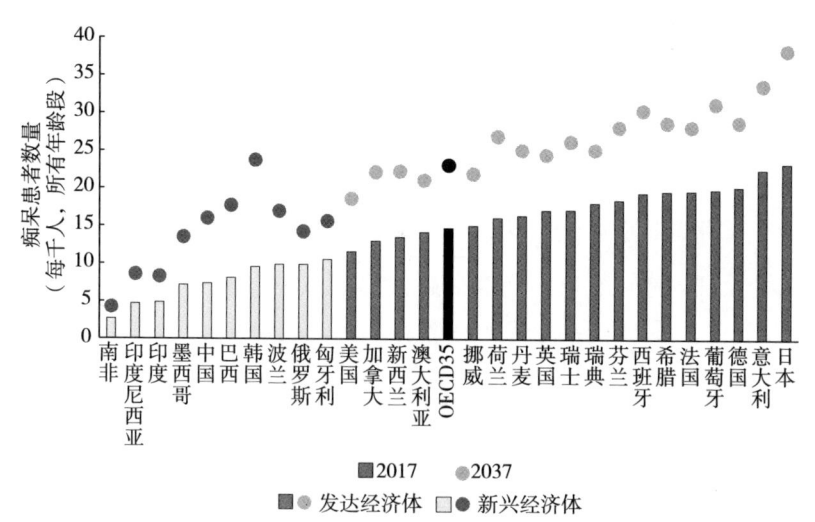

图1.6 发达经济体痴呆患者的数量将急剧上升

资料来源：OECD《2017年健康统计》。

1.2.3 全球化放缓

全球化进程的进一步放缓将加剧老龄化，就像过去全球化推动抚养比不断下降一样。全球化进程可能因遭遇两股逆风而放缓。

首先，中国不仅面临进入劳动力市场的人数急剧下降，而且从西部农业部门向东部制造业部门的内部人口迁徙也正在结束（第2章）。此外，随着民族主义在政治上更受欢迎，以利于增强商品和服务跨境流动、人员迁移和资本流动为招牌的全球化将面临更大的政治威胁。

其次，虽然制成品和一些服务可以在其他地方生产，然后"运输"到目的地，但在照护老人方面，这几乎是不可能的。因此，发达国家将越来越依赖本国资源，尤其是不断萎缩的本国劳动力资源。

1.2.4　对经济的影响

我们首先探讨对经济的总体影响（第3章），然后探讨对通胀（第5章）、实际利率（第6章）和不平等（第7章）的影响。第4章扮演双重角色，既分析老龄化对经济的影响，也阐明老龄化给人口大逆转带来的严重影响。

那么，对经济的主要影响是什么？

首先，劳动力增长率的下降必然会降低实际产出的增长，除非生产率出现意外的飙升。目前一般认为经济增长率不会回升，即使真的回升，也不会超过全球金融危机以来这些年令人失望的缓慢水平（第3章）。

其次，我们坚定地认为，全球从通缩倾向转向严重通胀倾向的可能性将增大（第5章），为什么？简而言之，抚养比的下降具有通缩效应，因为工人的产出大于自身消费（否则雇用他们就没有利润可言），而被抚养者只消费不生产。全球抚养比的急剧上升则意味着，那些只消费不生产的被抚养者，其作用将超过导致通缩效应的工人。因此，通胀不可避免。

标准的经济学认为，随着劳动力供给的下降，其议价能力将增强，而劳动力的实际工资和收入相对占比将再次上升。虽然这对国家内部的不平等将产生有利影响，但随着单位成本的上升，将引发通胀。由此，工人税负将加重（我们将在下文解释），他们很可能要求增加工资，以确保获得更合意的税后实际工资。而米尔顿·弗里德曼（Milton Friedman，1968）和其他著名经济学家都认为工人不会受到货币幻觉的影响（也就是说，他们会根据预期的未来通胀讨价还价，以获得合意的实际工资水平），税收

第 1 章　导论

是否也是如此呢？如果为解决养老金和医疗费用而必须大幅提高税率，工人是否会为税后实际工资讨价还价？我们认为，如果我们是对的，这将进一步加大通胀上行压力。

再次，由于事前（预期）的储蓄和投资行为，经通胀调整的实际利率，特别是收益率曲线长端利率可能会上升（第 6 章）。老年人储蓄将减少，这一点没有争议。那些认为实际利率可能会下降或保持在低位的人，显然相信投资将进一步低于储蓄，但我们不同意这种看法。（至少）有两个理由可以相信，投资将比许多人认为的更加活跃。首先，住房需求将保持相对稳定，老年人住在自己的房子里，而新家庭将创造对新住房的需求。其次，企业部门可能会进行资本投资以提高资本劳动比，进而提升生产率。按净值计算，我们认为储蓄降幅可能超过投资，从而推高实际利率。

与通胀的情况一样，金融市场的定价并未反映未来 10 年或更长时间内名义利率可能上升的情况。

最后，我们相信不平等程度会降低（第 7 章）。尽管由于中国和亚洲的崛起，国家之间的不平等实际已下降，但正如民粹主义浪潮和右翼民族主义政党的成功所证明的那样，经济体内部的不平等已经上升到临界水平。对于不平等加剧的趋势，我们研究了四种解释：（1）皮凯蒂（Piketty, 2014）和其他人认为这不可避免，（2）技术变革，（3）集中度和垄断势力，（4）全球化和人口。我们最不同意第一种观点，其他观点则更有价值。造成不平等加剧的最根本原因，可以追溯到全球劳动力激增，因此，它的逆转也将缓解不平等。

我们越来越多的人会活得更久，即使不考虑额外的医疗负担，老年人退休后维持消费的资源从哪里来？有三种主要的选择

15

方案，第 6 章将详细讨论。

第一个选择是大幅提高退休年龄，人们将来应该工作到 70 多岁。但是，正如本书后面描述的那样，目前还没有迹象表明退休年龄正在显著提高（除了女性的退休年龄正在被提高到与男性一样的水平）。还有相当多的体力劳动职业，当体力下降到一定程度，超过特定年龄继续工作就不合适了，例如消防员、警察、建筑工人等。尽管如此，可能有人会说，务农是一项体力劳动，许多农民一直到 70 多岁还很活跃。

第二种选择是工人通过增加储蓄，为自己的退休生活提供资金。储蓄的多少既取决于个人对国家养老金的预期，也受限于在职者个人目光的短浅。25 岁的人很难想象自己能活到（比如说）85 岁，也很难想象老年人的消费需求情况，但活得更长的可能性很高。当然，预期的国家养老金慷慨程度越低、退休后活的时间越长，个人储蓄率往往会越高。中国是这方面最重要的例子。中国过去养老保障制度的不健全以及对年轻家庭成员依赖的消失（由于执行独生子女政策，每四个祖父母只有一个孙辈），导致个人储蓄率非常高。但在西方，尽管预期寿命与退休年龄之间的差距大幅扩大，但几乎没有迹象表明个人储蓄在增加，以满足平滑终生消费的需要。这也许是由于个人预期政府将提供支持，或者是个人自身短视所致。

更复杂的是，许多发达国家的生育年龄在推迟。随着孩子待在家里的时间变长，工人为没有孩子支持的退休生活而储蓄的时间会缩短。带来希望的是，孩子本来需要支付的房租可能转变为未来家庭储蓄的一部分，但这是否会实现还有待观察。

第三个渠道是国家向工人征税，并将这些资金转移到老年人

第 1 章 导论

身上，用于支付医疗费用和养老金。问题的关键是，政府将如何平衡现有劳动者（包括各种技能水平的劳动者、管理人员、食利者和资本家）的高税收与养老金的慷慨程度。假定税率保持在当前水平不变，那么老年人数量的大幅增加意味着养老金的慷慨程度不得不大幅下降，而当前劳动年龄人群增加的储蓄只能起到部分平衡作用。我们认为这个假定并不正确，尽管在若干有关长期人口结果的其他研究中，这是假设利率在未来几十年保持低位的原因。相反，我们认为更好的假设是，养老金的增长将与 GDP 的实际增长率保持一致，这意味着养老金导致的税负将随着老年人口与总人口之比而上升。我们倾向于这种假设而不是税率保持不变有几个原因。首先，尽管近年来实际产出增长缓慢，但老年人的养老金总体上得到了保护。其次，老年人是主要的投票群体，他们比年轻人更有可能投票。老年选民在选民中占比的不断上升，将为养老金与实际产出保持一致的增长提供强有力的支持。我们注意到，承诺维持或增加养老金常常是民粹主义政党宣言的重要组成部分，比如 2018 年的意大利。如果我们的假设是正确的，即养老金水平将随着实际 GDP 的增长而提升，并随着老年人口数量的增加而成为日益加重的财政负担，那么工人的税负将不可避免地增加。

1.3 我们可能错在哪里？

我们充分意识到，我们的结论和预测充满争议。人们已非常自然地从许多不同维度提出了质疑。我们非常认真地对待这些问题，并在第 8 章到第 11 章解答这些疑问。

在第8章和第9章中，我们讨论两个经常被提出来反驳我们的论点。其中最突出的论点是在第9章，那就是劳动力的下降已经在日本出现了十多年，目前并没有迹象表明日本的工资水平、通胀或实际利率面临任何上行压力。许多人认为日本是人口老龄化的样板，因此，如果我们的结论在日本没有体现，则可以怀疑这是否适用于全球经济。其次是在第8章中提到的观点：最近在许多发达经济体中，在失业率与工资，或与价格、通胀之间的关系上（通常被称为"菲利普斯曲线"），尚未显现工资率随失业率下降而上升的趋势。事实上，许多国家的失业率已经下降到20世纪引发工资通胀的水平，但迄今为止工资没有相应上涨的迹象。最近的菲利普斯曲线似乎是平坦的，即随着失业率的下降，名义工资增长基本停留在低水平上。在许多国家，名义工资增长比2%高不了多少，尽管美国和英国的工资增长率分别在3%和4%左右，但这只发生在劳动力出现明显短缺的部门，如建筑行业。

对于日本，我们认为其劳动力的减少正好发生在世界其他地区劳动力大量增加的时候。日本企业利用海外劳动力蓄水池不断增长的机会，将生产转移到了中国和亚洲其他地区。换句话说，日本"真正的"可用劳动力供给来自亚洲甚至全球，而不仅仅是日本自身。我们的看法与传统观点相反：考虑到海外的情况，日本企业的经营相当活跃，生产率得以最大化。传统观点则认为，日本受去杠杆的影响，企业部门处于休眠状态。而当今世界面临的情况正好与此形成鲜明对比，随着中国和全球大部分经济体的劳动力市场收紧，这种外包转移将更加困难。

更广泛地看，我们认为，劳动力供给遇到的巨大正向冲击给全球经济带来的影响是，劳动力处于弱势地位，议价能力显著下降。这使得通胀开始加速的时候，失业率可能已大幅下降了好几个百分点。用专业术语来说，非加速通胀失业率已显著下降。例如，在大多数国家，私人部门工会会员人数占比急剧下降。但是，随着劳动力再次稀缺，它将恢复魔力。目前尚不清楚这种逆转会以多快、多剧烈的速度出现。

米尔顿·弗里德曼（1968）普及了自然失业率这个概念。但是自然失业率不是恒定的。也许最好的定义是：工人对其生产率提高可能带来的实际工资增长感到满意时的失业水平。由此可以得出，劳动力的议价能力越弱，自然失业率就越低。随着劳动力和劳工工会会员人数的下降，自然失业率也在下降。第8章将深入讨论。

劳动力议价能力的下降很大程度上解释了发达经济体中劳动收入份额的下降以及名义工资和实际工资的停滞，克鲁格（Krueger, 2018）也提出了这一观点（2018年8月在杰克逊·霍尔会议上发表的午餐演讲，题为"对劳动者议价能力下降和货币政策的反思"），另见图1.7。[1]

其他人并没有反对我们的研究结果，而是认为由于有其他缓和因素的作用，实际的影响效果可能要弱很多。当然，我们有关未来三十多年人口因素的逆转将使全球趋势从通缩转向通胀的观

---

[1] 虽然人们普遍认为，近几十年来，企业价值中劳动收入所占份额一直在稳步下降（Schwellnus et al., 2018; IMF, 2017），但古铁雷斯和皮东（2019）指出，四个主要欧洲国家（法国、德国、意大利、英国）的情况并非如此。他们声称，与美国依然明显的下降趋势不同，经过适当的统计调整后，这四个经济体的劳动收入份额基本不变。

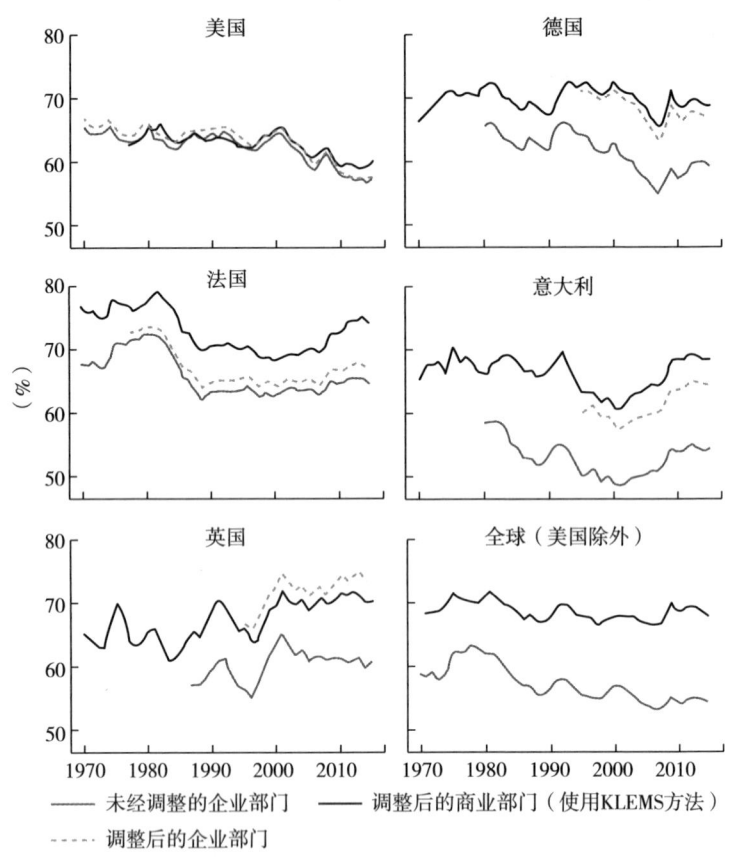

图1.7 1970—2015年发达经济体劳动收入所占份额

资料来源：英格兰银行第811号工作人员论文。

点，会受到几个缓和因素的影响。我们已经提到了其中的两个，它们被放在了第10章，包括进一步大幅提高退休年龄，以及为了限制税负的增加，未来降低国家养老金的慷慨程度。然而，我们在同一章中还讨论了另一种可能的缓和因素，即全球化非但不会逆转，反而可能会"柳暗花明"。尽管大多数发达国家的出生率都在急剧下降，但印度次大陆并没有出现这种情况，在非洲尤其没有。这将使这些地区的可用劳动力大量增加。就像过去三十

第 1 章　导论

多年产品生产从西方转移到中国，类似的转移有可能再发生吗？产品生产转移到印度次大陆，特别是转移到非洲的尼日利亚和刚果等国，其劳动人口增长率在未来几十年会十分显著。当然也有可能出现从这些贫穷国家向美国、欧洲和亚洲的富裕国家进一步移民的浪潮。但大规模移民会带来严重的政治、社会和经济问题，唯一可行的是把资本和管理带到贫穷国家与其工人相结合，而不是让他们移民到富裕国家。我们认为，尽管全球化有可能出现这种新方向，但可能性不大。

我们认为，债务陷阱以及如何摆脱它是潜在和直接的障碍，这个问题必须以某种方式解决，但具有讽刺意味的是，很少有人持这种观点（第 11 章和第 12 章将分别讨论这个问题）。受全球金融危机驱动，近几十年来的通缩倾向被强化，导致出台了大规模扩张性货币政策，名义和实际利率都降至历史上异常低的水平。正如预期的那样，这导致了公共部门和私人部门的债务率急剧上升。近年来主要的例外是银行杠杆率的下降，2007—2008 年银行杠杆率的危险水平是引发全球金融危机的主要因素，而在经历过住房危机的国家，居民部门杠杆率有所下降。尽管债务率大幅上升，但人们对杠杆率的关注度不够。这是由于债务率上升与利率下降几乎是完全相反的关系，所以偿债率并没有随着债务率的上升而增加。第 11 章对此展开了讨论。

同时，低利率自然导致资产价格高企。有时，人们指责央行的货币政策加剧了不平等。但是，如果其他政策保持不变，央行再不采取扩张政策，则失业率会更糟，通常对最贫穷人群的伤害最大。因此，总的来说，央行政策可能降低了收入不平等。有人建议的替代政策是更多地依赖扩张性财政政策。但是，近几十年

人口大逆转

来，公共部门债务率的增长速度不仅超过以往任何和平时期，而且与健康和养老金有关的支出如此之多，至少可以预计，未来财政预算状况令人担忧，见图1.8和图1.9。

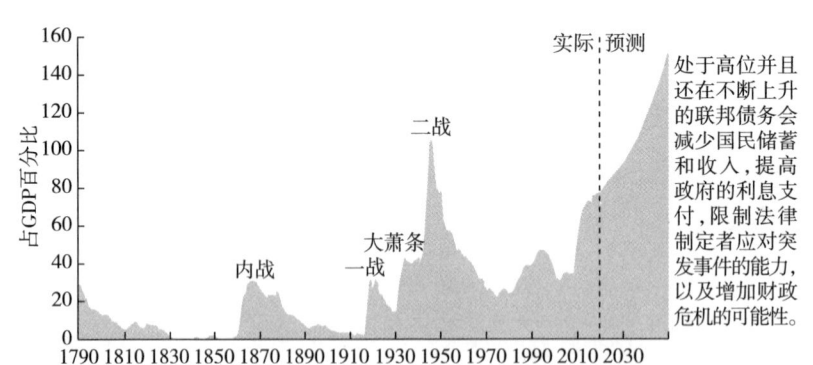

拓展的基线预测基本按照现行法律，CBO的10年基线预算预测是到2029年，预测延伸到其他长期期限（此处为2049年）时使用了基线预测的大多数概念。

图1.8 即使在新冠疫情之前，美国公众持有的联邦债务据预测也将大幅上升

资料来源：美国国会预算办公室。

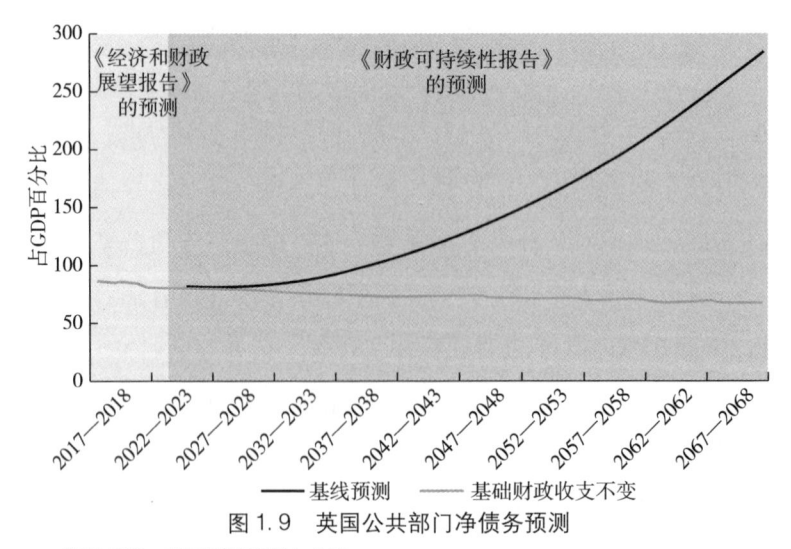

图1.9 英国公共部门净债务预测

资料来源：英国预算责任办公室。

而且，如果我们是正确的，未来的通胀压力将推高利率，进一步加剧财政问题。

实际上，我们陷入了债务陷阱。债务率如此之高，利率一旦上升，尤其是在低增长时期，可能导致有风险敞口的借款人难以持续经营。其结果是，货币当局如果大幅或迅速提高利率，就难以避免引发另一次衰退的风险，这本身会使一切变得更糟。但如果维持利率不变，由此伴生的流动性洪流仍然具有足够的扩张性（用央行的话说是"适度宽松"），则会使债务率进一步上升。

因此，一个不可回避的问题是，我们如何摆脱债务陷阱？在第 12 章中，我们将讨论逃离债务陷阱的各种机制，特别是包括经济增长、预期外的通胀、违约、债务取消、债务重组或从债务融资转向股权融资。我们认为，除了经济增长之外，所有这些选择都存在问题。更何况经济增长充其量也只能维持疲软状态。当然，提高生产率是好事，但在全球金融危机之后的这段时间里，增长一直疲软得令人失望，原因尚不清楚。认为存在结构性供给侧政策可以无痛地提高生产率的想法是一个幻想。如果机器人、人工智能和其他技术能帮助提高人均生产率，那就更好了。担心世界上的工作机会会越来越少，这很可能没有根据，因为照护老年人的工作机会就足够多了！

1.3.1　这一切如何能让政策和政策制定者毫发无损？

过去几十年，央行行长一直是财政部长最好的朋友，并获得了如摇滚明星般的地位。财政部长一直在管控持续积累的赤字和不断上升的债务率，好在与此同步的利率下降压低了利息负担。央行的政策为政客铺平了道路，难怪央行的独立性并没有受到太多严厉批评，但那些更加非常规的货币政策除外，因为它们似乎模糊了货币政策和财政政策之间的界限。

到目前为止，掌舵的一直是央行。在全球金融危机爆发之前，各国央行将持续的通胀下行归功于其实施的通胀目标制。危机过后，各国央行因不能提高通胀率而受到批评，但它们的非常规措施有助于提高资产价格，使投资者和房主从中受益。如果我们的论点是正确的，那么过去几十年的通胀下行很大程度上应归因于人口结构，这使得货币政策在决定通胀走向的有效性方面受到的质疑要大于危机后受到的质疑。

本书的主要观点是，人口的巨大逆转将在短期内导致通胀和利率攀升。随着公共部门债务率上升到高位，以及人口压力的持续恶化，各国财政部和央行的目标可能很快就不再一致，并产生冲突。此外，量化宽松政策使得公共部门债务（包括央行的现金负债）的平均期限大幅缩短，这导致当利率攀升时，财政部的利息负担会更快增加。因此，我们在第13章提出，未来央行独立性面临的威胁比最近更严峻。

本书最后一章（即第14章）不仅回顾和总结了我们的论点，而且阐述和强调了我们与当前主流分析的不同之处。我们认为，有关更长期未来的主流观点显然是错误的。

第 2 章　中国：一场历史性动员的终结

是全球化成就了中国崛起，还是中国崛起推动了全球化？这不是一个简单的问题。过去五年中，两者的命运都发生了变化，但并没有让这个问题变得更容易回答。

在过去两千年历史的大部分时间里，中国都是世界创新和发展的主导力量。通过行业协会与吸收最初主要源于国内的创新，中国的劳动力接受了提高效率方面的培训。这种培训和组织文化，让中国以一种发达国家几乎不能与之匹敌的方式吸收国外技术，其政府也比任何其他国家的政府更一心一意、更不受约束地提供帮助。

如果有理由认为是中国推动了全球化，则其人口结构可能是关键因素。实际上，自1955年以来，中国占世界人口的比重一直在下降。因此，重要的并不是中国人口的相对规模，而是中国劳动力加速融入全球经济的速率。

与世界其他地区相比，中国在重新融入全球经济的几十年中获得的收益是不对称的。造成这种不对称的部分原因在于，中国拥有充足且价廉的劳动力，单个工人所能获得的资本和技术有限。另一部分原因则是中国政府的经济战略，即引导国内和全球资本投资于中国的经济特区。

一系列的摩擦加剧了这种不对称性。全球资本很大程度上难以进入中国金融市场，而早期该市场的收益也不足以吸引海外投资。因此，全球资本流入了中国的实体经济部门。严格的资本管制使中国在全球保持了比较竞争优势。同样的策略还包括：在国内实行金融抑制政策，以国有银行作为渠道，引导国内储蓄资金流向国有企业。

我们需要从历史的角度出发，理解中国在过去35年里对全球通胀减速所做的贡献和即将到来的逆转，并在全球视野下理解中国的增长模式。

我们最好从两个角度出发观察中国的历史性动员：一是按照历史事件发生的先后顺序，二是中国经济增长模式的演变。它们共同作用，让中国庞大的劳动力以空前的速度融入全球经济。

2.1　三幕历史塑造了中国的世界地位

中国在全球经济中的崛起可以追溯到三个时期及其重要事件，其中最早的是邓小平提出的"有中国特色的社会主义"，特别重要的是从1992年开始的第二阶段。

第一阶段始于1978年，当时中国进行了农业改革，接纳民营企业重新进入中国经济，建立经济特区（包括下文将讨论的珠江三角洲），允许外国资本投资。尽管取消了对城市工业的价格管控，但经济仍然由相当低效的国有企业主导。

国有企业的民营化始于第二阶段，当时关闭了一些中小型甚至部分大型国有企业，或将其出售给民营部门。这一时期的民营部门出现了大幅增长，但在有关国家利益的关键部门（包括银行

第 2 章 中国：一场历史性动员的终结

业），大型国有企业仍处于垄断地位。如图 2.1 所示，这两个阶段的增长显示了这些战略的成功，在改革的每个新阶段，增长率都飙升至两位数。最近经济出现放缓似乎有些例外，但中国现在的转型更多的是改善增长质量，而非简单地追求增长率的持续上升。

第二阶段的成功还反映在美国对中国的双边贸易逆差上。尽管从 1978 年到 2000 年逆差急剧增长，但增长大多发生在 90 年代，而不是 80 年代。

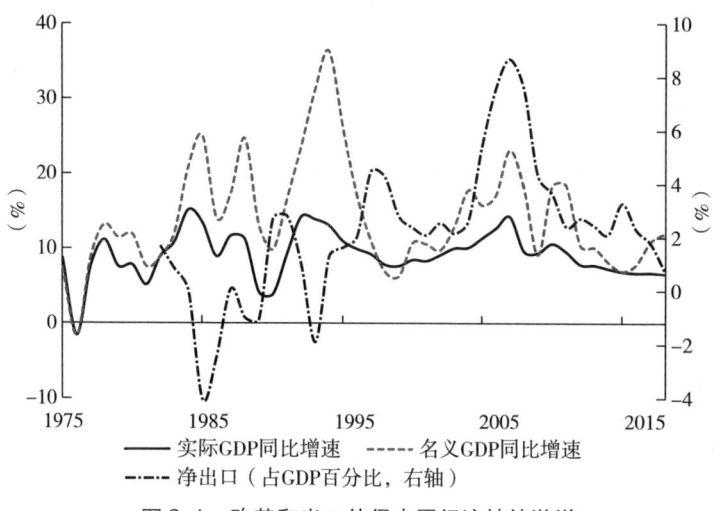

图 2.1 改革和出口使得中国经济持续激增

资料来源：国际货币基金组织。

外商直接投资（FDI）也反映了这一模式。1990 年外商直接投资不足 50 亿美元。20 世纪 90 年代末，外商直接投资已接近 500 亿美元，但就在这 10 年的最后几年，外商直接投资再次放缓。

20 世纪 90 年代末的情况与中国今天的状况惊人地相似。就

人口大逆转

像现在一样，中国的改革似乎在失去动力。经济增长持续放缓，甚至连增长率本身也普遍被认为高估了。国有企业效率低下，库存较多。当时和现在一样，其他国家不断扩大的贸易逆差被广泛视为中国"重商主义"的证据，或者中国至少没有同等对待出口市场，并拒绝其他国家进入其国内市场的证据。

总的来说，中国在其特色社会主义的第一阶段开启对外开放，而在1992年开始的第二阶段，中国更为迅速地融入全球经济。到90年代末，对于这些改革是否还能持续支撑经济增长，开始出现了明显的担心。尽管国内和对外的许多指标似乎已呈现不平衡，但中国领导人仍聚焦于探索新的增长动力。正是在这种国内和国际关注下，中国领导层寻求加入世界贸易组织。

第二组事件是推动中国进一步融入全球经济的一系列协定：中国加入世界贸易组织，以及美国国会批准给予中国永久正常贸易关系地位（相当于最惠国待遇），都发生在2001年。

从中国加入世界贸易组织到全球金融危机这段时期，中国成为世界经济和政治超级大国的地位最终得以巩固。全球经济的强劲表现、围绕"大宗商品超级周期"和新兴市场的乐观情绪、对全球化好处的赞誉，或多或少是中国在这一时期扩张的衍生品。

经过15年的谈判，中国成为世界贸易组织成员。但中国的加入是有条件的，包括一长串自由化和开放措施（主要由美国制定），以扩大中国的市场准入，提高透明度。宽泛而言，中国必须：

- 在五年内将关税水平降至10%以下，并将部分农产品进口关税基本降为零。

第2章 中国：一场历史性动员的终结

- 减少或消除非关税壁垒。
- 开放电信、银行等重点行业。
- 保护全球知识产权。

拉迪（Lardy, 2001）研究了对中国施加条件的严格程度（他发现，这些条件比以往任何时候都严格，也比此后大多数申请的国家都更严格），对中国领导层为什么要寻求加入世界贸易组织稍有质疑。但是，加入世界贸易组织后的10年里，中国经济增长的数量和质量都证明了中国领导层寻求更多进入外国市场的战略是合理的。

20世纪90年代末，有明显的迹象表明，中国改革正在失去动力。在20世纪90年代的大部分时间里，增长率从很高水平逐年下降，库存积压令人担忧，国有企业效率低下是一个公开讨论的问题。1999年，中国成立四家大型资产管理公司（实际上就是所谓的"坏账银行"），以接管银行业的大量不良贷款。据有关学者（Ma and Fung, IBS, 2002）估算，四大国有银行的不良贷款总额约为3.4万亿元人民币（约4 100亿美元），约占四大银行2001年底未偿贷款余额的42%，堪比韩国和印度尼西亚曾经达到的峰值40%~60%。由于这四家银行的贷款总额约占银行业的65%，如果按照这个不良贷款比例对中国整体银行业贷款组合进行估算，则中国经济中的问题贷款总额就接近5.75万亿元人民币（略高于2001年GDP的50%）。中国当时无疑面临着与其目前类似的资本配置不当及不良资产问题。从这个角度看，中国领导层不顾烦苛的条件寻求加入世贸组织的原因就很清楚了。

大致对照上述这些早期条件，我们不难发现，中国在降低主要关税壁垒方面成效显著。中国还向外国公司开放了许多经济领域，因为国内缺乏发展这些领域的能力。然而，对于国内有能力发展且发展良好的领域，非关税壁垒仍旧存在，这通常导致在中国的外国公司很难在这些领域蓬勃发展。

另一方面，美国则并未在市场准入方面做出任何新的让步。大多数世界贸易组织成员都向其他成员提供最惠国待遇。如果美国不向中国提供这种待遇，中国仍然可以获得成员国身份，但与美国的关系将会变得复杂。

皮尔斯和肖特（Pierce and Schott, 2012）论证了21世纪头10年"美国制造业就业人数意外快速下降"（见图2.2），指出美国取消对中国未来的关税威胁是导致这一下降的主要原因。两人认为，在2001年美国国会批准中国永久正常贸易关系地位，消除对中国未来征收关税的威胁之后，情况发生了变化。如果没有关税这类的壁垒，美国制造业部门就会放弃在本土生产许多商品，转而流向中国。两位作者列出了过去在美国生产、后来从中国进口的商品。他们发现，这些商品的生产线是制造业就业人数下降最多的领域。尽管美国企业的跨境生产和就业再分配导致本土制造业就业下降，但美国制造业的附加值仍持续上升。另一方面，对于早已给予中国最惠国待遇的欧洲，在中国加入世界贸易组织后，其制造业并未出现这种下降。据推测，在更早些时候，欧洲（和其他国家）其实也发生了制造业工作岗位向中国的转移，尽管转移的速度可能要慢得多。

简言之，中国通过加入WTO获得了非对称利益。几乎在同一时间，中国凭借最惠国待遇进入美国市场，导致美国制造业就业人数以几十年来从未见过的速度减少。以上两个方面使得中国

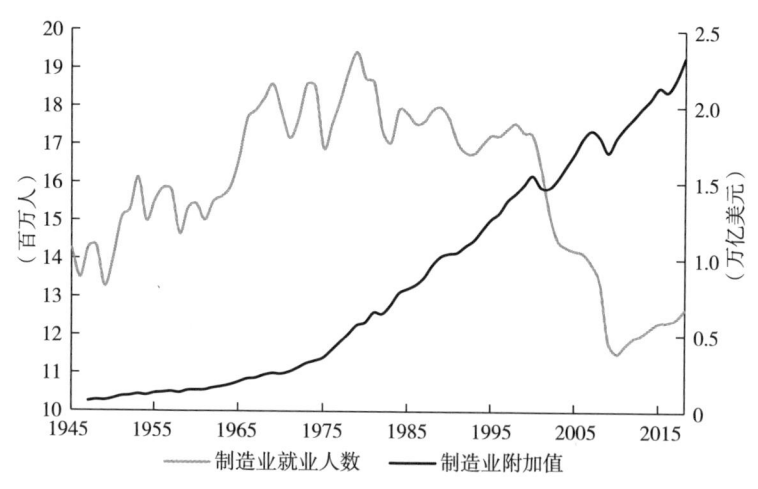

第2章 中国：一场历史性动员的终结

图2.2 美国制造业就业人数意外快速下降

资料来源：美国经济分析局。

劳动力快速与全球资本和全球贸易融合，给正在从中国人口结构变化中受益的世界刮来一股更强劲的顺风。

第三个事件是中国对全球金融危机的应对。中国对全球金融危机的积极应对是防止全球经济崩溃的一个重要因素。从图2.3可以看出，危机后中国的信贷增长了35%。如此规模的政策刺激自然提振了全球增长、大宗商品价格和新兴市场经济体。随后几年，中国和新兴市场在危机前的所有发展趋势不仅得以保持，甚至不断加速。这些经济体被视为替代发达经济体作为增长引擎的可行选择。从2007年至2012年，新兴市场对经济增长的贡献占主导地位，无论是在数字计算上还是在实际经济中，都是如此。

然而，2012年标志着中国人口对世界贡献终结的开始。不可持续的信贷增长通常被视为向未来借款。之前的信贷激增导致中国经济提前出现放缓现象，如果不是这样，经济的放缓应该会晚

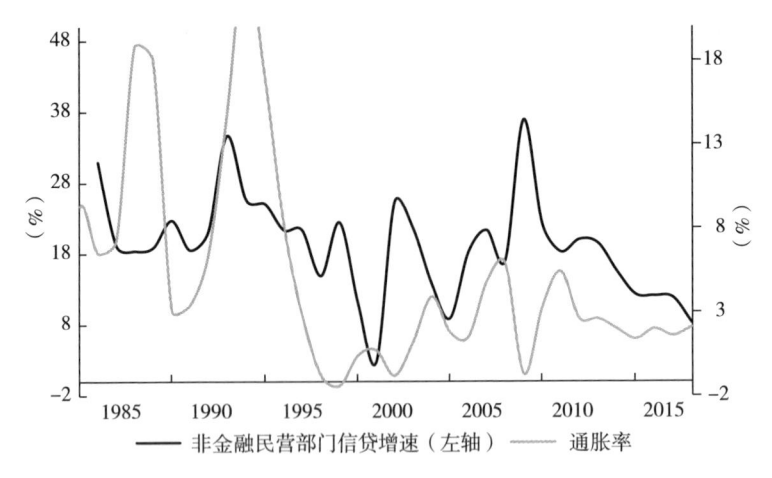

图2.3 20世纪90年代初和全球金融危机后的中国信贷大幅增长
资料来源：国际清算银行，国际货币基金组织。

几年出现。2014—2015年，中国制造业和房地产业出现大幅放缓。中国经济减速，连同新兴市场和全球制造业的同步放缓，共同导致油价从每桶近150美元急剧下跌至2015年的每桶27美元，以及全球贸易的萎缩。

中国制造业和房地产业的周期性下滑不容忽视，但人们对中国经济结构由此受到的影响却知之甚少。这是因为，在发达经济体和新兴经济体中，制造业扮演的角色非常不同。

2.2 经济权力集中，政治权力下放

丹尼·罗德里克（Dani Rodrik, 2011）曾指出，"与整体经济不同的是，制造业在劳动生产率方面呈现出无条件的强趋同。然而，尽管制造业本身具有强趋同的特性，但由于低收入国家的制造业就业所占份额较小，其工业化步伐缓慢，因此，低收入国

第 2 章 中国：一场历史性动员的终结

家未能实现与发达国家在经济上的总体趋同"。①

为什么这很重要？因为这些结果背后的直观认识是，制成品不会因产地的不同而出现差异化。无论这些产品在哪里制造，它们通常都是可贸易品，必须符合全球质量标准，且相比其他地区的生产商，成本效益要更好。如果一个经济体能够在早期发展阶段成功扩大制造业部门在经济中的占比，其劳动生产率就会更快、更持续地与全球标准趋同。

几十年来，中国的增长战略旨在引导国内和全球资源加快发展制造业和投资。中国的基本优势在于大量未充分利用的劳动力，其中相当一部分居住在偏远农村地区。

中国经济增长战略的早期阶段是以经济为中心的，它采取单一的货币政策，唯一目的就是实现资本快速积累。在过去 10 年中，尤其是在全球金融危机之后，其战略开始变得分散。

发达经济体和新兴市场经济体之间的一个关键区别在于，发达经济体的资本廉价，劳动力昂贵，而新兴市场经济体通常与此相反。为了快速积累资本，资本成本要么下降，要么被故意扭曲。

在中国增长战略的较早阶段，货币政策旨在大幅降低资本成本。在这个阶段，即使民营部门迅速增长，国有企业依然占据重要地位。在中国崛起的过程中，国有企业、国有银行和国家指导的现代产业政策都是中国增长战略的组成部分。另一方面，各省被赋予相当大的权力，特别是那些拥有经济特区的省份。在特区扩大的过程中，这些省份的省长和国有企业的领导人逐渐成为中

---

① Dani Rodrik, 2011. "Unconditional Convergence in Manufacturing", NBER Working Paper.

国最有权力的人物。

生产函数中的各种要素都得到了积极的利用。土地、劳动力、资本和技术在中国的大动员中都发挥了重要作用。

土地。经济特区是中国产业政策的缩影。土地得到了大量补贴，企业得到了建立和有效运营所需的一切帮助。包括电力和配电网络在内的基础设施被置于优先地位。

珠江三角洲是这些经济区域中最著名和最成功的。自1978年以来，外资总额的近30%涌入该区域，其年均经济增速超过全国水平3%以上。早在20世纪80年代中期，珠江三角洲还只是乡村风光中的一片村落，而现在世界银行将它描述为当今世界上最大的城市区域。全区最大的9个城市的人口接近6 000万。

劳动力。农村与城市之间的历史性人口迁徙，为城市区域和经济特区提供了源源不断的廉价劳动力。

中国的户籍制度使得这种人口迁徙的出现不会给城市化地区带来太多负担。户籍制度实质上为城市居民提供了一张通行证。没有这种资格证书的迁徙者虽然可以在城市地区工作，但他们无法享受大多数城市服务，包括医疗卫生和教育。因此，迁徙成本并没有转嫁到这些城市中心的管理上。其结果是，只有劳动者本人为找工作而流动，其家庭则继续留在农村，并在那里获得当地的服务。如果没有户籍制度，农民工可能会卖掉他们的土地，以更快的速度迁移到城市地区，这会导致城市劳动力，也许还有农村土地供应出现严重过剩。

无论如何，过去几十年里，农村人口向城市的迁徙一直缓慢而持续地进行，从而保障了廉价劳动力的稳定供给。

资本。大多数新兴市场的资本成本会由于全球因素或国内政

第2章 中国：一场历史性动员的终结

策性扭曲而大幅下降，并在这个过程中积累资本。中国则同时受益于全球因素和国内政策。几十年来，全球名义和实际利率下降有目共睹，中国还通过三种机制降低了国内资本成本。

首先，中国通过实施严格的资本管制、固定汇率以及保持国内货币政策独立于全球货币环境来应对"不可能三角"难题。"不可能三角"是指一个经济体必须从资本自由流动、固定汇率和货币独立这三个因素中选择其中的两个，三者不能兼得。例如，假设中国将汇率固定（或严格控制汇率水平）。如果中国央行（中国人民银行）将利率设定在非常低的水平，那么固定汇率就会吸引中国居民到国外寻求更高的利率。在资本可以迅速自由进出的情况下，会出现大规模资本外流，从而对汇率构成巨大压力，使其无法再维持固定汇率。但如果资本不能自由进出中国，那么汇率可以保持固定，中国央行就可以设定利率，以适应国内增长战略的需要。中国央行确实就是这样做的。

除了对资本流动实施严格的管制，中国人民银行还干预外汇市场，以防止投资基金的流入导致人民币升值。在2001年至2015年间，中国人民银行定期干预外汇市场。据官方估计，干预额在2007年达到了接近GDP 18%的峰值，导致央行积累了大量的外汇储备。这种持续干预保持了汇率水平的稳定，给中国出口带来巨大优势，贸易顺差由此迅速增加（见图2.4）。

其次，居民在国内面临金融抑制，他们的储蓄先转移到银行，再转移到国有企业。他们支付的隐性税收被用来补贴国有企业的增长。

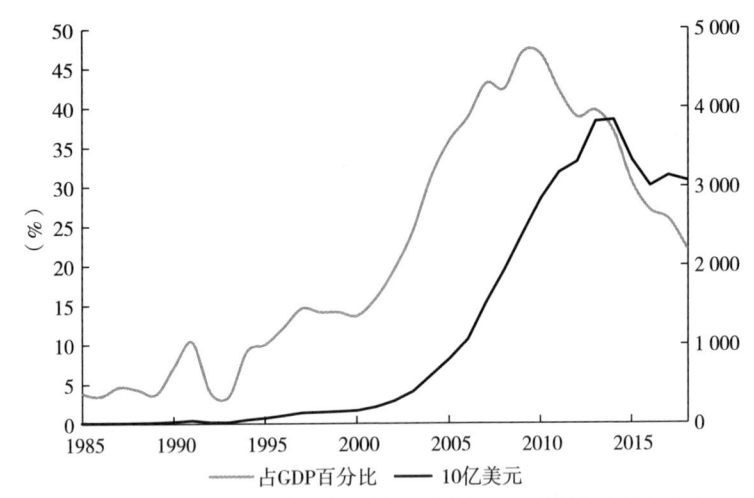

图 2.4　中国通过针对资本流入的对冲操作，形成了巨额外汇储备
资料来源：国际货币基金组织。

中国是如何做到这一点的？由于受到资本管制，中国的利率市场与世界其他地区形成了有效隔离。在国内，中国人民银行决定银行业（国有银行主导）的借贷利率，直至今天，它还控制着经济中的信贷流动。

利率被设定在远低于经济增长率和通胀率的水平。1990—2010 年，中国经济年均增速约为 10%，而同期经通胀调整后的年均存款利率为 -3.35%（年均名义存款利率为 1.4%，年均通胀率为 4.75%）。由于中国家庭无法通过国内外的金融投资来参与中国的经济增长，其银行存款不但没有免受通胀的侵蚀，实际上还承受了经通胀调整后的两位数的损失。中国家庭在财务上几乎没有保护自己的手段。买房成了家庭的投资选项，其杠杆率因此上升。

换句话说，低利率实际上是对家庭的征税。由于家庭储蓄由银行汇集，再流向国有企业，这种"对家庭的税收"实际上变成

第 2 章 中国：一场历史性动员的终结

了对国有企业的补贴，银行是其中的通道。

但是，为什么家庭要继续把他们的钱存放在银行而不是投向其他金融资产呢？家庭保护储蓄的选择本来就非常有限，而且一直都是如此。购买外国资产仍然只是极少数富人的选项，而大众能够获得的股权也极其有限。中国普通家庭实际上只有两种财富储存方式：房子和银行账户。

纳巴（Nabar，2011，IMF）发现城市储蓄与实际存款利率下降之间存在负相关关系。当银行未能保护家庭储蓄时，家庭往往会增加而不是减少储蓄，以实现一个既定"目标"，如教育支出或购买住房。中国家庭储蓄还与社会保障体系不健全有关，更重要的是，在本书的分析框架下，这与为退休而储蓄的人口生命周期密切相关。

再次，正如我们之前论述的，全球资本部分被引导、部分被吸引而至实物资产而非金融资产。获得补贴的土地和基础设施、廉价劳动力、极具竞争力的汇率水平以及进入发达经济体市场的机会（特别是在加入世界贸易组织后），都鼓励跨国公司将中国作为制造业基地。

技能。西方提供了大量的技能和实物资本，以换取廉价、充足的劳动力和对企业有利的营商条件。生产资料内嵌了最新技术，而更新的资本又带来更新的技术。实物资本流动，特别是在制造业的实物资本流动，为中国带来了更新的技术。此外，跨国公司还带来了将劳动力、资本和内嵌于资本的技术结合在一起的最先进方法。

中国的法规要求，只有外国公司与中国企业建立合资企业，才允许外国公司进入和经营某些关键领域。有学者（Jiang et al.,

VoxEU，2018年4月）发现的证据表明，来自外国公司的大量技术不仅转让给了它们在中国的合资企业的合作方，而且也转让给了同一行业的其他本土公司。不管这些转让是有意的还是纯粹的"消化吸收"，最终的结果是，外国公司持续向中国本土公司转让技术和技能。

中国融入全球经济获得了巨大好处。正如前文所述，全球资本进入中国金融市场的机会大多受到限制。相反，实物资本进入中国则受到鼓励。技术转让和信贷便利使得中国国有企业和民营部门都得以迅速发展。

所有这一切本应导致中国出现巨额经常账户逆差，并反映在投资的激增上。然而，由于中国国内金融抑制导致家庭储蓄率更高，使得中国的总储蓄额较高，足以为国内投资提供资金，推动国民储蓄高于投资，维持经常账户顺差。

中国人民银行在外汇市场上对流入的外汇资金展开了大规模的对冲交易，从而阻止了人民币升值。2007年，中国人民银行在外汇市场上购买的美元约相当于GDP的18%。如前所述，由于这些操作，中国的外汇储备急剧增长，达到了仅略低于4万亿美元的规模。这些硬通货储备是资产，需要投资。在国家外汇管理局的管理下，硬通货储备几乎全部投资于发达经济体具有市场深度、流动性较好的资产。其中，大部分投资于美国国债。

因此，全球资本从中国（以及大部分北亚地区）出现"向上"流动，即流向发达经济体，推动形成了美联储前主席伯南克宣称的"全球储蓄过剩"。自20世纪80年代抚养比下降以来，发达国家的预期储蓄率超过预期投资率，本身就推动实际均衡利率走低。而来自中国和北亚的过剩储蓄的注入，则推动利率进一步走低。

传说中无须鼓励消费的美国消费者却因此受益。利率下降提高了包括住房在内的资产价格。前面提到的 21 世纪头 10 年制造业就业人数的急剧下降在当时基本上没有引起注意，因为建筑业就业增长迅猛。同期，随着进口强劲增长，以及中美双边经常账户差额在危机前大幅扩大，为消费激增火上浇油。

各国央行认为从 1990 年开始实行的通胀目标制取得了成功，这其实是对全球人口趋势的误读。各国央行对控制通胀、市场波动和金融稳定能力的过度自信，导致了缺乏监管的房价大涨。如同大家所说，其他的都已成为历史。

2.3 中国的大逆转

中国给全球增长和全球化带来最大贡献的时期已经过去了。经常账户顺差在 2007 年达到顶峰，随着时间的推移，将逐步变为逆差。名义 GDP 增长率在 2012 年达到峰值，约为 18%，2015 年急速下降至略高于 5%，之后略有回升。投资增长和房地产业也反映了这种下降，但自那以后一直呈现较为低迷的后危机状态。其硬通货外汇储备存量仍为 3 万亿美元，但随着经常账户进入逆差区域，可能会进一步减少。

中国劳动年龄人口一直在减少（图 2.5），反映了中国人口的迅速老龄化。为工业区提供似乎永无止境的劳动力供给的国内人口迁徙，已经到达"刘易斯拐点"，在拐点之后，农村剩余劳动力供给无法再通过人口迁徙的方式产生净经济效益（下文将进一步讨论）。

人口大逆转

在资本方面，中国与全球制造业供应链相关的行业快速积累资本的阶段已接近尾声。2014—2015年，制造业和房地产业遭遇困难，导致产业整合和削减产能，而非更多的资本积累。

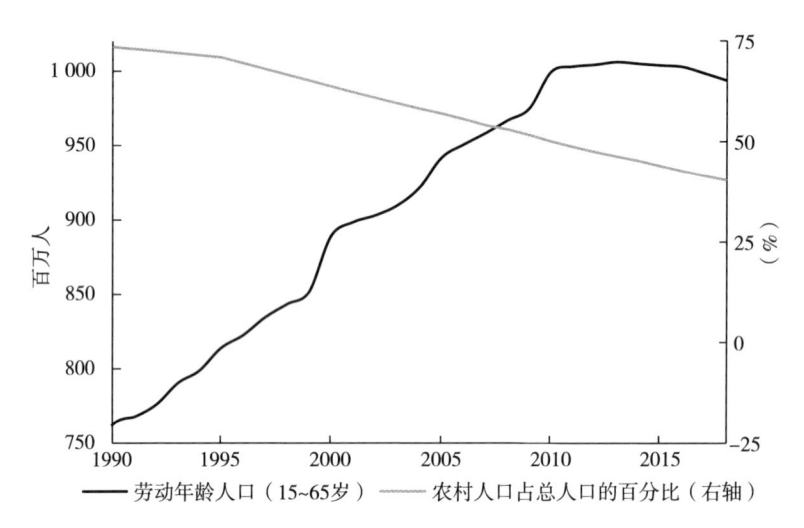

图2.5 中国劳动年龄人口正在减少；目前城市人口占总人口的60%
资料来源：中国国家统计局。

从全球范围看，中国人口逆转正值社会潮流转向反全球化之际。这意味着全球不再鼓励实物资本持续流入中国。金融资本流量很小，但中国被纳入彭博—巴克莱全球综合指数将促使跟踪指数投资的资产管理公司购买约1 500亿美元的中国债券。中国在该指数的占比将仅次于日本，这使其他新兴市场国家的占比相形见绌。然而，仅仅因为这些资本的流入，实物投资不太可能重启增长，原因就在于下面将详细讨论的低投资回报率。

在劳动力和资本流动双双受限的情况下，中国目前转向了技术升级，以此作为维持增长和弥补劳动力供给萎缩的手段。由于外国公司不再涌入中国，再加上当前针对中国企业在海外市场收

第2章 中国：一场历史性动员的终结

购技术的严格审查，过去盛行的技术转让将不复存在。

这并不意味着中国企业没有创新精神或者不再创新，恰恰相反，中国在电信业（其中相当一部分5G牌照来自华为和小米等公司）、电力行业甚至电动汽车等领域拥有一批最具创新精神的公司。

有两个原因使得相对容易的技术转让途径不复存在。首先，在国内和国外，外国技术都更加难以获得。其次，中国企业的起点已经提高，达到全球标准不再像过去那样需要巨大提升。因此，创新必须在国内，而且规模要相当大。这看起来是一项艰巨的任务。

对创新和技术的重视，比较适合受过教育的城市人口，但这不符合政府希望或曾经希望实现的"雁阵"模式（将投资转移到农村地区的战略）。创新自然需要受过良好教育和培训的劳动者。这是指那些已经居住在中国经济发达的沿海地区的劳动力，而不是内陆欠发达地区可提供的劳动力。中国未来赖以提高生产率的高技术产业不太可能转移到内地。

从理论上讲，全球受过教育的工人群体至少可部分抵消我们在此提到的一些风险。然而，由于发达经济体和新兴市场经济体中的主要制造业经济体都在经历类似的人口转型，因此全球对此类技能劳动力的需求有可能增加。在中国，受过教育的劳动力已经居住在沿海和城市地区，并靠近生产中心。

事实上，相比于向内寻求增长，中国的"一带一路"倡议作为一个外向型举措更具前景。更具体地说，中国将向其他经济体出口潜在的过剩产能，这些过剩产能主要源于中国国内对基础设施的有效需求不足。这一倡议不仅由中国大力推动，而且得到了项目途经的许多国家的积极响应。最近，人们非常担心这一雄心勃勃的倡议的盈利能力和融资状况。在增长一直乏力的世界，是否有足够的经济活动能够使"一带一路"倡议持续下去，对此我们心存疑问。因此，中国通过这项倡议为自己创造增长的能力有限。

资本账户是否会导致经常账户的方向发生改变？如果资本账户持续逆差，那么经常账户就会被推回到顺差状态。然而，目前尚不清楚资本账户的发展方向。一方面，中国居民部门在国内持有太多财富，一直试图增持外国资产。与此同时，与"一带一路"建设相关的投资也会导致资金持续外流。另一方面，金融业开放和进入中国金融市场将激励全球投资者增加对中国资产的配置。这些趋势的强劲程度仍是未知数。

阿加瓦尔等人（Agarwal et al., 2019）认为，只要有10%的中国银行存款用于购买外国资产，就有2万亿美元资金流向海外市场。然而，资本账户自由化的历史表明，放开居民部门的资本流动是资本流动中最不可预测和最难控制的部分。因此，这一举措通常是资本账户自由化进程中的最后一环。围绕"一带一路"倡议的可行性、融资以及这一倡议能够实施的速度，还存在一些问题。正如我们之前所说的，中国资产回报率一直不高且存在不确定性，这意味着在中国进行大量投资的意愿会受到抑制。净资本流动的方向以及经常账户的流向仍然不确定。

伴随着中国经济命运的变化，中国经济增长战略也发生了根本性改变。

大约10年前，中国的增长战略从集中促进增长转向经济决策的分散化。战略的分散突出体现为三方面变化：（1）全身心追

第 2 章 中国：一场历史性动员的终结

求消费驱动型增长模式，（2）放松管制促使民营部门发挥更大作用，以及（3）通过削减过剩产能和降低杠杆率以提高生产率，改变国有企业的角色。

第二个和第三个目标正在实现。几个行业的过剩产能已大幅削减（钢铁是典型的例子），债务正慢慢转化为股权（详见第 12 章），国有企业通过整合提高了盈利能力。民营部门的作用显著增强。过去 10 年，民营部门贡献了 60% 以上的 GDP、70% 以上的税收、80% 以上的创新、90% 以上的就业。

中国新的增长模式是什么？要看消费、投资和债务的情况。无论如何，中国未来的增长还需要实现更大力度的平衡，而不仅仅只看由消费驱动的经济增长。我们的观点与通常的看法不同，中国在经历巨大调整之后，其消费增长和满足消费的服务业正在取代投资在经济中的作用，开始在因结构调整而增长放缓的经济中发挥引领作用。就投资而言，陷入困境的制造业和房地产业将专注于提高生产率，并表现出危机后多数幸存者的那种自律。中国企业债务的违约风险要比许多人认为的低很多，但中国解决企业债务问题的方式未必有利于消费驱动型增长模式。

来自日本的教训是："历史从不重演，但常常押韵"，这是马克·吐温经常被引用的一句话，这句话用来比较日本转型与中国正在经历的转型之间的相似性可能很恰当。第 9 章详细追溯了日本的演变过程。我们的目的是想充分说明，日本 20 世纪 90 年代早期投资增长的崩溃使得消费增长显著放缓。但是，在每年的消费仅保持略高于零的增长而投资增长为负的情况下，消费在 GDP 中所占的份额扩大了。这只是数字上的而非经济意义上的再平衡。在那段时间里，日本企业部门通过在国外而不是在国内投资，以及将劳动力从制造业转移到服务业的方式，实现了自我修复，提高了制造业生产率（图2.6）。

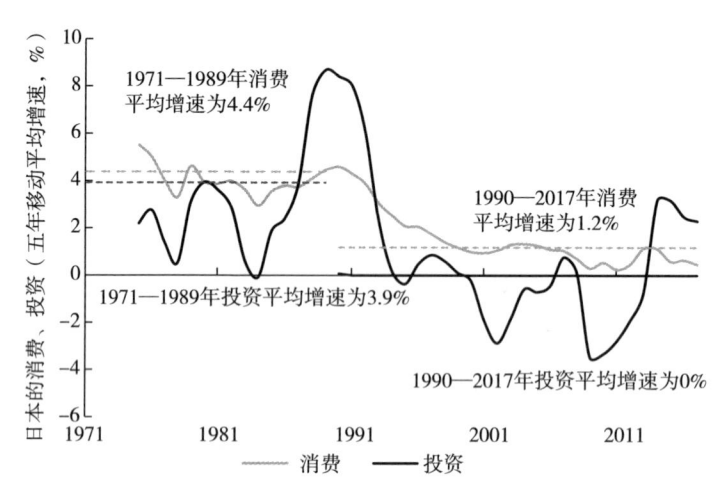

图2.6 如日本一样，中国将会出现数学上的再平衡
资料来源：国际货币基金组织。

由于日本长期形成的文化规范和中国维持社会稳定的原因，日本和中国两个国家的劳动力市场都无法起到减震器的作用。因此，经济的其他方面不得不做出原本不该有的超调。

日本的教训是否适用于中国？中国显然很不同，尤其是因为它相比日本还处于更早期的发展阶段。这意味着，在中国国内仍存在大量低效率现象，大量政策领域仍然需要通过改革来提高生产率，这就是发展中经济体追赶发达经济体的方式。然而，鉴于劳动力市场无法迅速调整，这一演变在本质上可能与日本有相似性。消费驱动的经济增长将令人失望，而投资方面的经济表现将比许多人想象的好。债务消化过程会成为拖累因素（我们将在下面进一步解释），但现在以及将来它都不会带来危机。同日本一

第2章 中国：一场历史性动员的终结

样，中国向消费驱动的经济增长转型很可能只是一种数学上的而不是经济上的再平衡。

制造业部门正在整合，尤其是国有企业。2014—2015年中国制造业和房地产业的"硬着陆"，标志着中国经济增长转型的重大时刻。制造业，特别是钢铁部门的产能被严格削减，在其他制造业领域，国有企业的产能整合主要以冻结新投资或者兼并的方式来推进。

然而，出于社会因素和政治风险的考虑，大规模裁员不是国有企业的有效选项。这意味着劳动力市场无法承受调整的冲击。例如，尽管国有银行向国有企业提供的信贷中有相当一部分与产能过剩有关，但银行和国有企业都不愿将其核销。即使政府可以对银行再注资，大量核销贷款的国有企业很可能再也得不到新的融资，从而不得不裁减相当一部分劳动力。相反，银行对发放给国有企业的贷款进行了"永续化"处理，使得这些企业能继续运营。因此，"僵尸"企业在中国的存在，至少一定程度上受到社会和政治约束的影响。工人没有被大规模裁员，而是选择自愿离开企业去从事城市的零工经济领域的工作，或者只是在国有企业合并后被少量解雇。

由于产能已削减，制造业劳动力的缓慢释放实际上将提高制造业的资本劳动比，从而提高生产率。

然而，消费可能持续低迷。随着劳动力和人口增长出现逆转，总体的增长将放缓。家庭储蓄可能会下降，在缺乏完善和适当的社会保障体系的情况下，消费将转向与老龄化和健康有关的服务。变化可能直接发生，也可能通过政府间接发生。政府必须遵守的社会契约，可能要求其以补贴方式提供这些服务。在这种情况下，通胀的上行风险可能来自更高的工资，以抵消由此产生的对工人的税收，或可能需要通过更高的通胀，以减少名义医疗保健支出负担。

无论是与医疗保健相关的工资增长或通胀率上升，还是由于中国跨过刘易斯拐点后导致的工资增长，都无法提振人们的信心。能够推动强劲消费周期的可持续工资增长在中国似乎不会出现。制造业投资的急剧下降很可能导致生产率增长放缓，即只以非常慢的速度增长。随着工人从制造业部门转移到服务业部门，他们将转移到劳动力更加密集但生产率增长更慢的部门，正如在其他发达经济体发生的那样。这两种变化都将使实际工资增长面临压力。

在中国，债务导致危机的可能性要小得多，但它可能限制民营部门未来的信贷增长。

现在人们普遍认为，中国的杠杆率已经到了不可持续的水平，其中相当大部分被用于支持经营业绩不足以偿还债务的资产。在这方面，最强硬的观点可能来自中国人民银行。真是如此吗？难以确定，但中国人民银行从2017年开始采取行动控制影子银行，一直持续到2018年和2019年，即使特朗普总统启动了贸易战并愈演愈烈。尽管2019年后期中国经济形势日趋严峻，但中国人民银行继续限制资金通过影子银行流向房地产业。实际上，中国人民银行似乎坚定地致力于去杠杆化进程，只有在严峻的经济状况加剧、需要一定宽松政策的情况下，才会从这一激进立场上回撤。中国人民银行去杠杆化的努力和中国经济的发展路径，继续使人们担心未来某个时点可能爆发债务危机。

关于中国债务的传统观点是有误导性的。首先，简单地免除

第2章 中国：一场历史性动员的终结

债务在大多数地方并不奏效，但在中国是可以的。一般来说，即使债务是国内持有的，免除债务也很困难，因为债务是一个人的负债，也是另一个人的资产。免除债务有助于债务人，但会冲击债权人的财富和未来收入。债务危机过后，债务人基于自身经历的教训，不会增加贷款，而债权人会大幅削减支出。其结果，总支出会受到严重的负面冲击，这就是无法不惜一切代价免除债务的原因（第11章更详细地讨论了这个问题）。

快速浏览日本的债务状况可以获得大量信息。即使日本国内持有的日本政府债务也不能免除，为什么？因为通过家庭造成的"泄漏"（leakage）太大。日本庞大的政府债务几乎全部由国内持有，其中很大一部分由养老基金持有。假设日本政府决定免除债务，这将给日本养老基金资产负债表的资产端造成损害，实质上使之无法偿还对家庭部门的债务。在未来退休收入遭受损失的冲击下，家庭会立即增加储蓄，"节俭悖论"将引发消费崩溃，推动日本进入大萧条。因此，日本免除债务通过家庭支出造成的"泄漏"实在太大。

在中国，杠杆作用的双方都在同一资产负债表上（即政府资产负债表），因为出现问题的公司债务有很多是由国有银行向国有企业发放的。"泄漏"（即通过国有企业雇用的劳动力）情况会较少。中国国有银行向国有企业提供债务融资。如果银行要免除债务，会造成两个问题：首先，银行将不得不以分步的方式损失资本金，我们将在下面讨论这一点；其次，难以继续向国有企业放贷。国有企业将不得不削减业务，并可能解雇大部分劳动力。这个问题可能导致社会动荡，是政府不希望看到的。

劳动力的"泄漏"正在得到解决：中国（这里称为"老中

国", Old China) 的制造业和房地产业早在 2015 年就已"硬着陆"。从那时起，"老中国"的经济活动已经开始盘整，2018 年和 2019 年，在治理影子银行和遭遇贸易战后，经济活动有所下降。劳动力不断向城市转移，进入零工经济创造的巨大服务业。一旦国有企业的劳动力队伍逐渐减少（这一进程已经开始，但仍需数年时间才能达到临界水平），免除债务导致的负面溢出将更少。

其次，债转股正在进行，但债务水平的降低还需假以时日。我们认为债转股是解决杠杆问题的首选方案（见第 12 章）。免除部分债务可能会使整个债务存量的估值受到质疑，而债转股可以逐步而不是一次性地减记银行资本金。不幸的是，和其他许多建议的"解决方案"一样，这种方式也不能使用太多。放贷机构并不一定喜欢确认贷款损失，所有债权人当然也不会热衷于此。然而，从宏观经济的角度看，债转股执行速度缓慢的原因是这样做会影响贷款和就业的增加。债转股一旦实施，银行就不再需要"永续化"旧贷款，宏观经济稳定将得到改善。然而，围绕国有企业偿付能力的问题将增多，这些企业仍需举债才能继续经营。许多企业可能被迫对经营业务进行重组，并以更快的速度裁员。如果以过激的一次性方式推进，将导致大规模失业，引发巨大的政治压力。因此，预计其实施最多采取循序渐进的方式。

再次，积累大量债务的代价是消费信贷和服务业企业信贷的短缺。尽管债转股可以使去杠杆更加平稳，但它们将吞噬银行的资本金，因为通过交换获得的股权价值将被慢慢减记，以反映最初靠债务融资的不良资产的实际价值变化。随着银行资本金被蚕食，以及通过资本积累能够实现的实际工资增长放缓，银行的放

第2章 中国：一场历史性动员的终结

贷能力和意愿都会降低。因此，尽管消费者和民营部门在经济中所占的份额越来越大，但他们无法依靠未来的收益在今天实现更快的消费或增长。

总之，中国消费的发展前景要微弱得多，但生产率会有更强劲的反弹（尤其是那些积极减少不良资产和贷款额的国有企业）。债务流失可能会强化这些趋势，这虽然不会引发危机，但伴随银行消化之前的过度信贷，未来的信贷流会受到限制。

对中国而言，我们讨论的内容具有三重含义：

第一，中国将不再是抑制全球性通胀的力量。如果说有什么不同的话，人口压力和刘易斯拐点意味着通胀压力将成为现实，并让我们措手不及，这是迄今为止我们的经济从未遇到过的情况。

第二，与人口老龄化和消除金融抑制有关的储蓄减少，将导致经常账户出现逆差。正如前面讨论的，资本账户可以推动经常账户重新实现顺差，但目前不清楚中国家庭财富的流动、"一带一路"倡议融资和外国在华投资在相互抵消之后的净流动结果是什么。如果没有中国早期经常账户顺差形成的持续的"向上"资本流动，这种曾支持了美国和全球债券收益率（以及资产价格）的资金流动将出现逆转。

第三，中国引入提高生产率的劳动节约型技术的能力，取决于国内能够推动的重大创新。由于不再能得益于外国公司的技术转让，再加上中国企业收购外国技术型公司的政治敏感性，技术的有机改进将更加困难。

第3章 人口大逆转及其对未来增长的影响

3.1 人口"甜头"正缓慢变酸

本章的开头，我们将阐述在全球工业体系中持续了35年左右的人口"甜头"是如何变酸的。过去几十年，中国的人口增长使得全球劳动力激增，而今中国劳动力规模的不断萎缩正在大幅扭转这一趋势。我们将在第3.2节中讨论这一现象对产出的影响，在第5章中讨论对通胀的影响，在第6章中讨论对利率的影响，在第7章中讨论对不平等的影响。本章数据除另有说明的，均来自联合国人口数据库。

人口"甜头"将迅速消失：全球抚养比正处于拐点，且有预测认为，现在几乎每一个发达国家以及许多主要新兴市场国家的抚养比增速都会上升，尤其是中国和德国（见图3.3）。全球劳动年龄人口在1970—2005年间快速增长，而当前这一增速将显著放缓。在发达经济体和北亚，劳动年龄人口增速的大幅放缓将和劳动人口与老龄人口之比大幅下降同时出现。

从20世纪80年代起，发达经济体的生育率趋于稳定，且在许多国家低于人口更替水平，现在也没有上升的趋势，但人口寿命持

第3章 人口大逆转及其对未来增长的影响

续上升（见图3.1和图3.2）。因此，这些经济体即将退休的婴儿潮一代将活得更久，但当地生育水平不足以抵消老龄人口的激增。

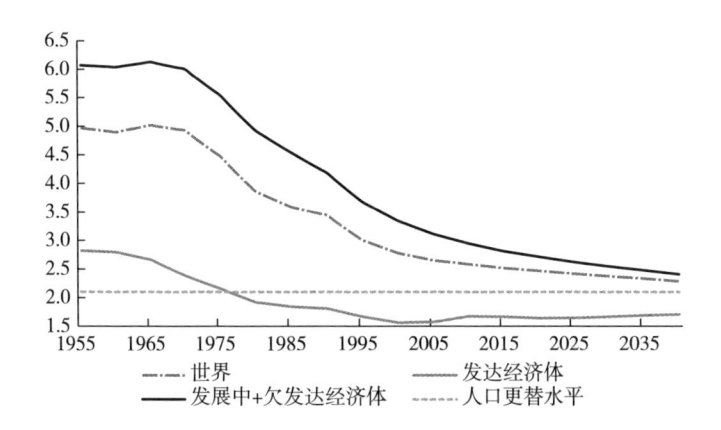

图3.1 新兴市场经济体生育率（每个妇女生育的子女数）正快速下降，发达经济体生育率已处于较低水平

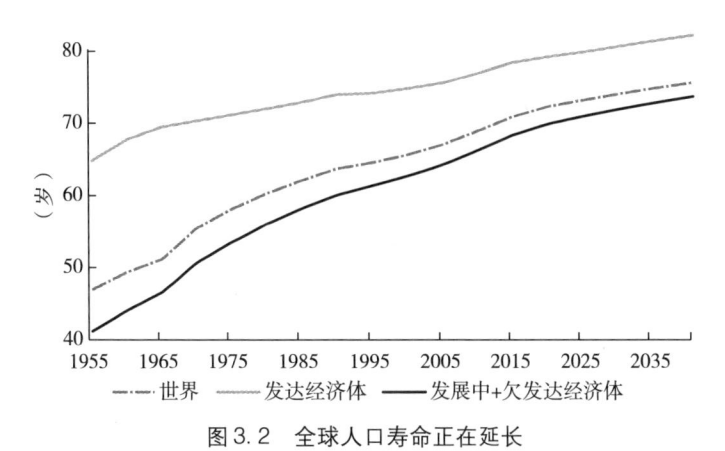

图3.2 全球人口寿命正在延长

注：发达经济体包括高收入国家，新兴市场经济体包括低收入和中低收入国家。

新兴市场经济体人口寿命正迅速赶上发达经济体（在一些国家，比如韩国，人口寿命已经赶上发达国家），但国家间的生育率仍存在显著差异。中国、韩国和俄罗斯的生育率与发达经济体相近。与之形成鲜明对比的是，北亚和东欧以外的经济体仍处在生育率从更高水平稳步下降的过程中。这一现象本身意味着这些国家的抚养比上升将比发达经济体来得更晚，它们在全球老龄化浪潮中尚有喘息之机。

因此，发达国家的抚养比必然大幅上升，部分北亚和东欧新兴市场经济体的上升幅度将更大。众所周知，当前日本人口问题起到逆向作用，另一方面德国抚养比将在未来几十年成为显著的拖累因素。日本和德国的抚养比于20世纪90年代见底，随后，英美抚养比于2010年出现低点。中国和俄罗斯的抚养比与美国几乎同时见底，随后是韩国。在大型新兴市场经济体中，只有印度的拐点远未显现（见图3.3），这一点我们将在后文中再次探讨。

值得注意的是，发达经济体、北亚和东欧国家总体抚养比的上升均可归因于老龄人口与劳动人口之比（即老年抚养比）的恶化。

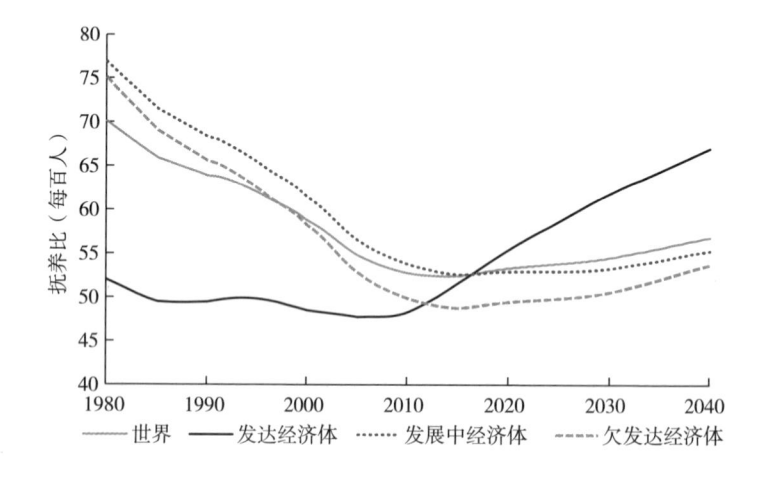

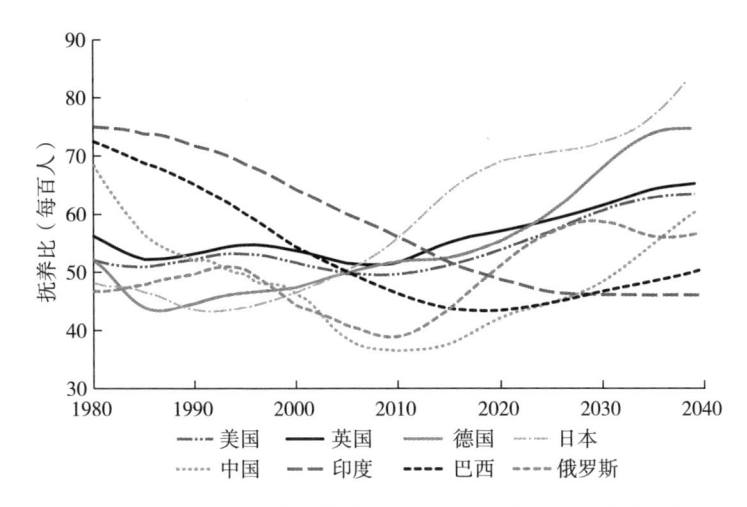

第3章 人口大逆转及其对未来增长的影响

图3.3 发达经济体抚养比普遍上升，而新兴市场经济体表现各异

专栏3.1 联合国报告（2015）：世界人口老龄化

该报告很好地概述了未来几十年世界将如何变化以及最大的变化在哪里。

全球人口老龄化正在加速：预测表明，在未来15年内，全球60岁及以上人口占比将增加约4个百分点，即从2015年的12.3%升至2030年的16.5%。与之相对，自2000年至2015年，该比重仅上升了2.3个百分点。

60岁及以上人口的惊人增长：在2015年到2030年间，全球60岁及以上人口预计将从9.01亿增至14亿，增幅达56%。到2050年，全球老龄人口规模预计较2015年翻倍，达到近21亿。2015年，全球将有1/8的人口年逾60岁。到2030年，这一比重将达到1/6。到21世纪中叶，这一比重将升至1/5。

年龄最大的人口规模增长最快：全球范围内，年龄在80

岁及以上人口（即年龄最大的人口）的规模的增速甚至超过了总体老龄人口的增速。预测显示，到2050年，80岁及以上人口的规模将达到4.34亿，较2015年（当时有1.25亿80岁及以上人口）翻了3倍多。

据预测，全球80岁及以上人口占老龄人口之比将从2015年的14%上升到2050年的20%以上。

老年人之家：世界上什么地方的人口老龄化最快？从2015年到2030年，拉丁美洲和加勒比地区60岁及以上老年人口预计将增长71%，其次是亚洲（66%）、非洲（64%）、大洋洲（47%）、北美洲（41%）和欧洲（23%）。

就相对水平而言，高收入国家的人口老龄化程度最高。日本是世界上老龄人口占比最高的国家，2015年已有33%的人口年龄在60岁及以上，其次是德国（28%）、意大利（28%）和芬兰（27%）。

至2030年，预计老年人口将占欧洲和北美洲人口的25%以上，占大洋洲人口的20%，亚洲、拉丁美洲和加勒比地区占比为17%，非洲占比为6%。

在2050年，全世界44%的人口将生活在老龄化程度较高的国家之中（至少20%的人口年龄在60岁及以上），1/4的人口将生活在60岁及以上人口占比超过30%的国家里。

3.2 人口周期：地域特征统一，经济特征失衡

世界银行为识别人口周期提供了行之有效的方法，即按照人

口红利期是否结束来划分经济体。依此划分的四类经济体包括：未进入人口红利期（pre-dividend）、人口红利早期（early-dividend）、人口红利晚期（late-dividend）和后人口红利期（post-dividend），它们展现了人口转型下的全球经济图景。

经济体之间生育率和人口寿命的差异，有助于解释各自所处的人口周期阶段。生育率高而人口寿命短的国家尚未获得人口红利。按照其他地区的模式，可预见的生育率下降和寿命延长将为这些国家的未来创造人口红利。相较而言，处于后人口红利期的经济体，其生育率快速下降并维持在低点，人口寿命则逼近全球峰值（见图3.4）。

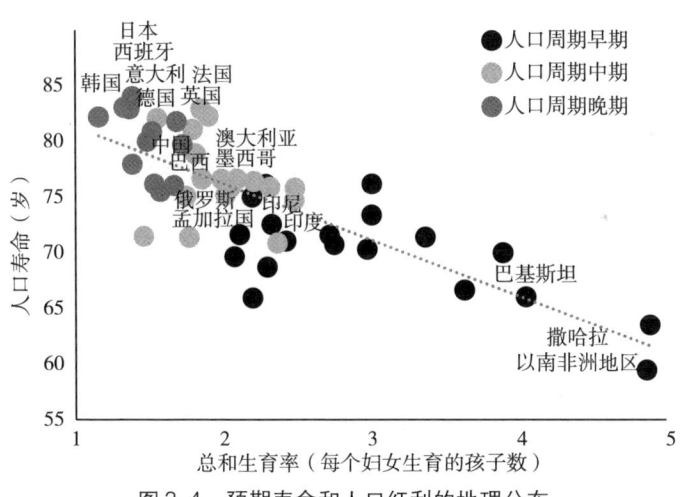

图3.4　预期寿命和人口红利的地理分布

资料来源：世界银行。

乍看之下，当前不同国家广泛分布于各个人口周期阶段，这似乎为全球人口状况描绘了美好的前景。但事实上，2040年世界人口增速将高于发达经济体或我们定义的新兴经济体，因为据联合国预测，那些被定义为最不发达的地区和国家（大多数位于非洲）的人口将在这一时期维持高增长。

我们将各个国家分为三类（有时也单独区分中国和印度）："早期"（仍能享受人口红利），"中期"（人口问题显现但未激化）和"晚期"（老龄化明显）。表3.1列出了这三类国家。

这三类国家在人口规模（50，25，25）上有相当明显的区别（参见表3.2以及图3.5和图3.6）。不幸的是，当前人口相对均匀的分布掩盖了人口周期中各经济体在经济实力分布上的不平衡。

表3.1 按人口周期阶段划分的国家/地区分组

分组	
早期	印度、巴基斯坦、孟加拉国、撒哈拉以南非洲国家、墨西哥、埃及、阿根廷、阿尔及利亚、伊拉克、阿富汗、乌兹别克斯坦、委内瑞拉、尼泊尔、也门、缅甸、菲律宾、危地马拉、厄瓜多尔、哈萨克斯坦
中期	美国、巴西、越南、土耳其、伊朗、哥伦比亚、加拿大、斯里兰卡、沙特阿拉伯、秘鲁、马来西亚、澳大利亚、俄罗斯、乌克兰、英国、法国、摩洛哥、印度尼西亚
晚期	中国、日本、德国、泰国、意大利、韩国、西班牙、波兰、罗马尼亚、智利、荷兰

注："撒哈拉以南非洲国家"包含约50个经济体。

表3.2 早期、中期、晚期国家的人口数（2019年） （单位：百万）

早期	3 540	49%
中期	1 666	23%
晚期	1 966	27%
总计	7 172	

注：样本量约占世界总人口的90%。

第 3 章 人口大逆转及其对未来增长的影响

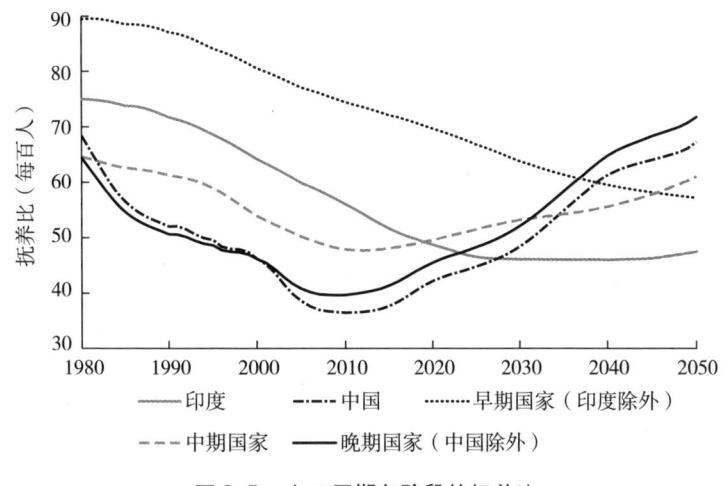

图 3.5 人口周期各阶段的抚养比

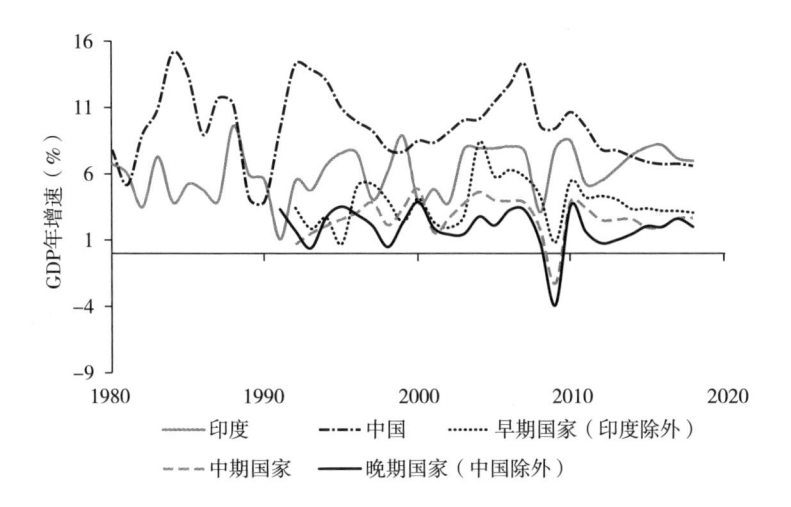

人口大逆转

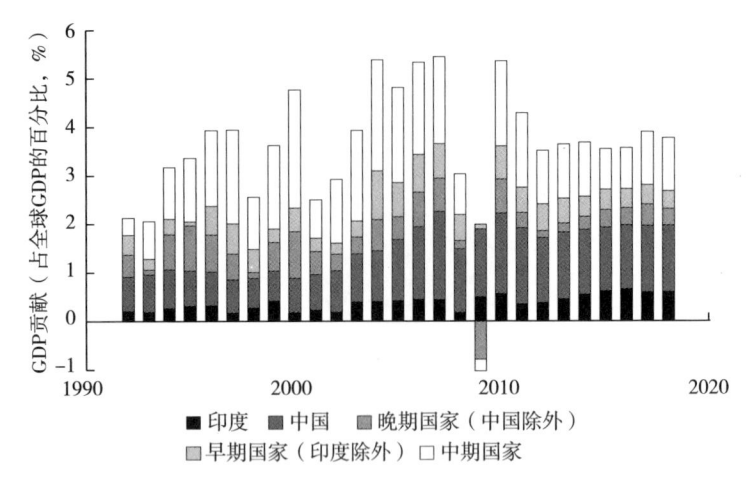

图3.6 人口周期各阶段GDP占全球GDP比重

大多数老龄化经济体（即处于后人口红利期和人口红利晚期）都较为富裕。如表3.3所示，经济实力主要掌握在正在老龄化且人口红利已经"耗尽"的国家手中。

表3.3 处在人口周期不同阶段的国家的增长占比

2012—2018年	GDP增速（%）	对全球GDP增长的贡献（%）	占全球GDP比重（%，按购买力平价计算）
早期经济体	4.9	27	21
中期经济体	2.4	28	41
晚期经济体	4.5	45	38

最令人担忧的是，老龄化经济体不仅在全球GDP份额中占主导地位，过去15年全球经济增长也主要来源于它们。即使我们将时间拉长至35年，情况也没有明显变化。

准确地讲，主导全球增长的经济体面临最严峻的人口挑战，这是全球经济面临的危险。这意味着，即使世界整体仍处于巨大的人口增长顺风期，但过去35年来领导全球增长的经济体却在

第 3 章 人口大逆转及其对未来增长的影响

人口逆风中首当其冲。换句话说，若要使人口问题仅小幅冲击全球经济，那么过去几十年对全球增长贡献很小的那些经济体在未来必须做得更多。从这个角度看，许多人担心的将给发达经济体带来冲击的技术进步却是增长必需的。否则，人口问题将给全球增长造成更加严重的损害。

3.3 产出增长

产出增长率天然取决于劳动人口增长率和劳动生产率提高之间的相互作用。如第 3.1 节中所述，在许多情况下，印度或非洲以外的潜在劳动人口增长率注定会急剧下降。除非潜在参与劳动的人口（包括继续工作的退休人员）出现急剧上升，或者人均生产率出现抵消性的增长，否则产出增速必然下跌。尽管人口变迁才刚刚开始，当前的增长率已经令人失望。

首先，我们回顾劳动参与率，然后考虑未来生产率的变化轨迹。莫洪和拉戈（Mojon and Ragot，IBS，2019）研究了许多欧洲国家 55～64 岁人口的劳动参与率是如何提高的（尽管不如美国和日本提高的幅度大），以及几乎所有这些国家这个年龄段的失业率是如何构成总失业的重要组成部分并与之高度相关的。

他们的研究结论之一是，这个年龄段（55～64 岁）的劳动参与者比年轻人的工资弹性更高，这是导致菲利普斯曲线变平坦的一个因素，我们将在第 8 章中再次讨论这一问题。另一方面，如图 3.7 所示，将劳动参与率提高到 65% 以上可能要比从 40% 提高到 65% 困难得多。若果真如此，那么劳动参与率的进一步提高必须来自 65 岁以上的人群。在图 3.7 中，我们给出了 55～64 岁人口的劳动参与率，以及美国、英国、德国、法国和日本 65 岁以上人口的劳动参与率。

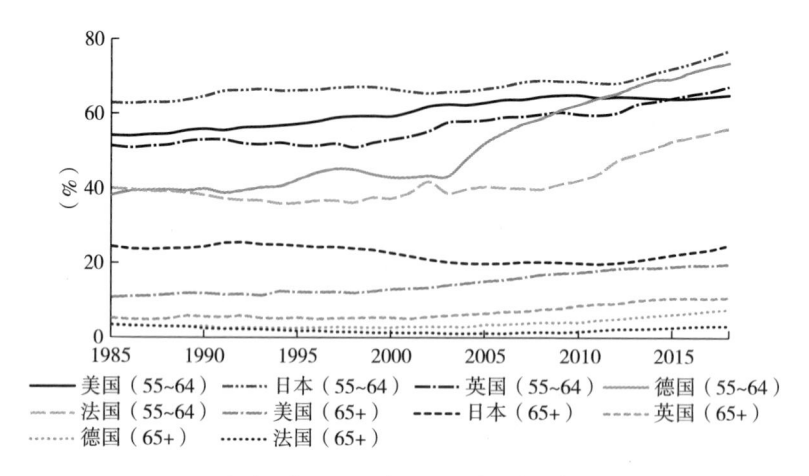

图 3.7　发达国家 55~64 岁人口的劳动参与率已大幅上升

还有一个问题涉及老年人可以做或想要做的工作（参见 Maestas and Jetsupphasuk，2019）。尽管几乎不能指望他们从事体力劳动（和大多数体育运动），但英国农民的平均年龄已超过 65 岁，而与大多数工作相比，耕种需要更多的体力劳动。图 3.8 显示了 65 岁以上人口的劳动参与率与国家养老金慷慨程度即养老金替代率之间的关系。有关美国老年人劳动参与的讨论，参见伯顿（Button，2019）的研究。

从图 3.9 可以很自然地看出，老年人的劳动参与率与养老金的慷慨程度负相关。因此，提高退休年龄和降低养老金替代率，可以抵补增长中可能减少的部分。但实际退休年龄只是最近才开始勉强提高，而且通常不及预期寿命提高的多（见图 3.9）。

无论怎样，我们可以或应该在多大程度上遵循这一路径？年龄较大的人生产率较低，这一看法一度被当作公理。确实，许多

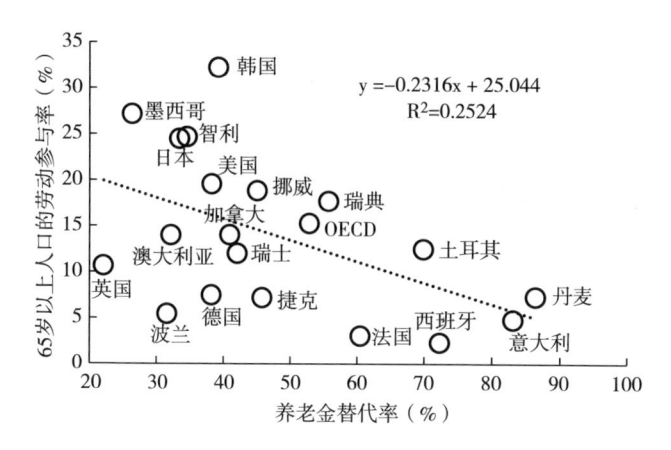

第3章 人口大逆转及其对未来增长的影响

图3.8 养老金替代率和劳动参与率负相关

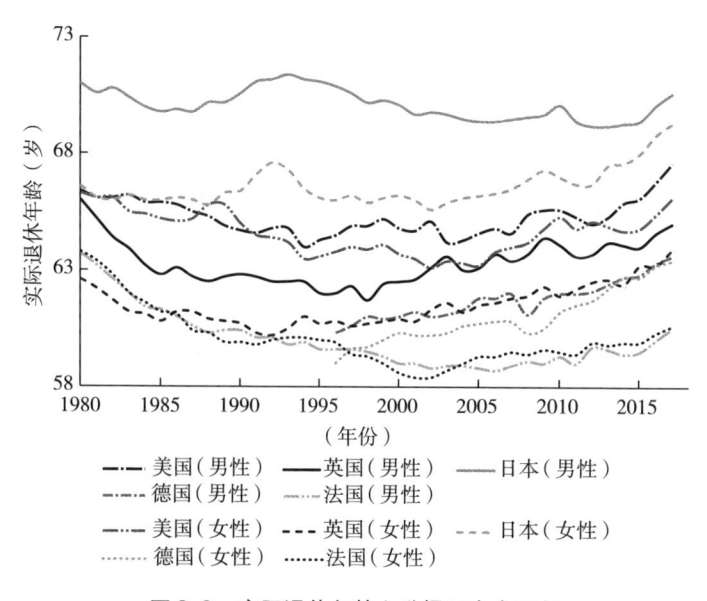

图3.9 实际退休年龄上升慢于寿命延长

人用"婴儿潮"一代的老龄化来部分解释近期生产率增长放缓的趋势。但是，第10章中更详细的讨论指出，这种观点正在被重新考量。即使生产率实际没有受到老年人劳动参与率提高的拖累，也可能受到晋升的影响。如果我们给老人加压，使之继续工作，会不会给年轻人造成晋升障碍？其次，宽裕的退休待遇被视为代际平等和公平的一部分。最后，老年人通常比年轻人有更高的投票倾向，设法将他们认为是正当的利益拿走在政治上是冒险之举。普京对俄罗斯政治体制的掌控一向强势，但即使他也被迫放弃了削减养老金福利的计划（BBC News，2018年8月29日）。另请参见博尔舍-苏潘等人（Börsch-Supan et al.，2014）关于反对提高老年人劳动参与率的劳动力市场改革的研究。此外，马克龙2019年底推出法国退休和养老金改革亦面临困难。

许多国家都计划提高法定退休年龄。在某些情况下，这是很早以前就应该完成的，尤其是对于某些情况下的公务员来说，巴西就是一个例子。但是，迫使65岁以上（不久之后可能到70岁以上）人口重返正规带薪工作（可能）引起生产率下降和政治敌意加剧，这使我们怀疑，老年人劳动参与率的提高或许只能抵消一小部分正常劳动年龄人口增长率下降的影响。

因此，如果要维持（更不用说提高）当前令人失望的产出增长趋势，我们需要显著提高工人生产率的增长速度。同时，新冠疫情前劳动力市场的强劲表现加上产出的缓慢增长，表明人均生产率的增长趋势令人沮丧。为了维持总体增长率，工人人均产出增长率必须强劲复苏。

这看似非常困难，但仍有些许希望。首先，如表3.4所示，近年来日本人均劳动生产率的增长速度快于多数发达国家，而其劳动力规模已连续10年下降。寻找和雇用有资质的工人越难，为保持竞争力，雇主越不得不提高他们能找到并持续雇用的工人的生产率；我们将在第5章中再次讨论这一点。

表3.4 每工时生产的GDP的增长率　　　　　　　　　　（单位：%）

	美国	德国	英国	法国	日本
2010	2.8	2.5	2.2	1.3	3.3
2011	0.2	2.1	0.3	0.9	0.2
2012	0.3	0.6	-0.5	0.2	0.9
2013	0.4	0.8	0.3	1.4	2.1
2014	0.4	1.0	0.2	1.0	0.1
2015	0.8	0.6	1.7	0.8	1.5
2016	0.3	1.4	-0.6	0.1	0.3
2017	1.0	0.9	0.8	1.0	0.9
相对于2010年的变化	6.2	10.3	4.3	6.7	9.6

资料来源：OECD。

其次，过去几十年劳动生产率增长缓慢，可能是由于技术变革导致很多工作岗位对工人的要求从中等技能转变为了低技能（正如随后在第7章中讨论的那样），以及老年人口的劳动参与率越来越高。这种技术变革趋势可能会持续，也可能不会持续，同时，提高老年人口的劳动参与率可能会遇到越来越强的社会和政治阻力。最后，人口老龄化将导致对服务消费（例如护理和药品）的上升。而与制造业相比，提高这类商品的生产率更难（Cravino et al.，2019）。

因此，合理的预期应该是，未来几十年，印度和非洲以外的产出增速将显著放缓，可能降至每年1%左右。日本是这方面的先驱。自1999年以来，日本的平均经济增速为0.87%。如果其他发达国家能够在接下来的20年（即到2040年）达到这一记录，则已属表现良好。

第 4 章 依赖性、痴呆和护理危机

4.1 引言

考虑老龄化对健康的影响时，第 3 章谈到了未来抚养比不断上升将带来更为严重的后果。随着预期寿命的提高，更高比例的老年人口将出现痴呆以及诸如帕金森病和关节炎等造成依赖性的病症（多症并发的现象时有发生），[1] 并且需要护理。护理包括个人情感支持，可以在体能活动和看护方面起一定支持作用的机器人在这方面无能为力。所以，更高比例的劳动力将投入护理老人的工作，他们可能是老人的家人或者护工。百健的阿尔茨海默病药物（Aducanumab）以及中国的同类药物（Oligomannate）给了治疗痴呆的专业人士保持谨慎乐观的理由，但是就发现、诊断和治疗以及政策而论，这一领域的进步远远落后于其他医疗领域

---

[1] 所以，金斯顿等人（Kingston et al., 2018a，第 3 页）指出，2015 年超过一半（54%）的 65 岁及以上人口有两种以上的疾病。正如预期，多症并发率随着年龄增长而上升：2015 年，该比率对 65~74 岁群体和 85 岁及以上群体分别是 45.7% 和 68.7%；对 65 岁及以上群体，该比率在 2025 年和 2035 年将分别升至 64.4% 和 67.8%。

第 4 章　依赖性、痴呆和护理危机

（比如髋关节置换术和白内障手术）。需要注意的一点是，医疗卫生领域把依赖性定义为需要外部护理和帮助，而在宏观经济领域，依赖性（抚养）一词只适用于某些具体年龄段人群，与体能状况无关。

本章将分三部分讨论抚养比和痴呆发病率方面令人担忧的预测。第 4.3 节和第 4.4 节将分别预估由此引发的成本和宏观经济后果。

4.2　老龄化的危害

早发性痴呆患者在日常生活中开展正常活动的难度会不断提高，因此需要护理和帮助，阿尔茨海默病是最常见也是最为人所知的一种痴呆。痴呆的发病率随年龄增加会呈指数上升。65 岁前发病率非常低，但是 85 岁及以上发病率比 75 岁或者 E 型载脂蛋白呈阳性的人群要高四倍。75 岁年龄门槛和 E 型载脂蛋白呈阳性是名列第二、第三的风险因素（Kivipelto et al.，2006；Norton et al.，2014）。除了痴呆以外，其他造成依赖性的疾病，比如关节炎和帕金森病，发病率也与年龄正相关。金斯顿等人（2018b）的论文中提供了以下表格（见表 4.1），将依赖性分为轻度、中度和重度，给出了依赖性人口占总人口的比重以及依赖性人口的数量。①

虽然老龄化是长期趋势，但我们的社会现在还相对年轻，而且也很了解癌症和心脏病的发病情况。这两种病症的死亡相对较

---

① 当然，那些有轻度认知损伤（比如，忘记人名）和有轻度依赖性人群的界限比较模糊，但是英国的人口衰老和护理模拟模型（PACSim）是最前沿的模型，也是表 4.1 数据的来源。

人口大逆转

表4.1 2015年英国老年人口中依赖性人口占比

		总人口 （千人）	依赖性人口 数量（千人）	依赖性 人口占比（%）
轻度老年	65~75岁	5 276	1 621	30
中度老年	75~85岁	3 130	1 539	49
重度老年	85岁以上	1 318	1 023	78

早，甚至相当迅速，病重时期很少会延续多年，但是痴呆对患者及其看护者的影响经常是长期的。我们大多数人和我们的社会，对老龄化的未来到底意味着什么并没有概念，也许这就是人们在治疗痴呆和帕金森病方面还未出现医学奇迹时，对预期寿命的持续提升乐观有余而谨慎不足的原因。

《世界阿尔茨海默病报告》（Patterson，2018，第41页）指出：

> 鸟羽宪治（Kenji Toba）告诉我："日本现在出生的婴儿中1/3将活到100岁。日本百岁老人患痴呆的风险高达99%。所有人都必须意识到，这个病影响的不仅是'别人'，而是'所有人'。认知退化是我们所有人的宿命。"

如果活到100岁（Gratton and Scott，2016；Scott，2019）仅仅意味着要忍受更多年痴呆，也许并不是好事。

世界卫生组织（WHO）指出，也许痴呆发病率并没有高达99%，有些人的痴呆是可以避免的。该组织最新发起的一项运动发现了一些可以降低痴呆发病率的与生活方式相关的因素。但由于公众对痴呆带来的问题认知度不高，因此解决这些问题的政治意愿有限，这一运动面临较大阻碍。2019年《世界阿尔茨海默病

第 4 章 依赖性、痴呆和护理危机

报告》调查了 155 个国家大约 7 万人口，有如下发现：（1）1/4 的人认为痴呆无法预防；（2）2/3 的人认为痴呆是衰老过程的正常现象；（3）更让人担心的是，62% 的医生也持相同的看法。所以，就算遵循世界卫生组织的建议有重要裨益，人们也严重怀疑建议的有效性，大力采用建议的意愿很低。早发现对癌症患者的存活率仍然是最关键的。而对痴呆这种慢性病来说，现在很多研究试图用生物指标来实现早发现，但迄今为止，成果寥寥。就算可以做到早发现，能否减缓该病恶化的速度还非常不确定，完全治愈更是遥遥无期。

数据里少有的一条好消息是，美国、英国、瑞典和荷兰与年龄直接相关的痴呆发病率近年来呈下降趋势，且下降势头预计可以保持。但是，中国和日本的情况正好相反（Livingston et al., The Lancet Commission, 2017）。英国发病率的下降几乎完全集中在 65~75 岁的男性（kingston et al., 2018b）。这很有可能是因为戒烟男性的比例高于女性。[1] 除此之外，发病率基本保持不变，但重度依赖性人群的发病率预计增速将超过中度依赖性人群。表 4.2（来自 Kingston et al., 2018）给出了定义。

虽然在家里照顾轻度或者中度依赖性的痴呆患者是可能的，但是要照顾高依赖性的痴呆患者非常困难。按照金斯顿的分类数据（表 4.2），表 4.3 预测了英国 2035 年的依赖性状况，包括各种依赖性人群占比以及相对于 2015 年的变化。

---

[1] 女性肥胖率也高于男性。

表4.2 基于需求区间的依赖性分类

	CFAS II	ELSA
高依赖性	MMSE分数介于0~9，或者上厕所、离开椅子或床需要帮助，或者失禁并且穿鞋袜需要帮助，或者进食需要帮助（从代理人面谈得知），或者经常失禁并且穿衣需要帮助（从代理人面谈得知）。	上厕所需要帮助，或者离开椅子和床有困难，或者有失禁的问题并且穿鞋袜需要帮助。
中依赖性	每一天或者大多数时候穿鞋袜或者烹饪需要帮助，或者没有帮助无法穿衣（从代理人面谈得知）。	穿鞋袜和烹饪需要帮助。
低依赖性	全身清洁或者沐浴或者剪脚趾甲需要帮助，或者做家务困难很大（从代理人面谈得知）。	沐浴需要帮助，或者推拉大型物体有困难，或者收拾房屋和花园有困难。
生活自理	不在以上类别之列的其他情形。	不在以上类别之列的其他情形。

注：CFAS：认知功能和衰老研究；ELSA：英国老龄化纵向研究；MMSE：简易精神状态检查。

资料来源：Kingston et al.（2018）。

表4.3 2035年英国依赖性人口的数据预测以及相对于2015年的变化

	总人口数（千人）	变化（%）	依赖性（千人）					
			低依赖性	变化（%）	中依赖性	变化（%）	高依赖性	变化（%）
65~75	6 908	+31	967	-15	98	-49	241	-15
75~84	2 778	+51	1 400	+29	171	+5.7	378	+42
85岁及以上	2 815	+114	1 537	+148	293	+73	446	+92

高依赖性人口数量将从78.3万上升到106.5万，上升36%。正像之前所说，痴呆的患病负担上升主要是因为预期寿命而非痴呆发病率的上升。《世界阿尔茨海默病报告》前言指出，这种情况不仅发生在高收入国家，中低收入国家的痴呆负担加重更明

第 4 章　依赖性、痴呆和护理危机

显。该报告还预计痴呆患者的数量将从 2015 年的 5 000 万上升至 2030 年的 8 200 万，进而上升至 2050 年的 1.52 亿，即 35 年间上升两倍。

但是痴呆现在还没有治愈的希望。2018 年《世界阿尔茨海默病报告》指出（第 7 页）：

> 自 1998 年，在已检测的 100 种药物中，只有 4 种获批使用，而且并非神药。它们虽然可以帮助管理痴呆的某些症状，但只适用于某些人，世界上大多数人连用都用不上。任何对这一疾病有了解的人都知道，没有人能找到治愈神药。

2019 年 10 月发生了一件奇怪的事，没有通过最初检测的新药（Aducanumab）在进一步评估时，被认为在一小群患者中可减缓阿尔茨海默病的早发。英国媒体欢呼，称这是巨大的进步，但这种大肆宣传最多只是绝望中的挣扎，或是过早的庆祝。

虽然我们可以期待医学上的突破，但是，以它们即将发生为前提来制订计划是不明智的。虽然治愈、替换甚至再生大脑以下身体其他部位已变得相对容易，但修复大脑损伤迟迟没有进展。神经退行性疾病的研究和资金投入要比癌症单一领域少得多。2018 年《世界阿尔茨海默病报告》前言写道：

> 报告意在说明，呼吁提高痴呆领域的研究经费仍然非常重要。平均每 3 秒钟就有 1 个人患上痴呆，相对于痴呆患者的数量，我们在治愈痴呆研发方面的投入实在是杯水车薪。首先，原创研究不足。世界范围内有关神经退行性疾病的文

章发表数量只有癌症的1/12。再者，从事该领域研究的人员也不足。这背后虽然有各种原因，但过去40年该领域没有任何重大突破一定是原因之一。

2019年6月25日《金融时报》发表的一篇最新报告中附了下图（图4.1）。

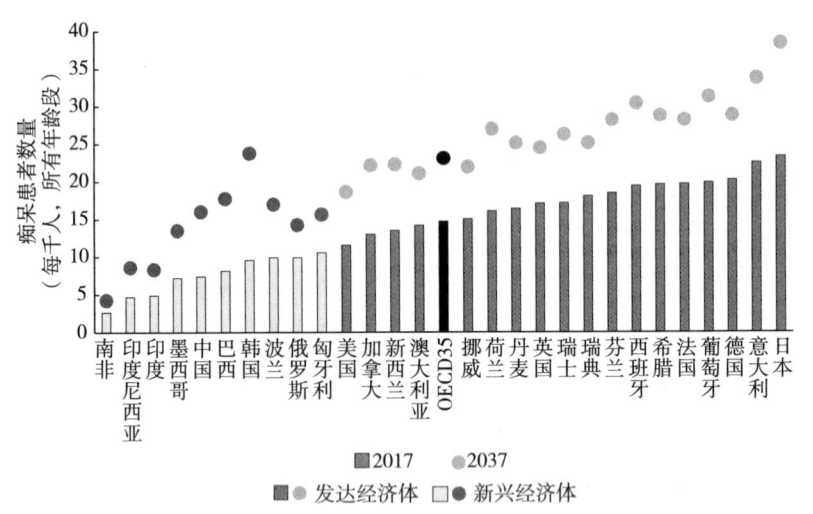

图4.1 随着预期寿命的提高，痴呆的负担一定上升
资料来源：OECD《2017年健康统计》。

4.3 痴呆的成本

最常引用的痴呆成本数据来自普林斯等人（Prince et al., 2015）：截至2018年，其成本将高达约1万亿美元。国际阿尔茨海默病协会2012年12月发表的《击败痴呆：通向2025年的道路》指出，这一成本将于2030年前翻一番，达到2万亿美元。

第 4 章　依赖性、痴呆和护理危机

痴呆的成本很大一部分是隐性的，不计入 GDP，不体现在可衡量的产出、收入或者支出中，但这部分成本是真实存在的。与痴呆相关的成本有三类：第一，患者自身承担的成本；第二，患者的护理人员承担的成本；第三，"包括沉淀成本在内的"研发支出和临床试验成本（临床试验成功与否均有成本，迄今为止几乎完全失败）。其中痴呆的第三类成本投入要比癌症治疗低得多，相对痴呆带来的巨大问题，更显微不足道。

当然，主要成本由痴呆患者承担，既包括医疗费用等显性成本，也包括生活质量下降等隐性成本。据我们所知，目前尚无人试图明确衡量这些隐性成本（比如，生活质量的下降），从而为调动更多资源投入痴呆研究和护理的方案做成本收益分析。翁笙和（Egglestone，2019）曾简要讨论过"衡量健康衰老的经济价值"。但是，此类衡量可以而且也应该用诸如调查的方法来进行。[①]

第二大成本落在护理上。当护理人员不是职业人士时，他们经常是患者的家人（偶尔是朋友），通常是配偶或子女，他们至少在患者的痴呆或并发症变得异常严重需要进入医院或护理机构接受专门治疗前，无偿照顾这些患者。柳叶刀委员会在《痴呆的预防、干预和护理》报告（2017，第 2710 页）中指出，痴呆患者的家人倾向于在家中照顾他们以保证其生活质量，虽然这需要

[①] 找到一组成年人作为样本。向他们解释痴呆发病率随着年龄上升而上升。然后询问他们愿意每年投入收入的多大比例将发病率降低 10%（比如，将 82 岁时 40% 的发病率降为 30%），假设这样的投入肯定能降低发病率。这样的假设性测试具有主观性而且只有暗示作用，但也有一定价值。这方面也可参考 Kydland 和 Pretnar（2018，2019）。

自我牺牲。这些家人往往会出现抑郁、焦虑、身体状况变差、工作生活的平衡被打破等情况。

我们认为，英国处理痴呆成本的方式是不可接受的。达米安·格林（Damian Green, 2019）指出：

> 医疗体系不应区别对待不同的病情。包括癌症在内的一些长期疾病的患者是通过英国国民医疗服务体系（NHS）进行治疗的，所以治疗是免费的。但是，诸如痴呆等其他疾病的患者则主要通过社保体系进行治疗，所以个人最终要承担巨额成本。因此，必须建立新的社保体系，终结此种"患上痴呆就像抽中下下签"的情况。

社会结构的变化将使问题变得更为困难。金斯顿等人（2017，第1681页）指出，离异、家庭成员分居多地、女性劳动参与率提高等多种原因造成的家庭分裂，使得在家中照护患者变得更为困难。这可能使那些被划分为"低依赖性"的患者境况尤其窘迫。作者说道，英国当局为公费护理制定了过高的门槛，低依赖性的人不太可能符合资格，他们最终没有公费资助，同时家庭的分裂使得他们失去了家人的关怀。

普林斯等人加总痴呆的直接成本（私人和公共成本）和间接成本，估计到2018年总成本将高达约1万亿美元，相当于全球GDP的1%左右（2015，《世界阿尔茨海默病报告》，第6章，第56页）。

除了非正式护理（费用很大，但量化极为困难，不确定性很高），我们认为，考虑到问题的严重性，这方面的总支出太小，

第4章 依赖性、痴呆和护理危机

尤其是在中低收入国家。

所以,普林斯等人于2015年估算痴呆的成本时指出:

> 人均成本可分为三类:直接医疗成本,直接社会护理成本(包括有偿的职业上门护理、住家护理和养老院护理)和非正式护理成本。

表4.4和表4.5列出了成本的划分情况。正如《金融时报》的报告所示,不同国家的成本差距非常大(图4.2)。总成本的构成情况见表4.5,来源于《金融时报》报告第60页的表6.6。

表4.4 痴呆的成本

国家	痴呆患者数量(百万人)	成本(10亿美元)	人均(美元)
G7	12.9	508.7	3 943
非G7的G20国家	24.6	245.5	998
非G20的世界其他国家	9.3	63.6	683
全世界	46.8	817.8	

表4.5 2010年和2015年不同收入水平国家的痴呆成本

	直接医疗成本		直接社会护理成本		非正式护理成本	
	10亿美元	百分比	10亿美元	百分比	10亿美元	百分比
2015(《2015年世界阿尔茨海默病报告》)						
低收入	0.2	20.4	0.1	10.4	0.8	69.2
中低收入	3.7	23.9	2.0	13.2	9.6	62.9
中高收入	19.3	22.0	17.7	20.5	49.3	57.1
高收入	136.0	19.0	308.1	43.1	271.0	37.9
总计	159.2	19.5	327.9	40.1	330.8	40.4

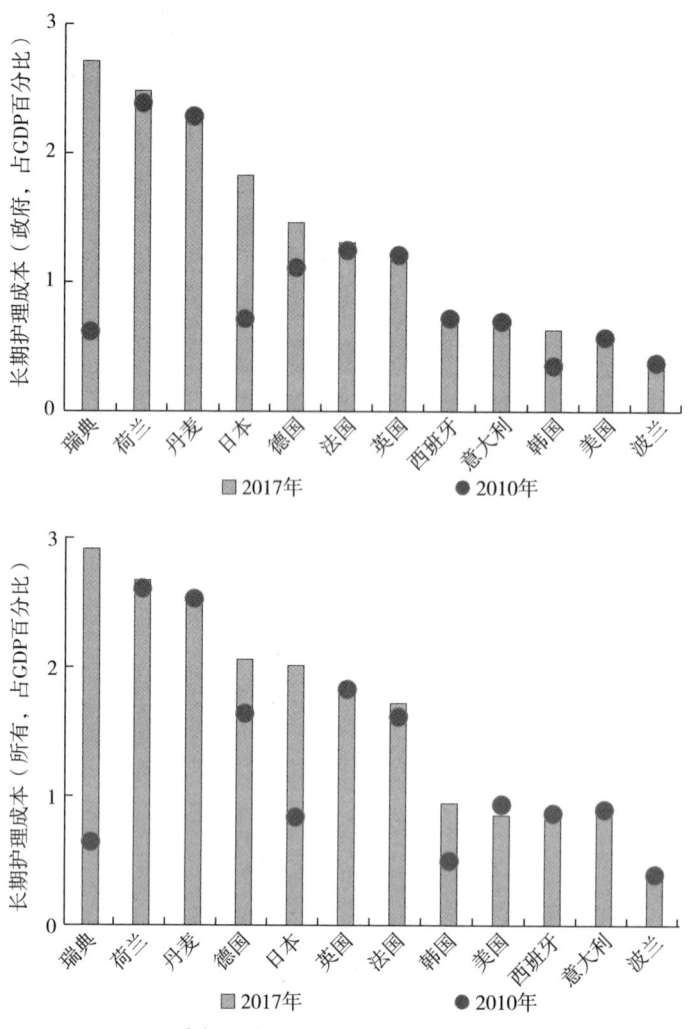

图4.2　富裕国家用于长期护理的公共支出的差异
资料来源：OECD。

后果就是，"在当前的初级护理中，痴呆的发现、诊断、披露、治疗和管理都严重不足"（2016年《世界阿尔茨海默病报告》，概要，第1页）。我们参考的主要痴呆研究（包括柳叶刀委员会的研究和《世界阿尔茨海默病报告》）用很多例子阐明了这

第 4 章　依赖性、痴呆和护理危机

些不足。①

2016 年《世界阿尔茨海默病报告》讲到"改善痴呆患者的医疗水平"时，作者尝试为痴呆医疗护理途径的成本影响建模（第 7 章，第 110—121 页）。该模型是为衡量痴呆患者接受医疗服务的成本设计的。

按该模型估计的成本，无论是占 GDP 的比例还是占总医疗支出的比例（表 7.4），都微不足道，最高的是韩国，两项占比分别是 0.04% 和 0.5%；最低的是墨西哥，两项占比分别是 0.0003% 和 0.01%。做这些分析都是为了说明我们在痴呆领域正在做的或者打算做的都远远无法满足实际的需求。

原因是什么？为什么我们没有将更多公共或私人资源投入痴呆的预防、阻断和逆转？

第三类成本，即痴呆治疗的研发支出，从所有标准来看迄今为止都非常低。

这背后的主要原因是，长期以来，不管是药物还是简单的支持措施都没有实际效果。但百健的 Aducanumab 和中国的 Oligomannate（也被称作 GV-971，被寄予的期望低于前者）上市，让该领域的专家萌生了谨慎的乐观。

暂且不说使用这些药物会带来的结果，Aducanumab 先被否定又被肯定的过程使人质疑其有效性，中国审批过程的不透明引发

---

① 比如，柳叶刀委员会的报告（2017，第 2690 页）说到诊断时指出："及时诊断是指，在医疗干预和支持对痴呆患者及其护理人员仍有帮助时提供的诊断，这是对痴呆提供良好护理的前提条件。很多痴呆患者从来没有得到诊断，只有 20%~50% 的患者的初级护理病历中有诊断记录，低收入国家的这一比例低于高收入国家。很多人得到诊断时已为时过晚，来不及为自己或家人做打算或者寻求医疗干预。"

很多担忧。但是这是痴呆领域迄今为止唯一实现的医疗成果，有必要对此保持乐观，但同时也应该谨慎。持乐观态度是为了能激励更多资本和研发投入。

我们希望这两种药物都能够延缓痴呆的早发，但研发的生物标记物还未在临床实验中成功识别出痴呆，逆转痴呆的进展更是前路茫茫。

研发支出低的第二个原因是缺乏官方支持。正如之前所说，痴呆的相关治疗得到的公共资助非常少。公共部门支持私营企业的稳定财政资金非常有限。这方面现在有了一些好的变化，但是对于问题的解决还是太小、太慢。而且就像我们这里强调的其他所有问题一样，不同国家的官方支持存在很大差异。

在美国，痴呆被视作类似糖尿病和高血压的慢性疾病。HCC51/52风险调整使痴呆患者可以获得额外的联邦医疗保险补助。所以，全球阿尔茨海默病平台估计"在这样的调整之下，2020年大约将有20亿美元被投入痴呆的发现、诊断和治疗中"（Dwyer，2019）。这是美国过去10年该领域的企业获得的约10亿美元风投资金的两倍。但是比起过去10年与癌症相关的药物研发吸引的165亿美元风险投资，这仍然相形见绌（Vradenburg，2019）。

痴呆这一问题变得日益严重，但我们在痴呆的认识和治疗方面进展太慢，挑战与日俱增，我们目前所做的对于彻底解决问题无济于事。

4.4 痴呆的宏观经济影响

未能充分满足老年人增长的需求，这对痴呆患者和照护他

第 4 章　依赖性、痴呆和护理危机

们的家人来说是一大悲剧,也是社会的耻辱,同时,我们还可以从可量化的宏观经济影响角度看待这个问题。医疗支出的提升是其中的影响之一,① 第 11 章和第 13 章将进一步讨论这一点。这里,我们主要关注三点。第一,投入老龄化人口护理的劳动力占比将提升,尤其是对痴呆患者的护理(第 4.4.1 节)。第二,护理人员的来源,这包括护理机构、老年人支持机构的护理人员,以及无偿照顾痴呆患者的家人(第 4.4.2 节)。第三,晚婚晚育和老年依赖性的叠加对个人生命周期的影响(第 4.4.3 节)。

4.4.1　投入老龄化人口护理的劳动力占比上升

最根本的问题是,老龄化意味着老年护理所需的劳动力投入将增加,但劳动力总量在收缩。这方面有两个因素需要考虑。

第一,照顾老人的一部分劳动力的服务产出是被即时消耗的,而不是耐用消费。正如第 3 章提到的,这样的服务不太可能被自动化取代。这意味着其他的劳动力必须提高生产率才能提高未来产出。第 3 章还提到,我们要在经济的其他部门大力推动自动化,充分提高生产率,以补偿护理老龄化人口造成的损失。

第二,这些异质化服务不能像制造业中低附加值的生产活动那样被离岸外包。制造业供应链全球化的大部分好处已经实现,

---

① Damian Green (2019) 在《解决护理危机》一文中,建议引入由财政收入资助的新的全民护理福利,"保证所有人都能获得较高水平的护理",同时个人可购买商业性的"补充护理"保险。也可参见 Kydland 和 Pretnar (2018,2019)。

77

这意味着随着全球老龄化问题愈演愈烈，全球化的助力会减退。

4.4.2 护理人员的供给

随着老龄化的加剧，对相关职业人士、老年科医生、神经科医生和精神科医生的需求将上升。除了财政约束和其他方面对资源配置的需求，原则上，高收入国家在满足此类需求方面应该没有阻碍。但是中低收入国家要做到这一点会更难，而且高收入国家实际需求满足度仍然不足。[①] 类似地，随着老年人及其需求的增多，在诊断和潜在治疗方面，初级护理人员、全科医生和参与手术的高级护士的认知和技能培训都会有所提高，这方面高收入国家会领先于中低收入国家。

虽然高素质职业护理人员在高收入国家的供给会持续多于中低收入国家，但后者的基本护理人员（不包括提供无偿护理的家人和朋友）则会高于前者。为痴呆患者自身无法独立完成的日常生活活动（包括穿衣、沐浴、上厕所[②]、走路、阅读）提供帮助的工作并不引人注目，也不像教书育人一样让人有成就感，收入也不高。但是这样的工作需要几种关键能力，比如，同理心、耐心、善解人意和沟通能力。

卡米拉·卡文迪什（Camilla Cavendish）在《额外时间》

[①] 2016 年《世界阿尔茨海默病报告》（第 6 页）指出："中低收入国家的痴呆专业护理水平很低。老年科医生、神经科医生和精神科医生，以及提供诊断和持续性护理的医院或社区服务都非常缺乏。高收入国家长期护理服务的覆盖率仍然较低，除低诊断率外，专业服务无法满足快速增加的痴呆患者对长期护理和及时护理的需求也是一大原因。"

[②] 日本老年人尿不湿的销量高于婴儿尿不湿。

第 4 章 依赖性、痴呆和护理危机

(2019，第 97 页）中写道：

> 护理是（或者应该是）一项情商最为重要的工作。① 老龄化的加剧将导致对护理人员需求的上升，情绪韧性、直觉和同理心这些最需要的技能恰恰是机器人无法提供的。但是从事护理工作的人却因为他们的技能是"非学术的"而经常被看不起或者被视作"低技能人员"。
>
> 2013 年为了完成卫生部的一项独立评估，我到英国各地采访初级护士和护理人员，就亲眼目睹了这一情况。我见到上百个在医院工作或者上门护理的优秀人员，他们走进一个个完全陌生的老人家中，跟他们建立关系，帮他们洗澡，这需要无与伦比的成熟和韧性，也令我感佩。医院里有些高级护士和医生对他们认为"只是"端茶倒水、搀扶病人下床或喂饭的初级医疗助理颐指气使的态度让我震惊和失望。他们可是在病床前陪伴病人最久的人，最有可能注意到病人的紧急情况，对病人的安全感至关重要。

在更早一些的《卡文迪什评估》（2013 年 7 月）第 7 页的摘要中，她写道：

> "基本护理"一词大大低估了这些人从事的工作。帮助

---

① 机器人的情商为零。虽然机器人可以起到一定的作用（见《金融时报》Lex 专栏文章"Robots/aging Japan: I, careba"，2019 年 6 月 10 日星期一，第 22 版），但是应特别注意到它们的作用是有局限的。

老年人进食、吞咽，给他们洗澡但不伤害他们并且保护他们的自尊，和有早发痴呆的人交流，做这些事的同时做到善解人意、尊重人、关心人是需要技能的。在片区护士不给你任何指点的情况下，独自一人在陌生人家中照顾他，而且只能收取30分钟的护理费，这需要莫大的成熟和韧性。

和医疗助理一样，社工面临的任务也日益充满挑战，他们要照顾越来越多脆弱的老年人。但是他们接受的培训参差不齐。一些提供社会护理的企业不能满足其员工能够胜任这一最起码的要求。有些员工跟我反映，他们的雇主就让他们在家里看一张光碟，然后就直接上手提供服务。还有一些雇主要求员工自费接受必需的培训。所以，《卡文迪什评估》建议社工在无监督的情况下工作前必须达到基本的能力标准，要求他们获得"基本护理证书"，雇主要遵守一定的行为准则。

我们从哪里能找到这么多圣人从事这样需要高情商、收入低、被视作技能低、地位低的困难工作？这一领域仍然需要更多护理人员，这说明多年来建议的就业担保计划收效甚微。护理人员持续短缺，[①] 但受教育程度低的年轻男性可能既不想也不适合从事这样的工作。《卡文迪什评估》第六章关于招聘和培训讲得头头是道，但是没有谈及合适的培训对象从何而来的

[①] 《金融时报》（Lex 专栏，"Robots/aging Japan：I, careba"，2019年6月10日星期一，第22版）指出："日本是老龄化程度最高的国家。低出生率已延续长达30年。接近1/3的人口超过65岁。为了照顾这一人群，日本在未来10年需在现在150万的基础上将护理人员的数量提高7倍。护工占比将超过劳动力的1/10。"

第4章 依赖性、痴呆和护理危机

问题。

我们认为英国和其他很多高收入国家将长期缺乏适合从事护理工作的人员。梅达（Mayda）在2019年6月于葡萄牙辛特拉召开的欧洲央行以"中央银行"为主题的年会上也有谈及。我们认为最为可行的解决方案是有目标的移民。签证中应专设一个类别，给予女性（相较于男性）和成熟的申请人（相较于年轻人）一定的优先。通过这一签证进入英国的人承诺在英国从事护理工作（比如，两年），而且只有在兑现这一承诺后才可在期满时继续留在英国。同时，他们可以获得初步培训（有必要的话应包括语言培训），最初可以免费得到住房（如果拿不到资格证书，住房将被收回），期满后可以换工作并可以留在英国。《金融时报》的Lex专栏讲到"老龄化的日本"时指出："政府在吸引外国劳工填补岗位空缺时也会失败。文化和语言障碍很大，且移民还是一个饱受争议的政治问题。"

4.4.3 变化的生命周期

人口结构转变对宏观经济的影响，除了预期寿命延长，随之攀升的痴呆发病率外，还有另一个因素未被充分注意，即女性结婚和生育一孩的年龄在上升（见图4.3和图4.4）。

这两个趋势的结合使得现在的生命周期和过去（比如40年或50年前）的生命周期有明显的不同。我们可以将生命按时间线大体分成四个阶段（见表4.6）。

痴呆发病率随年龄增加呈指数式上升，同时社会护理的供给有限，所以，比起40年或50年前的人，现在50~67岁的人最终不得不照顾无法自理的痴呆父母的可能性更高。再想想中国的计

人口大逆转

划生育政策,[①] 每个小孩对应四个祖父母，其中两个很可能在某个阶段会患上痴呆。

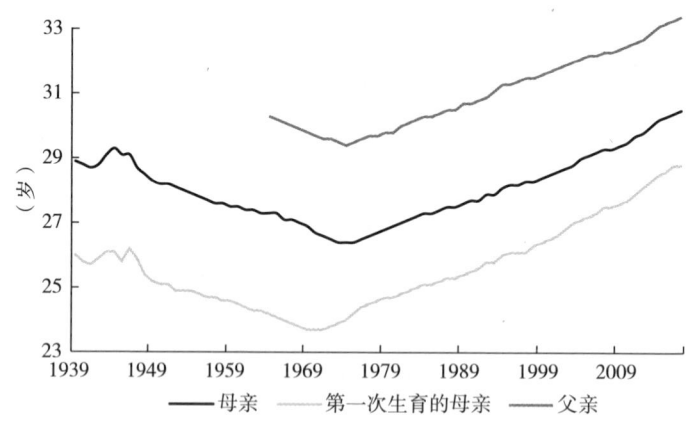

图4.3 英国：孩子出生时父母的平均年龄
资料来源：英国国家统计局。

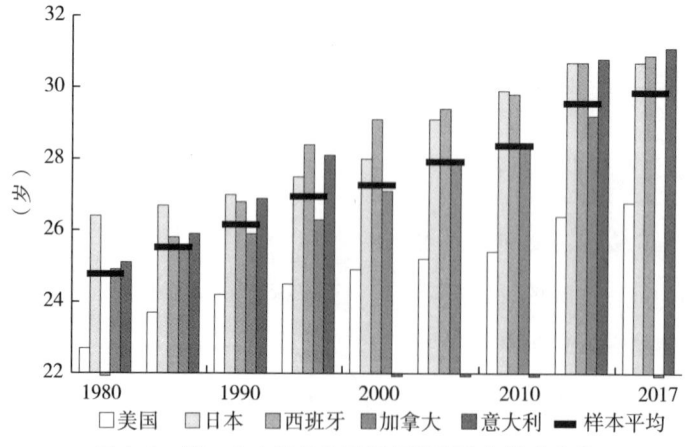

图4.4 第一个小孩出生时妈妈的平均年龄中位数
资料来源：OECD。

[①] 《金融时报》"Foreign Operators Take on Chinese Elderly Care"一文（2019年6月16日，第14版）指出："据咨询机构'前瞻产业研究院'的数据，中国大约90%的老人仍然依赖家庭护理，7%接受社区护理服务，3%入住养老院。"

第4章　依赖性、痴呆和护理危机

表4.6　变化的生命周期

传统的生命周期是：

0~20	20~40	40~60	60~70+
青少年	结婚生子（工作）	工作，无抚养或赡养义务	退休

现在的生命周期由五阶段构成：

0~20	20~30	30~50	50~67	67~80+
青少年	单身（工作）	结婚生子（工作）	工作，赡养父母	退休，通常依靠他人

过去，大多数人从40岁左右到退休这段时间，收入最高，快进入退休而没有抚养或赡养义务，这有利于储蓄。现在人们一般在20~30岁时没有这样的义务，但收入较低，不会考虑活到90岁时的情况，因而不怎么储蓄。30岁以后直到退休，很多时候他们需要照顾子女，① 接着需要照顾父母（参见Bauer and Sousa-Poza, 2015, 2019）。不管是照顾子女还是照顾父母都需要时间、精力和金钱。但鉴于直接的情感纽带和时间贴现，我们认为人们会选择把精力和金钱用于履行抚养和赡养义务，而不是用于为未来的不确定性储蓄。

换言之，我们认为，生命周期的变化会进一步降低个人储蓄率并加剧公共财政负担，因为公共部门不得不为老年人提供适当的生活标准和健康医疗。

---

① 随着每户家庭需要抚养的孩子的数量下降，抚养孩子的时间缩短了数年。但是同时，高等教育的普及意味着孩子依赖父母的时间有所延长。这两个趋势正好相反。

第5章　通胀卷土重来

通胀是多种因素相互作用的结果，这些因素包括潜在的结构性趋势、人口、全球化、宏观经济中储蓄和投资的平衡，以及纯粹的货币现象。直观上说，工人的产出通常大于自身的消费，而被抚养者（老年人和年轻人）正好相反，因此工人和被抚养者之间的平衡对通胀影响很大。更复杂的解释是，经济中的不同部门（居民、企业、政府）如何通过改变储蓄和投资行为来应对老龄化。

如果我们的政治经济学假设是正确的，即社会保障体系仍将存在，那么消费的年龄分布曲线将继续保持平坦，甚至向上倾斜。老年人将继续依赖（并投票支持）政府的援助，基本不会为更长的寿命进行储蓄。不可避免的结论是，为了实现从工人向老年人的资源转移，必须显著提高对工人征税的税率。

然而，工人并不是无助的旁观者，在发达经济体（以及一些新兴经济体）中，劳动力短缺将增强他们的议价能力，从而扭转发达经济体数十年的工资停滞状态。工人会利用这种较强的议价能力争取更高的工资，这也是通胀压力再度抬头的原因。

全球仍未准备好迎接可能的结构性上升的通胀，央行很快将不得不回归正常行为。零利率下限（ZLB）很大程度上是中国效应、史无前例的人口背景以及自大萧条以来最严重的周期性冲击共同作用的结果。其中，周期性冲击一次发生在金融危机期间，另一次发生在最近的新冠疫情期间。

在人口结构变化的众多影响中，通胀卷土重来是我们最确信的，然而金融市场和政策制定者都无视自己面临的危险。但是，这种极为反传统的推论背后的逻辑是什么？

5.1 通胀是储蓄和支出平衡的产物

通胀上行压力重新抬头源于三种相互作用、相互联系的观点：

- 基于抚养比平衡的直观观点；
- 基于劳动力市场需求和供给（又称菲利普斯曲线）的观点；
- （非金融）私人部门储蓄和投资的相对平衡及其对公共部门和政策影响的观点。

5.1.1 通胀来自被抚养者，通缩来自工人

为了使雇用工人有利可图，雇主计划支付给工人的工资必须低于他们产出的预期价值。工人获得的报酬必定低于其产出，在不动用过去积累的储蓄的情况下，工人是导致通缩的力量之一。另一方面，由于被抚养者只消费不生产，因此有导致通胀的效应。

按此理论，总体劳动参与率的提高具有通缩效应，因为工作的人超过了不工作的人。随着抚养比的下降，工人增加带来的通缩效应超过了被抚养者带来的通胀效应。同样，抚养比的上升具有通胀效应（太多的嘴在争夺太少的食物）。通常情况下，通胀被视为一种货币现象，考虑到近几十年来的扩张性货币政策，试图用货币解释当前的通胀下行趋势非常困难。①

当然，资本投入也有回报，即利润。但同样，相对更多的工人有助于提升利润。由于利润引致的消费低于工资引致的消费（参见 Kalecki，1954），劳动参与率的提升具有通缩效应。

经验表明，老龄化也具有通胀效应。尤塞柳斯和陶卡奇（Juselius and Takats，2016）揭示了一个实证关系："低频通胀与人口年龄结构之间有令人费解的联系，即年轻人和老年人（被抚养者）具有通胀效应，而劳动年龄人口具有通缩效应。"他们使用了从1955年到2014年22个国家的数据，并对这段时间进行细分，因此结果不受高通胀时期或低通胀时期偏差的影响。他们的分析表明，1975年到2014年，美国抑制通胀因素中的6.5%可以由年龄结构解释。他们认为："年龄结构的变化是可预见的，并将在未来几十年增加通胀压力。"

这个结论背后的经济学直觉很简单。对于给定的一篮子商品和服务，消费增加本身会推升通胀。而给定消费水平，生产具有扩大商品和服务存量的能力，因此具有通缩效应。被抚养者（年轻人和老年人）是纯粹的消费者，因此会产生通胀的力量，而工

---

① 关于1500年到1700年间早期欧洲通胀中人口因素和货币因素相对权重大小的论述，参见 Melitz 和 Edo（2019）。

第5章　通胀卷土重来

人可以通过生产来抵消这种力量。如果经济中工人的增长率超过了被抚养者的增长率（就像人口"甜头"一样），全球将会像过去几十年一样经历一段低通胀时期。未来几十年里，被抚养者的增长速度将超过工人的增长速度。从数量上看，在可预见的未来，工人的数量仍将高于被抚养者，不过增长率始终在变化，这一点很重要。

5.1.2　菲利普斯曲线和即将上升的自然失业率

尽管失业率大幅下降，但工资增长率仍呈现令人惊讶的低增长趋势，我们将在第8章中更详细地讨论这一点。在这里只需说明的是，我们认为这主要源于自然失业率的下降。自然失业率下降的原因包括劳动力议价能力逐渐减弱，以及工作岗位向低技能劳动力转移，低技能劳动力的生产率和工资报酬都比较低。

这些因素的共同作用使得菲利普斯曲线（将工资或价格增长和失业率联系起来）显得更加平坦。但是，这种趋势是有限度的。我们已经指出，要进一步提高那些即将退休人员的劳动参与率可能会越来越难，因为55～64岁年龄段人群的劳动参与率已经大幅上升。在全球化进程放缓、反移民浪潮以及新进入劳动力市场的年轻人减少的共同作用下，面临人口挑战的国家的劳动力将减少。在这个过程中，这些国家的劳动力议价能力将再次上升。自然失业率的持续下降以及私人部门工会规模的缩小和力量的削弱将逐步趋于稳定，然后开始扭转。

自然失业率将再次在幕后悄然上升。和以前一样，这将出乎当局的意料。从20世纪50年代到70年代，政界人士和官方机构都没能意识到自然失业率（U^*）在稳步上升，这导致了数十年不断上升的通胀压力。从 20 世纪 80 年代末到最近，他们同样未能意识到导致了几十年来通缩压力的趋势正在逆转。我们认为，当局极有可能再次忽视（人口）潜在趋势的变化，并试图在未来几十年里将经济增速维持在可持续水平之上，将失业率控制在可持续水平之下。

5.2　部门平衡：私人部门的盈余将受到侵蚀，政府能减少赤字吗？

如果非金融私人部门（居民部门和企业部门）重新陷入赤字，那么宏观经济平衡要求政府部门必须转向盈余。然而，当与年龄相关的支出飞涨时，从赤字转为盈余将是极为痛苦的，我们认为这在政治上也是不可行的。那么，通胀将成为恢复宏观经济平衡的一种方式。

5.2.1　居民部门的盈余将受到侵蚀

众所周知，伯南克（2005）将 20 世纪 90 年代以来实际利率的下降归因于"储蓄过剩"。"储蓄过剩"主要由两个因素驱动：第一，婴儿潮一代为将来的退休储蓄；第二，随着老龄化加剧，由于社会保障体系不完善，亚洲（尤其是中国）日益富裕的工人为其老年生活储蓄。结果是居民储蓄率很高。但是，随着婴儿潮一代退休，老年人（不储蓄的人）与工人（储蓄的人）的比率上升，居民储蓄率开始下降。我们选取下面几个国家，将居民储蓄率与抚养比制图，结果表明随着抚养比上升，居民储蓄率下降（图 5.1）。

第 5 章　通胀卷土重来

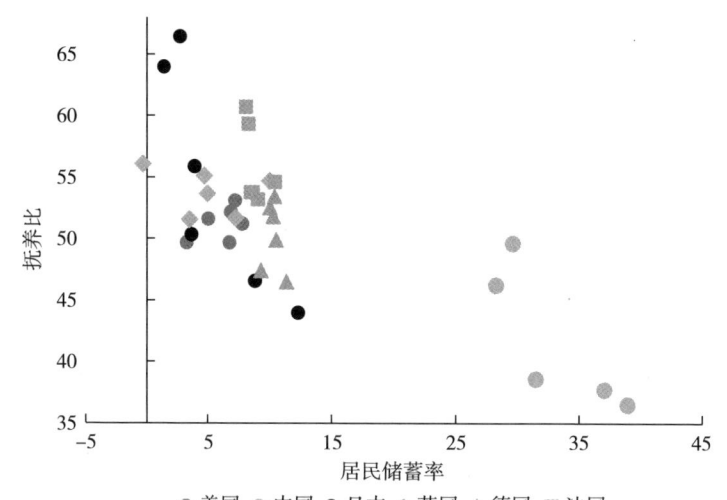

图 5.1　居民储蓄率随着抚养比的上升而下降

注：分别为 1995 年、2000 年、2005 年、2010 年、2015 年和 2017 年的数据。
资料来源：OECD。

当经济处于稳态时，在抚养比不变的情况下，居民部门的储蓄率和经济增长正相关。这是因为，与不储蓄的退休人员相比，有工作的储蓄者会为自己的晚年存下更多的钱。但是，未来几十年抚养比很可能会恶化，并且产出增长率会下降。有人认为居民部门的储蓄将保持在足够高的水平，从而使得实际利率和总需求维持在较低水平（即支持长期停滞观点），他们中的大多数人是基于以下假设得到该结论的：（1）退休年龄相对于预期死亡年龄会上升；（2）国家为老年人提供的福利相对于工人的平均收入会下降。上述任何一种情况发生，针对老年人的支出增长都会低于工人的产出增长。上述两种情况都有可能发生，也有可能由于社会和政治的原因，两者都不会发生。

要实现居民部门的平衡，还需要考虑其他两个因素：第一，经常被忽视的住房的作用；第二，推迟结婚、生育和离家的影响。

部门盈余取决于投资和储蓄之间的平衡,大多数居民部门投资与住房有关。多数国家的人口预测显示总人口仍在增加,其中,65 岁及以下人口的占比在下降,65 岁以上人口的占比在上升,这将如何影响居民部门的住房投资(见表 5.1 和图 5.2)?

表 5.1 六大主要经济体 65 岁以上人口的总数 (单位:人)

	中国	法国	德国	日本	英国	美国
1990	66 260 464	7 953 776	11 784 388	14 776 819	8 997 978	31 837 211
2000	87 910 417	9 476 271	13 421 569	21 659 273	9 364 766	34 745 496
2010	110 523 965	10 596 478	16 612 172	28 919 547	10 515 123	40 115 166
2020	172 262 174	13 546 510	18 170 597	35 915 865	12 663 012	55 048 806
2030	238 692 673	15 721 999	21 232 513	36 371 963	14 767 610	69 676 851
2040	313 675 347	17 017 206	22 081 244	37 407 235	16 013 250	73 864 807
2050	306 142 560	16 773 107	20 827 136	35 869 447	16 447 864	74 265 283

资料来源:联合国人口统计。

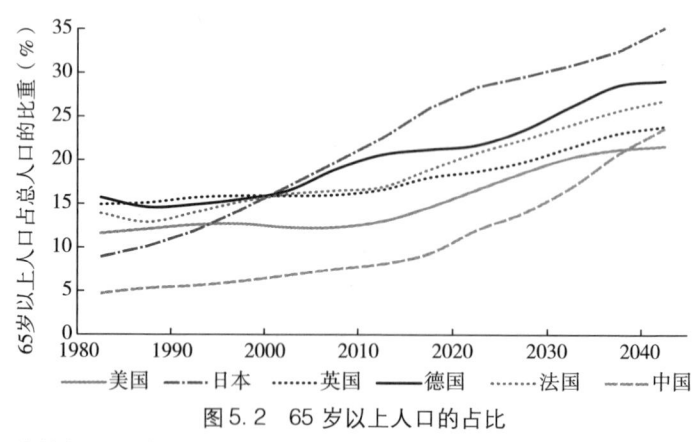

图 5.2 65 岁以上人口的占比

资料来源:联合国人口统计。

搬家是一件充满压力的事情,一些衡量指标显示,它几乎与离婚带来的压力相当。老年人通常已经还清了抵押贷款,除非他

第 5 章　通胀卷土重来

们失去照顾自己的能力，否则没有必要搬家。因此，搬家的频率会随着年龄增长而下降（见图 5.3 和图 5.4）。由于老年人仍居住在对他们来说过大的住房里，因此住房面积与人口之比可能会上升。结果是，住房投资下降的幅度不如劳动人口下降的幅度那么大。

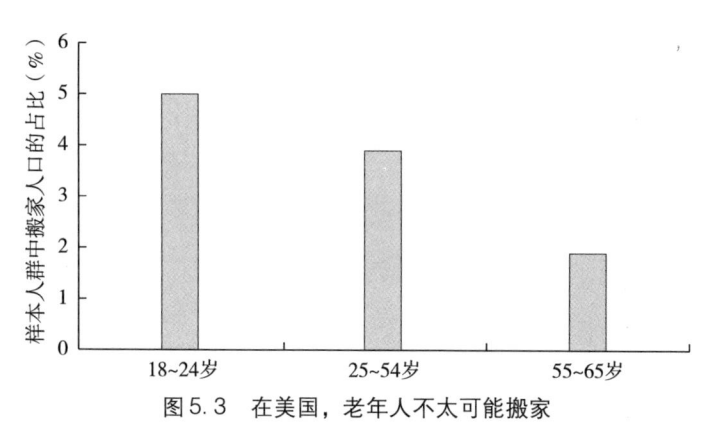

图 5.3　在美国，老年人不太可能搬家

资料来源：Hernandez-Murillo et al.（2011）。

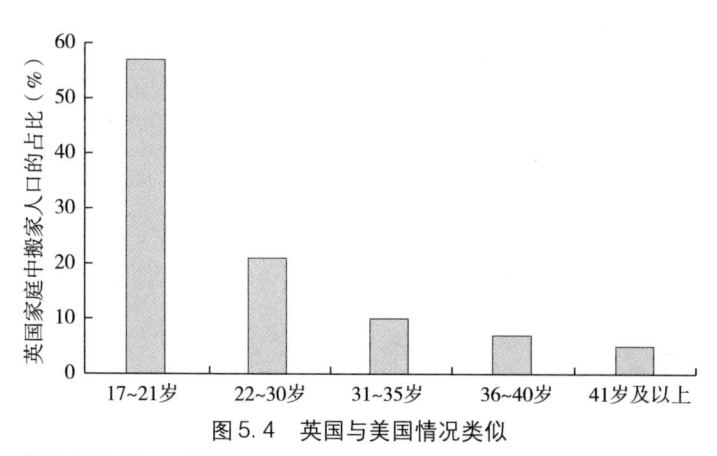

图 5.4　英国与美国情况类似

资料来源：Meen（2005）。

人口大逆转

> **专栏5.1 独居家庭增多**[①]
>
> 居住人数不足（Under-occupancy）被认为是关键问题之一。主要受人口老龄化的影响，家庭平均规模从1980年的2.48人下降到2018年的2.36人。如果今天的家庭规模与1980年相当，那么将会多出130万套住房可供使用。如果人们居住在更适合其需求的住房中，那么每年将减少5万套住房的建造。主要的发现之一是，到2040年，独居的人数将增加30%，这主要是人口老龄化的结果。
>
> 在2020年到2030年间，家庭数量将增加约200万户达到3 070万户，但增加的35%将是老年家庭，其中61%将是独居家庭。2030年到2040年的前景展望与此类似，家庭数量将进一步增长160万户达到3 230万户，预计38%的新增量为老年家庭，其中67%将是独居家庭。如果不做任何改变，这意味着住房存量的使用效率非常低下，更不用说这么多寡居老人的健康和社会保障问题了。

结婚（组建家庭）年龄的上升，特别是生育年龄的上升（见图5.5和图5.6），必然会影响家庭的投资与储蓄平衡。现在越来越多的妇女在四十多岁生孩子。早在20世纪七八十年代，大多数人会在20岁出头时结婚，到35岁时已经有了大部分孩子，孩子预计会在父母45~50岁前陆续离开。这就留下了大约20年的时间为退休做计划和储蓄，其间没有照顾孩子的负担。

[①] 摘自"A home alone explosion", by L. Mayhew (2019), Cass Business School, in *Financial World*, 2019年6—7月，第13—15页。转载得到了The London Institute of Banking and Finance的授权。

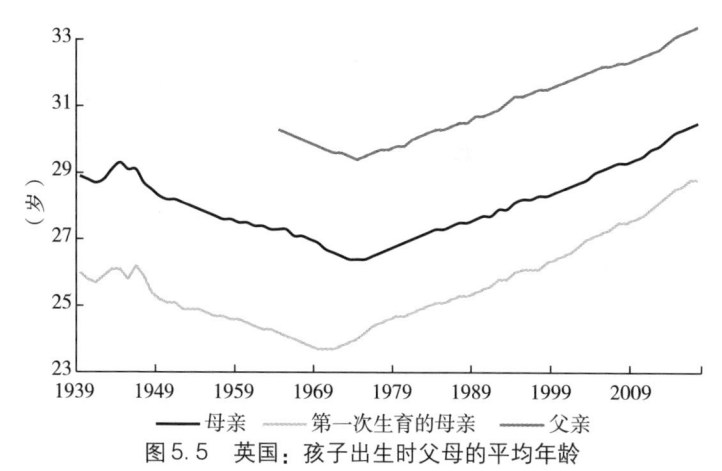

图5.5 英国：孩子出生时父母的平均年龄

资料来源：英国国家统计局。

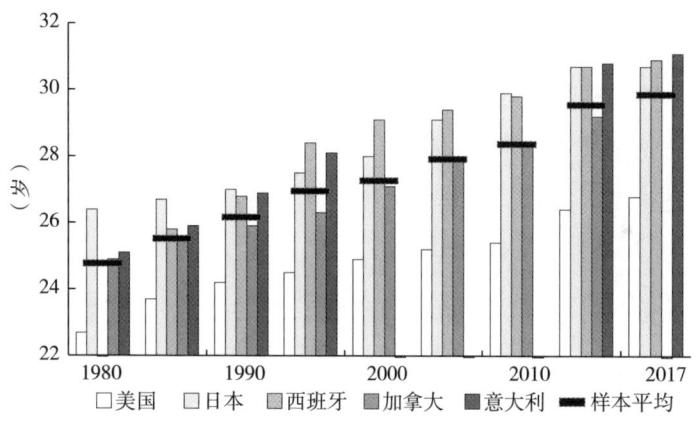

图5.6 发达经济体中女性第一次生育的平均年龄在上升

资料来源：OECD。

如今，所有这些日期都往后移了好几年。我们假设30岁以下的年轻单身人士倾向于低估几十年后的退休生活，以至于没有为此储蓄足够的钱。此外，由于青年失业、住房成本上升和受教育时间延长，孩子们待在家里的时间更长了。从年轻人的角度看，待在家里意味着他们可以节省租金和其他生活设施支出。但是，他们需要将这些储蓄留在未来使用，例如支付住房首付款，或者间接积累人力资本。从父母的角度看，这些社会变化将大大缩短他们为退休储蓄的黄金时期（例如，从45~65岁减少到52~67岁）。不断上涨的住房和大学教育成本给父母带来经济压力，如果父母为子女提供了更多资金，那为将来退休预留的钱就少了。

有人认为，前瞻性家庭在关注养老金计划的情况下会减少消费，帕佩蒂（Papetti，2019）认为：

> 在完美预期的情况下，代表性家庭会意识到，养活全部消费者（人口规模）的有效劳动力的增长率正在逐渐下降。因此，在现行养老金计划下，为了平滑未来的人均消费，代表性家庭在预期到这种变化后，会减少消费、增加储蓄，即变得更加耐心，在其他条件不变的情况下会降低实际利率。[①]

最近几十年，这一情况显然没有在大多数发达经济体发生，有几个明显的原因，比如短视和缺乏想象力。人们没有足够的储蓄来平滑其预期生命周期内的消费。在世界经济论坛（WEF）的一篇论文中，伍德（Wood，2019）声称：

> 在这项研究涉及的六个经济体（美国、荷兰、英国、

---

① 另请参见 Schön 和 Stähler（2019，第24页），他们指出："当人们开始意识到自己生活在一个老龄化世界时，由于储蓄受此影响会急剧（并且大幅）上升，因此人口老龄化对经济的最大影响是全球利率下降。"

第 5 章 通胀卷土重来

澳大利亚、加拿大、日本）中，大多数男性退休人员的预期寿命比他们退休基金可以支付的时间长 10 年左右。女性的储蓄不足更严重，因为她们的预期寿命比男性长两年。

不同经济体之间也呈现显著的差异。日本的国民寿命较长，平均储蓄率较低，这使得日本退休人员面临的风险尤其大。其中，储蓄率低的原因是他们投资于更安全的资产，随着时间推移，收益会减少。

伍德继续追问：

为什么人们活得比他们的退休储蓄可以支付的时间要长？这是因为医疗技术进步和医疗服务改善，且贫困减少了。还有其他因素，例如，全球范围内对健康饮食和定期锻炼益处的认识增强了。

联合国的数据显示，到 21 世纪中叶，全球 60 岁以上人口的占比将达到 22%，几乎是 2015 年的两倍。

人口老龄化给政府和由雇主承担的养老金体系带来了不可持续的压力，导致个人自行承担退休责任的趋势愈发显著。但是，储蓄未能跟上传统养老金计划的下降，导致当前退休储蓄不足。

世界经济论坛认为，未来个人储蓄不足的情况不会减少。相反，它们认为，在所覆盖的八个国家中，即上述六个国家再加上中国和印度，在 2015 年到 2030 年间，个人储蓄不足都将显著上升，这一比率从日本每年的2%，到中国每年的7%，再到印度每年的10%不等（参见 WEF, 2018，"我们如何为未来储蓄"，图1）。即使我们对世界经济论坛报告强调的退休储蓄不足的危险有所保留，结论也非常清楚，至少目前人们没有进行足够的储蓄来平滑他们在较长预期寿命内的消费。

长期以来，居民部门都没有足够的储蓄来平滑生命周期内的消费，至少可以说，设想这种情况会突然改变是不可信的[①]（另请参见 McGovern, 2019; Button, 2019，第10页）。

总而言之，我们预计未来几十年，居民部门的盈余将急剧减少。

5.2.2 （非金融）企业部门的异常盈余应转为赤字

自2009年全球金融危机引发的金融恐慌消退以来，大多数发达经济体的企业部门的条件已变得极为有利。2010—2017年，企业利润占国民收入的比例在大多数国家增长非常强劲（意大利例外），已经比1990—2005年的占比高出很多（见图5.7）。

最近几年，实际利率和名义利率都急剧下降，除了日本以外，股票估值都在持续的牛市中上升。

在这种情况下，人们预期固定资产投资会强劲增长。然而，与之相反的是，西方经济体的投资率仍停滞不前，尽管中国的投资率仍然很高（见图5.8）。

[①] 即使在较短的时间内，家庭通过借贷/储蓄来平滑消费的理论也没有得到充分的事实支持。因此，Hundtofte 等人（2019）指出，"平均而言，当人们经历典型的短暂失业收入冲击时，他们不会通过借贷来平滑消费。相反，他们会通过调整消费来解决信用卡债务和透支问题"。因此信贷需求是顺周期的，会放大经济周期的波动。

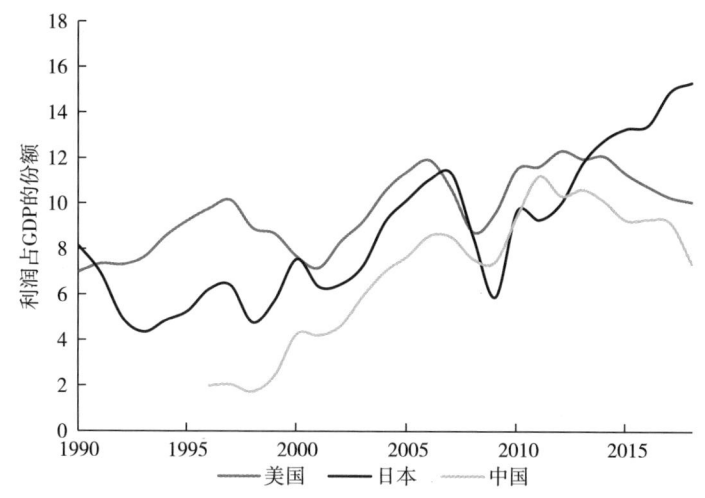

图5.7 利润占GDP的份额一直在上升，特别是在全球金融危机之后
资料来源：劳工统计局，中国财政部。

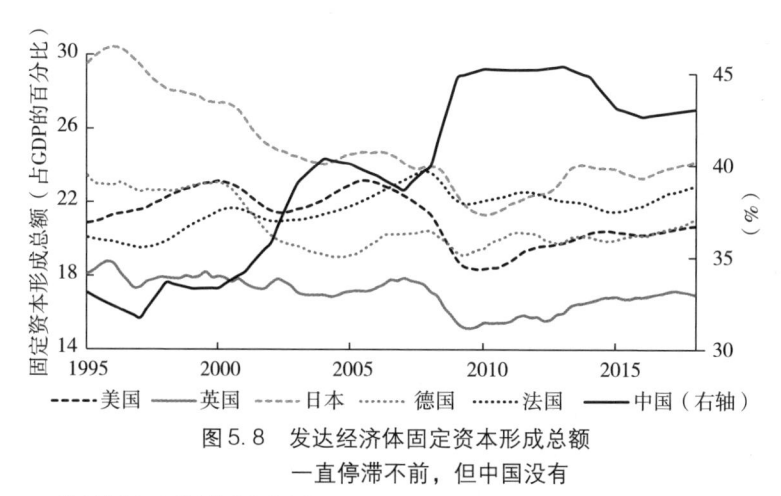

图5.8 发达经济体固定资本形成总额
一直停滞不前，但中国没有
资料来源：国际货币基金组织。

其结果是，近几十年来，西方一些发达经济体的非金融企业部门一直处于盈余状态。中国是明显的例外，中国的投资持续快速增长，主要依靠较高的债务融资（图5.9）。

人口大逆转

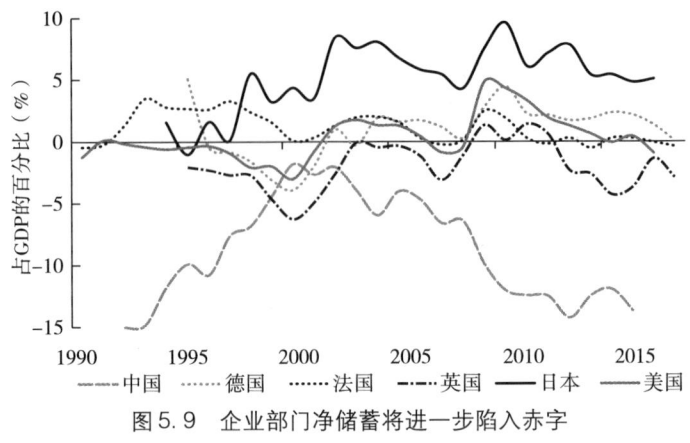

图5.9 企业部门净储蓄将进一步陷入赤字

资料来源：OECD。

因此，关键的问题是，尽管近几年来似乎有着其他有利的环境，但是什么原因导致了如此低的投资率。有几种相互矛盾的解释，不过没有哪一种是排他的，所有这些解释都可能在其中起作用。主要有四种解释，分别是：

1. 日益增长的企业集中度和垄断；

2. 技术变革；

3. 管理层激励；

4. 廉价劳动力。

1. 日益增长的企业集中度和垄断

有证据（主要与美国有关）表明，企业部门的集中度和垄断程度在不断提高。[①] 如果是这样的话，将导致更高的利润率、利润在国民收入中占更高份额，以及更低的投资。在最近一篇美国国民经济研究局（NBER）的工作论文中，有学者（Liu et al.,

---

① 例如，参见 Autor et al.（2017，2019），Covarrubias et al.（2019），Crouzet and Eberly（2019），Philippon（2019）。

2019年1月)认为,持续的低利率本身会导致市场集中度提高、活力下降、生产率增速放缓(另请参见该论文第5页脚注2中引用的有关低利率与行业集中度上升,以及与较高的企业利润份额之间关系的早期文献)。

2. **技术变革**

目前领先的行业主要由技术公司组成,这些公司对人力资本的依赖远大于对钢铁、建筑、重型机械等固定资本的依赖。例如,软件开发需要大量的人力资本和努力,但需要相对较少的固定资产投资。就技术正在将增长方式转向人力资本而不是固定资产投资而言,固定资本支出与总收入和总产出的比率可能会下降,甚至有可能大幅下降。

3. **管理层激励**

正如我们将在第11章和第12章中更详细地讨论的那样,如果管理层激励与承担有限责任的股东激励相一致,那将很可能导致管理层把重点放在最大化短期股权价值上。这一点很容易通过回购来实现,即利用利润通过以债代股的方式来增加杠杆率。不过,短期盈利能力的提升也可以通过削减长期固定资产投资和研发支出来实现,史密瑟斯(Smithers,2009,2013,2019)在几本书中都强调了这一观点。

4. **廉价劳动力**

全球化与人口"甜头"的结合,导致全球贸易体系内可用劳动力供给空前增加。当人们可以通过将生产转移到国外(比如中国、东欧)或者雇用移民等方式来降低生产成本,进而增加产出时,为什么还要在国内投资昂贵的设备以提高生产率呢?与此同时,这种潜在外包竞争和外来移民削弱了私人部门工会的力量,并在过去几十年里压低了实际工资。在这种情况下，投资已经转移到那些劳动力特别廉价的国家，并且采取了多用劳动、少用资本的生产技术。

这四种解释孰重孰轻可能难以辨别，我们也不打算这么做。但我们认为，所有这些潜在的解释都是有价值的，特别是最后两种解释。从社会整体的角度看，管理层激励一直是错位的，而且由于生产转移到中国和东欧，大多数西方经济体的投资都受到了抑制。

当前，全球化和人口结构的趋势正在逆转。在过去30年实际工资停滞不前的经济体中，民粹主义和保护主义已具有强大的政治影响力。同时，导致劳动力大量增加和抚养比下降的人口"甜头"正处在急剧逆转的边缘，就像日本已经发生的那样。这将提高大多数西方经济体的实际工资水平，从而可能导致企业家增加单位劳动的投资，以提高生产率和降低单位劳动成本。

但是，管理层面临的激励结构使他们在经营时采取短期主义行为，而只要低投资率是由短期主义行为所致，那么低固定资产投资仍将继续。

在第12章中，我们会证明，摆脱债务（尤其是非金融企业部门的债务）过度累积的关键途径（也许是必要途径）是转变管理层的激励机制，鼓励用股权融资代替债务融资。我们认为，在任何时候，劳动力市场的紧张都会提升工资和单位劳动成本。因此，尽管还远不能确定，但我们认为未来单位工人的投资很可能会增加。目前尚不确定这是否足以抵消工人增长率的下降，后者往往会使投资下降。因此，企业投资增加或减少的可能性都存在，但我们相信，不会下降太多。

第 5 章 通胀卷土重来

另一方面，单位劳动成本上升、劳动力相对议价能力增强都将削弱企业的利润率，与之相比，1980—2020年辉煌的几十年间，全球化、人口结构变化和宽松货币政策造就了资本家的天堂。那样的日子很快将结束，未来资本家盈利会越来越难。

传统上，当（非金融）企业部门出现赤字时，投资通常会超过留存利润。正如本节之前所述，很多国家非金融企业部门已进入盈余状态，这很不寻常。基于上述原因，我们预计这将是一个相对短暂的现象，随着盈余逐渐减少，未来几十年很可能会重新回到赤字状态。

5.2.3 老龄化时代，公共部门真的能扭转赤字吗？

基于上述原因，最近几十年，居民部门和非金融企业部门都趋向于进入大量盈余状态。因此，为了维持宏观经济平衡，基本算术法则要求公共部门不得不积累赤字。但是，对个别国家来说，这种赤字或多或少取决于它们是否有经常账户逆差（即世界其他国家有顺差）或顺差。经常账户顺差较大的国家，例如德国，可以通过较小的公共部门赤字实现平衡，甚至可能出现公共部门盈余，比如荷兰；对于经常账户逆差较大的国家，例如英国和美国，则正好相反。

你可能会认为，公共部门必须保持赤字以维持宏观经济平衡是一件好事，这为增加公共支出和减少税收创造了机会，但事实并非如此。从历史上看，过去20年中大规模的持续赤字（图5.10）只发生在战时，并且通常需要持续减支带来的财政盈余和意外通胀相结合来抑制。就和平时期而言，全球金融危机之后的公共部门赤字和债务规模堪称史无前例。更糟糕的是，正如美国国会预算办公室(CBO)和英国预算责任办公室(OBR)长期预测的那样,对当前收入和老人赡养趋势的推断表明,债务率很可能会以指数级的速度增长,正如第1章导论中的图1.8和图1.9所示。这一点将在第13章中进一步讨论。特别是根据现有计划,老年人的医疗保健和养老金费用会不断上升。从某一方面来说,目前这些成本被大大低估了;这与老年痴呆和其他老年疾病的发病率大幅上升有关,这一问题在第4章已经讨论过。

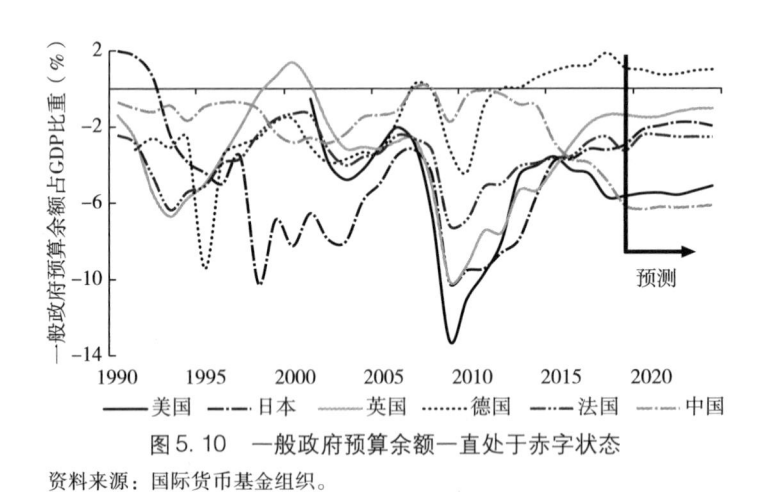

图5.10 一般政府预算余额一直处于赤字状态

资料来源:国际货币基金组织。

在这种令人担忧的背景下,财政部长(民粹主义者除外)和许多谨慎的政客的本能是在逆周期政策上保持慎重,抓住当前出现的机会把赤字削减到一个更易管理的规模上并使之保持稳定,然后开始逐步降低债务水平。简言之,在这种形势下,财政政策将使宏观经济的通缩压力持续。特别是欧元区,德国的保守政策以及欧元区赤字国家受到的约束加剧了通缩趋势。

我们曾在上文中指出,先前居民部门和企业部门的总盈余将在未来几十年中转向赤字。如果是这样的话,基本算术法则要求

第5章 通胀卷土重来

公共部门不得不从赤字转向盈余。这需要做出政治上非常痛苦的决定，包括削减公共支出或提高税收。由于减支的政治痛感更为直接（相比上升的债务和赤字水平），它往往无法实现，至少不足以保持宏观经济平衡。其结果几乎肯定是持续不断的通胀压力。在第13章中，我们将更加详细地讨论不同的人口和宏观经济趋势对未来财政和货币政策的影响。

5.3 总体宏观经济影响

我们如何得到宏观经济的总体结论？这是一项艰难的任务。幸运的是，一群伯贝克学院的经济学家（Aksoy et al., 2015）对这种人口结构变化的影响进行了计量经济学和理论研究。由于我们基本认可他们有关变化方向和变化幅度的分析结果，因此我们简单复制了他们的主要表格（见表5.2）。

表5.2 人口结构变化的经济影响

	β_1（年轻人，0~21岁）	β_2（劳动人口，21~60岁）	β_3（老年人，60岁以上）
增长率	0.04	0.10	-0.14
投资率	0.07	0.09	-0.16
个人储蓄率	0.33	0.23	-0.56
工作时间	-0.70	1.70	-1.00
通胀	0.75	-0.87	0.12

资料来源：Aksoy et al.（2015）。

他们的主要结论（我们也认同）如下：

103

- 随着老龄化的加剧，总体经济增速将放缓，总工作时间将减少（我们可以看到，代表老年人口对经济增长的影响系数β_3是负的，对于总工作时间更是如此）；
- 年轻人和老年人的占比对经济都有通胀效应，这可以从对通胀的影响系数β_1和β_3中清楚地看到；
- 由于人口结构的因素，投资和个人储蓄率均下降，这表现为对投资和个人储蓄率的影响系数β_3均为负值。

这些结论符合我们自己对人口结构影响的思考：

- 增长受到的影响首当其冲，总体增长率会下降；总工作时间也将不可避免地下降。然而，除了人均GDP，人类的幸福还取决于其他许多因素。因此，经济增速放缓并不一定意味着整体幸福感的下降；
- 年轻人和老年人占比较高都具有通胀效应，只有劳动人群能对经济产生通缩效应。前者是净消费者，只有后者能生产商品和服务来满足消费需求；
- 未来投资和个人储蓄率都会下降，同时我们还认为，储蓄将比投资下降得更快（如前文所述）。

第6章 大逆转之下的（实际）利率

6.1 引言

我们研究的关键和核心结论是，人口结构和全球化的大逆转将导致更高的通胀。当通胀确实发生时，尽管需要好几年，预期便会调整，然后名义利率会上升。对此，我们十分确信。但是，更困难和有趣的问题是，名义利率上升是否会超过通胀，也即实际利率究竟是上升还是下降。

相较于力求解释特定国家在特定时间内的实际利率变化，我们更应该关注全球因素。事后来看，一个封闭经济体的储蓄必须等于投资，全世界也是如此。因此，如果某个国家（比如中国）储蓄超过了投资从而导致经常账户顺差，根据定义，就会有另外一个国家（或者一些国家如英国、美国等）的储蓄低于投资从而导致经常账户逆差。我们需要探寻的是全球范围内事前储蓄与投资的动态，并把均衡利率看成是全球价格。

在分析实际利率的可能路径时，最大困难在于它包含了太多因素。例如，海瑟（Heise，2019）在《通胀目标制和金融稳定》一书中列出了四个类别的八种驱动因素（见表6.1）。

表6.1 实际利率的长期趋向在哪

驱动因素	对实际利率的冲击：小幅上涨
储蓄曲线的移动	上涨
· 人口结构：老年人口占比上升	
· 新兴市场国家更低的储蓄	
投资曲线的移动	小幅上涨
· 私人部门去杠杆压力的减小	
· 公共部门投资轻微上涨	
· 无形投资依然重要	
投资组合的改变	不变？
· 对政府债券的监管偏好变化不大	
· 投资者对安全资产的偏好不变？	
生产率进步	小幅上涨
· 信息和通信技术进步带来的正向冲击	

资料来源：Heise（2019）。也可参见 Brand et al.（2018），Rachel and Smith（2015）。

这里，我们分成六个部分展望未来实际利率可能的发展趋势。首先，我们在下一节讨论增长对均衡利率的决定作用。然后，我们将展望总投资和总储蓄在三个部门的趋势，首先是居民部门，之后是非金融企业部门，最后讨论公共部门应该做什么来平衡经济。接下来，我们会短暂偏离主题，讨论风险厌恶和非流动性厌恶（如果有的话）对无风险资产收益的影响，换句话说，是否会（持续地）出现"安全资产"短缺现象。在本章的最后，我们将讨论央行坚持2%的通胀目标是否会面临越来越大的政治压力。

6.2 低迷的增长会导致实际利率保持低位吗？

在我们其他的一些研究中，我们关注增长率（g）和实际利

第6章 大逆转之下的（实际）利率

率（r）之间联系的重要性，我们认为如果 r 超过了 g，宏观调控就会变得困难。我们的另一个重要结论是，随着劳动力增长的放缓乃至在许多国家劳动力绝对数量的减少，实际产出的增长率必定下降。

此外，人们通常认为潜在产出增长和均衡实际利率之间存在一种固有的关系。劳巴赫和威廉姆斯（Laubach and Williams, 2003）的流行模型使用拉姆齐框架，并加入了一个同时影响潜在产出增长和均衡实际利率的长期因素。这个假设十分重要，使他们得出了估计期内实际利率的估计值。然而，这个假设没有得到数据上的支持。

在一项旨在探究美国实际利率的决定因素的实证研究中，汉密尔顿等人（Hamilton et al., 2015）发现，美国实际利率最显著的关系是：它与世界其他地区的实际利率联动。从 1858 年到 2014 年的数据看，与其他因素一样，增长的确很重要，但是没有表现出它是影响均衡实际利率的主导因素（也请参见 Rachel and Summers, 2019, 第 11—12 页；Rachel and Smith, 2015）。

从周期的角度看，我们推测，增长和利率之间的大部分联系来自我们观察到的经济增长放缓和利率下降之间的联系。相对于事前储蓄行为，实际利率的周期性下降与事前投资尤其是投资的波幅更相关。随着投资急剧下降至周期的谷底（而期望储蓄趋于稳定），利率也会如此变动。同理，在扩张期间合意投资相对于储蓄的增长也会导致更高的利率。这些周期性关系被（错误地）认为在更长期限上也成立。

6.3 事前储蓄和事前投资的分部门变化

相较于把增长视作均衡利率的决定因素，我们使用标准经典理论，在中长期（央行政策对短期利率的暂时性影响逐渐消散后），实际利率随事前储蓄和事前投资之差而变动，当储蓄大于投资时，利率下降，反之亦然。1980—2015 年这几十年来，实际利率下降的趋势初步看主要是由事前储蓄大于事前投资造成的，但是这一情况很可能逆转。

6.3.1 居民部门：预期寿命和退休年龄鸿沟以及中国

目前最主要的问题是人口变化对事前储蓄和事前投资有相同方向的影响。更慢的人口增长率会减少储蓄（假设抚养比不变），但是也同样会降低对资本、房屋、设备等的需求。然而，这并没有告诉我们资本劳动比究竟是上升还是下降，从而是提高还是降低资本的边际生产率。随着事前储蓄和事前投资同向移动，界定两者之间可能的平衡变得更加棘手。在有社会保障体系的情况下，根据生命周期假说推导出的居民储蓄行为以及中国人口老龄化对储蓄的冲击解释了为什么储蓄会下降。

如果所有的退休消费都来自之前的储蓄，由于年轻一代受益于更高的终身收入，那么年龄—消费曲线应该是向下倾斜的，即年龄越大，消费越少。生命周期假说认为个体会平滑消费，不会随年龄改变消费。目光短浅、对寿命的低估甚至会导致年龄—消费曲线出现更负的斜率。但事实上，数据（图 6.1）说明了消费是平滑的，甚至随年龄上升。这必定意味着从工人到老年人的大量转移支付。

第6章 大逆转之下的（实际）利率

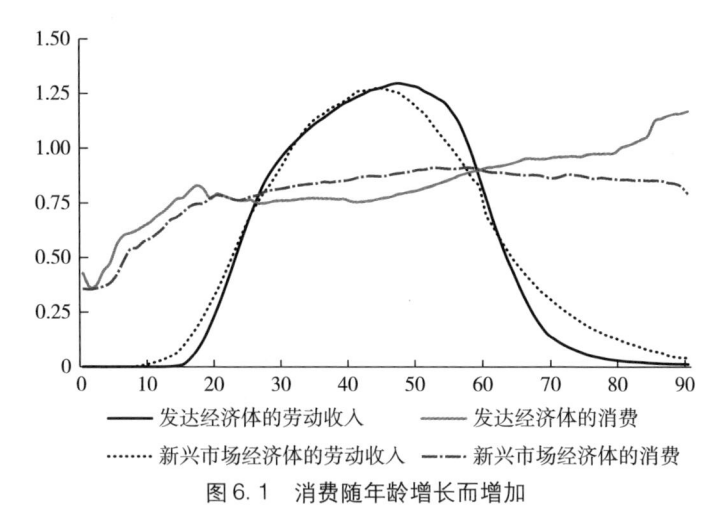

图6.1 消费随年龄增长而增加

资料来源：National Transfer Accounts。

我们认为这由两点原因所致。第一，医疗服务消费逐渐主导了老年人的消费模式，尤其是生命的最后几年（图6.1显示了发达经济体的个人在生命尽头消费陡然上升）。这些资金大部分由公共部门免费提供（英国的国民医疗服务体系，美国的医疗补助和医疗保险）。第二，大多数发达经济体都有社会保障措施，以防止没有积蓄支付医疗服务的老人陷入贫困（参见French et al., 2019）。

我们在政治经济学上的一个重要假设是社会安全网持续存在，这阻碍了储蓄随寿命成比例增长。尽管必然会对承诺做一定削减，但是养老金和医疗保障体系或多或少会存在。这将融入人们的储蓄习惯，阻碍他们为退休更多地储蓄。

医疗支出将几乎不可避免地进一步上升（图6.2），而退休年龄却不能与寿命的增长保持同步。医疗支出和公共养老金转移支付（图6.3）会随着发达经济体的社会老龄化而增长。迄今为止，

人口大逆转

除一些地区小幅提高退休年龄之外，通过提高退休年龄以强制提高劳动参与率的方法收效甚微。另一方面，寿命会随着医疗进步和生命科学的快速发展显著上升。其结果就是，寿命和退休年龄的差距随寿命的增加而变大（见图6.4）。

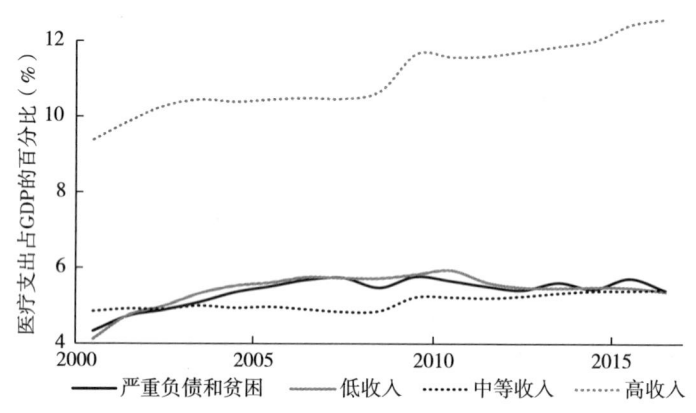

图6.2　全球医疗支出增长主要由高收入经济体推动
资料来源：世界银行。

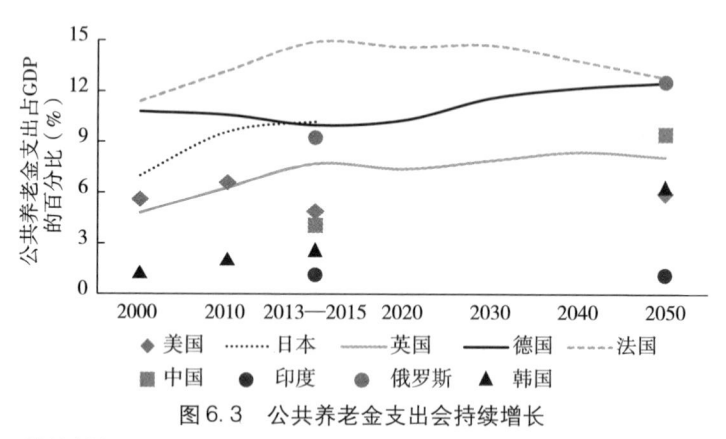

图6.3　公共养老金支出会持续增长
资料来源：OECD。

110

第6章 大逆转之下的（实际）利率

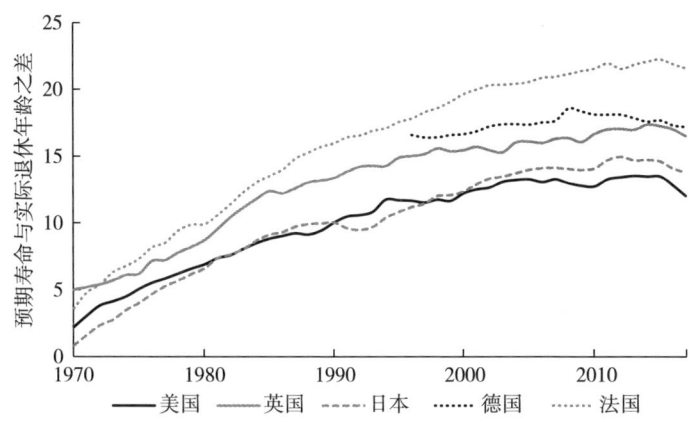

图6.4 发达经济体人口预期寿命和实际退休年龄之差正在增加
资料来源：OECD。

还有中国。中国的一切都体量巨大；如之前在第 2 章所说，它的人口动态已经并将继续值得关注，而且人口动态已经导致储蓄和投资比率发生超常变化。由于中国劳动力动态的转向，中国国内甚至国外的储蓄投资平衡都会随之变化。

人口结构变化会导致中国的超额储蓄减少。进入现代之前，中国的老年人（人数相对较少）在大家庭内得到照护。[①] 但是一孩政策实施过久，使得家庭对老年人的支持越来越少。由于社会保障体系的不完善，个人需要为退休储蓄。再加上对国有企业经营者的激励是留存利润，而不是上缴利润，因此，超额储蓄率的原因显而易见。

未来会发生什么？虽然亚洲老年人口的劳动参与率比欧美国家更高，但是，寿命的增长会提高中国和其他地区的抚养比。后

[①] 根据前瞻产业研究院的数据，中国大约 90% 的老人仍然依赖家庭护理，7% 接受社区护理服务，3% 入住养老院。

人口大逆转

果就是居民部门储蓄率的下降和中国经常账户顺差的减少；事实上，如第2章提到的，这已经开始了。

中国的老龄化也会减少石油出口国的超额储蓄。中国对世界经济产生了很大影响。其中一个影响就是给原材料尤其是原油价格带来了上涨压力。大部分石油都是由人口稀少的地区生产的（沙特阿拉伯、波斯湾和挪威）。随着中国增长的放缓和从石油燃料向新能源的转变，石油生产国的总储蓄会下降，经常账户顺差很可能会消失。

事实上，有经常账户顺差（有巨额净储蓄）的国家要么正在经历人口老龄化（中国和德国），要么其相对优势正在减少（石油生产国）。

中国的总资本和私人财富的很大一部分都与房地产或房地产相关的基础建设有关。许多人预测：随着人口增长减缓，对住房的需求会急剧下降。但是，这并没有考虑到老年人的偏好。由于国家变得富有，老年人会居住在现有的房子里而不是已成年的后代的房子里。搬家很麻烦，而且如第5章所说，作为房主的老年人更没有激励重新安顿。随着年轻一代长大并取得经济独立，他们不会搬进老人们腾出来的房子里，而是会搬进未来新建造的房子里。我们认为，人口向更多老年人和更少工人发展的趋势，会扩大而不是减少对房屋储备的需求。这将支持对住房及其相关产业的投资。

社会行为会改变吗？老人会卖掉自己的住房和子女住在一起吗？这当然会发生。但是，我们认为新兴市场国家比发达经济体更容易发生。对于后者，打破固有的社会习俗需要人口压力不断加剧，在这之前很难有广泛而深刻的变化。

第 6 章　大逆转之下的（实际）利率

6.3.2　非金融企业部门将如何应对？一个棘手的故事

人口结构冲击没有给出现成的答案。对企业部门的表现，存在两个极端的观点。主流观点认为企业部门在面对人口结构变化时会减少资本积累速度，从而导致资本劳动比下降。我们的观点是企业部门更有可能通过投资来补偿劳动力的减少，也即增加资本劳动比。劳动力这一生产要素会变得更加稀缺和昂贵。

劳动力成本会上升而资本成本会下降。我们想不出来在其他历史时期，这两个主要生产要素的价格会如此清晰地反向运动。在人口结构推动工资上涨之前，资本的价格早就开始下跌了。当工资上涨时，由于资本品的低成本，对昂贵的劳动力进行资本替代会变得相对容易。由此造成的生产率提高会以某种方式减缓工资上涨和通胀上升。储蓄和投资给我们提供了看待这种反应的另一种角度。由于资本品极其便宜，积累一定量的资本只需用上经济体中少量的储蓄。在某种程度上，这可以抵消人口老龄化带来的储蓄不足并减缓利率和工资的上升。

石油冲击的历史教训为这种替代提供了证据。许多经济体的制造业在经历了投入品价格的正向/负向冲击后很大程度上改变了资本劳动比。1972—1988 年美国制造业的数据表明：20 世纪 70 年代的油价上涨冲击造成了能源密集型制造业的消亡。随着美国经济对当时和未来油价波动做出强烈的自我保护反应，工厂、就业和工资都萎缩了。相反的效应可以在能源净生产国看到。俄罗斯石油依赖型经济中知识密集型制造业的空心化，充分说明了这一转变。

我们完全相信科技进步会显著提升生产率，因此会限制通胀和名义利率上升。但是我们更倾向于选择不可知论的视角，因为我们在预测创新速率方面没有特别的经验。事实上，我们很难区分有关技术的讨论是否关乎创新速度，也不能辨别它是否被恰当地记录在统计数据中。例如，戈登（Gordon，2012）认为美国的生产率从1973年就开始下降，并且不太可能回升。但是莫克尔等人（Mokyr et al.，2015）认为，统计数据没有充分记录科技进步，因此具有误导性。由于这一问题在短时间内不太可能解决，所以我们更倾向于对此抱持不可知的态度。

从结构上看，把制造业迁移到国外依旧处于早期阶段，并且直到最近，还是一个可行且吸引人的选项。人口大逆转及其导致的工资增长还没有影响发达经济体的大部分国家。甚至在日本、中国和韩国，人口结构的压力虽已显露，但是仍处于相对较早的阶段，日本的劳动力市场有明显的工资压力，这三个经济体的劳动力已经开始萎缩。

就是在这样的早期阶段，新的资本支出周期已经在日本显现。中国和韩国仍然有产能过剩的问题，自然不会出现这种反应。大部分发达国家在两个方面和日本相似：（1）劳动力会变得昂贵，甚至在绝对和相对的层面来看都会变得更贵；（2）制造业既没有经历资本支出的大幅增长，也没有经历新兴市场经济体私人部门债务的增加。因此，发达经济体更有可能对人口大逆转表现出接近日本近期的反应，而不是中国和韩国的反应（同样也会经历日本之前的反应）。

从周期的角度看，企业为什么要储蓄而不是投资，这有点令人费解（尤其是发达国家和中国）。很可能的原因是，全球过剩产能正在缓慢出清，而同样缓慢的需求增长阻止了企业向实体资本投资。新兴市场经济体出现了早期变化的迹象,这些国家的资本品进口(投资的一个领先指标)五年来首次回升。但重点还是美国投资周期的重启。到目前为止,美国企业部门更倾向于通过杠杆回购股票来提高资产净收益率(ROE),并且通过雇用更多工人来提高产出。如果工资增长像最近那样开始蚕食企业利润,那么企业应该会有更大的意愿进行投资以提高生产率并保持盈利能力。这一经济逻辑是否足以启动投资还有待观察。

另一方面,非金融企业部门的负债率已经很高,利率上升或者利润率下降都会使大量高杠杆公司的偿付能力面对巨大压力。如果这些情况发生,它们不得不在短期内大幅削减投资以自保,从而使宏观经济进一步恶化。关于这个问题,可以参见本书第 11 章的债务陷阱以及卡莱姆利－厄兹坎等人的研究(Kalemli-Özcan et al.,2019)。

总之,各种潮流和趋势使得描述未来非金融企业部门的投资储蓄平衡让人头疼。

6.3.3 公共部门会做何反应?

在前两小节和第 5 章中,我们说明了居民部门和非金融企业部门的储蓄率会比投资率下降更多。私人部门会因此从盈余转向赤字,根据定义,为了让整个经济达到平衡状态,公共部门会由赤字转向更多盈余。

但是如前面章节所讲的,由于医疗保险和养老金支出压力增加,公共部门转向盈余会变得十分困难。减少支出和提高税收在政治上永远很难做到。

到目前为止，利率下降的一个重要原因是长期前景使得财政部长不愿意在世界储蓄率尤其是中国的储蓄率超出事前投资（伯南克的"储蓄过剩"）的时候，让赤字上升到出清经济的地步。同理，我们认为未来财政状况很可能不会强劲地转向盈余从而抵消我们预计的私人部门赤字。

因为在过去 30 年里财政赤字不足以平衡经济，央行不得不降低利率配合财政部，它们别无选择。① 同样，在未来，由于公共部门不会储蓄太多，我们预计实际利率为了起同样的平衡作用而会上升。

6.4　风险厌恶和安全资产的短缺？

在近几十年来许多揭示实际利率下降原因的研究中，侧重点放在了风险厌恶和追寻安全资产上；事实上，大量文献与卡瓦列罗（Caballero，2017）的工作有关，它们认为安全资产短缺的趋势已经出现。例如，欧洲央行（ECB）的研究《自然利率：估计、驱动因素和对货币政策的挑战》（Brandet et al.，2018，第 5 页，以及第 16—20 页专栏 2）认为，"风险厌恶和对安全资产的追求导致全球金融危机后利率进一步下降"。

在此期间，央行在它们的量化宽松政策中加入了大量无风险债券。违约和重组的潜在可能使得许多欧洲和拉美国家的债券更

---

① 雷切尔和萨默斯（2019）认为最近的财政赤字是中性实际利率上升的结果。在某种程度上这是对的，如果财政赤字减少，利率将会降低；在某种程度上又是错的，如果财政赤字过低，就无法阻止利率的大幅下降。

第6章 大逆转之下的（实际）利率

具风险。有一种观点认为（例如上述这些作者，还有 Marx、Mojon 和 Velde 2019 年的文章《为什么利率远在资本回报之下？》），一直以来，风险厌恶和流动性偏好加大了资本回报和无风险利率的差距。因为对资本的回报率要求很高，所以阻碍了投资，为了使宏观经济出清，必须降低无风险利率。

我们不相信这些观点。如果存在对流动性的担忧，那么低风险债券和高风险债券的收益率差距应该扩大，AAA 级和 BBB 级公司债券收益率之差理应上升。表6.5 显示了 2006—2018 年收益率之差，它在金融危机期间急剧上升，之后持续下降到现在的低水平。事实上，近几年货币政策的重要目的和特征就是鼓励经理人通过追求收益率来承担更多的风险，证据就是这些政策达到了其目标。雷切尔和萨默斯（2019，第 2 页）的研究得出了相同的结论。

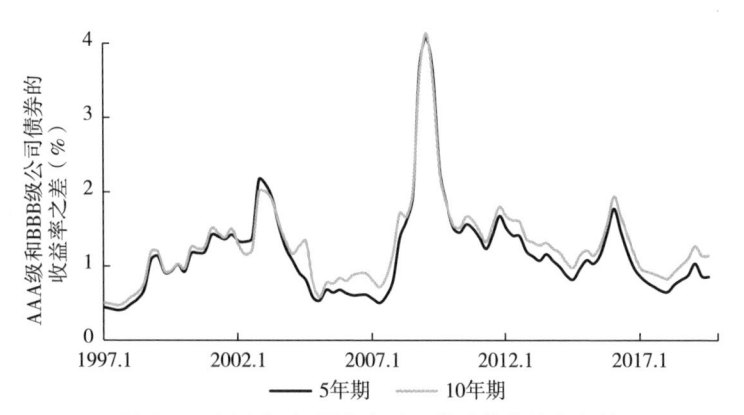

图6.5 AAA 级和 BBB 级公司债券的收益率之差
资料来源：美联储经济数据库。

这依然没有解开"资本回报率相较于无风险利率居高不下"的问题。我们认为，资产估值的上升是无风险利率下降的自然结果；当利率下降时，资产价格必须上升，以使持有这项资产的经风险调整的未来预期收益与无风险利率保持一致。所以不能用资产价格的变化来说明风险厌恶程度的增大导致了收益率之间的差距。现在依然存在的一个问题是：为什么利润率、资产价格这么高，利率如此之低，也没有带来更多的企业投资需求呢？我们认为，这与风险厌恶无关，而与企业经理最大化短期净资产收益率的行为有关。我们会在第11章深入探讨，同时可参见史密瑟斯（2009，2013，2019）的研究。

6.5 政治压力

我们的另一个主题是：过去30年来政客和独立央行之间融洽的关系会变得更加对立。在过去30年里，央行行长一直是财政部长的好朋友。持续下行的利率完全抵消了债务率急剧上升带来的负担。这种情况在未来会改变，并且会让双方的日子更加难过。在增长前景不变时，名义利率上升某种程度上会恶化财政赤字，而节节攀升的负债率会使财政部长和首相更加棘手。此外，非金融企业部门的负债率上升，意味着保持通胀目标会使企业部门和宏观经济陷入更大的违约和衰退风险。

在这种情况下，主要但不仅来自民粹主义者的政治压力会变大。我们会在第13章进一步讨论，欧洲以外的各国央行的独立性实际上相当有限。因此，各国央行不可避免地必须在政治上保持灵活，它们抵御政治压力的能力是有限的。

6.6 结论

短期利率由官方法令规定，至少短期内是这样，而长期利率更多由市场力量决定。我们认为，由于政治环境的变化，短期利率在未来几十年很有可能持续低于观察到的通胀水平。然而，随着这个令人不安的新世界日益临近，长期利率将开始上升并很可能超过现有的通胀率。所以，我们的一个结论是，目前异常平坦的收益率曲线很可能会变得急剧陡峭。

因此，在某种意义上，我们在对冲我们的赌注，意味着真实短期利率会继续保持低位，但是如 10 年期利率这样的长期利率的真实水平有可能上升。

第 7 章 不平等和民粹主义的兴起

7.1 引言

过去 30 年的突出特征是中国进入世界贸易体系并在随后迅猛发展，这将一个人口稠密、劳动力贫困但受教育程度较高、治理和组织相对高效①的国家与拥有更高技能水平、更多财富和资本的西方发达经济体联系在一起。从某种意义上说，这带来了宏观经济学上的巨大成功：西方国家向中国出口了技术、管理和资本，而中国向世界其他地区出口了廉价商品。

从 2000 年左右起，以中国为首的许多亚洲国家的实际收入和实际工资增速大大超过西方国家，全球不平等水平开始下降。在之前两个世纪全球不平等水平的稳步上升，并不是由国家内部不平等的上升导致的，而是因为国家间的收入不平等在加剧（Milanovic，2016，第 3 章）。更早的时候，欧洲、北美和澳大利亚/新西兰的实际收入一直处于领先地位，而亚洲和非洲的实际收入

---

① 参见德斯梅特等人（Desmet et al.，2018），我们认为，对刺激创新和提升劳动生产率而言，高人口密度既不是充分条件也不是必要条件。我们将在第 10 章中以印度和非洲为例进一步讨论这一话题。

第 7 章 不平等和民粹主义的兴起

却在勉强维持生计的水平上停滞不前。你在全球收入分布上的位置更多取决于出你的出生地（即哪个国家），而非你父母的身份。

除了中国大陆及其周边亚洲国家或地区（包括韩国、中国台湾、越南、泰国、马来西亚、新加坡、印度尼西亚等）的农民和工人阶层，过去 30 年的主要受益者还包括那些拥有优秀技能和资历的人、管理阶层以及拥有财富并能用于投资的人。正如我们在第 2 章和第 3 章阐述的，全球化（本质上是中国效应）与高度有利的人口趋势相结合，带来了最近几十年来有效劳动力供给的空前增长，某些地区 30 年内劳动力供给的涨幅甚至超过一倍。在这种情况下，那些能够为激增的劳动力供给提供管理监督、技能和设备的人注定能获得繁荣。

但是输家依然存在，也就是西方发达经济体的下层中产阶级。正如我们将在第 7.2 节和第 7.3 节中看到的，他们的灾难不仅来自全球化的竞争和中国更廉价的产品，还来自技术进步。米兰诺维奇著名的大象图（他书中第 11 页的图 1.1）描绘了这些因素。

在这两节中，我们将更详细地说明西方发达国家的下层中产阶级如何以及为什么在最近几十年中失败得如此彻底。考虑到全球化和人口趋势给世界经济带来的巨大整体益处——1988 年至 2008 年是最好的 20 年，经济增速高，就业增长快，通胀率低而稳定——赢家本可以弥补输家的损失（Kaldor/Scitovsky 界定的福利标准）。然而，他们当然没有这样做。发达经济体出现了衰败的"锈带"，蔓延至城镇、各种工作岗位和各类工人群体。

工人的数量远多于资本家。如果广大工人阶层对当前的经济和政治格局感到不满，他们可以通过投票推动变革。在第 7.4 节中，我们进一步指出为什么这种不满情绪主要体现为对右翼民粹主义领导人的呼声越来越高，而非更多地支持（更传统的）左翼社会主义者。初探我们主要的答案，一个关键因素是左翼领导人与其传统支持者在移民问题上的态度分歧。左翼领导人主要是信奉"四海之内皆兄弟"的理想主义者。他们的政党通常得到过去、现在和未来的移民的支持；他们倾向于对外来移民施以宽松的管制。相反，典型的蓝领工人将移民视为竞争者，认为他们部分抑制了工资增长，并带来了不受欢迎的文化和社会变革。右翼政客则强调民族主义和爱国主义价值观（例如"让美国再次伟大""夺回控制权"等主张），反对大规模外来移民，这种立场引起了许多蓝领工人及其家人的共鸣。

7.2 不平等

尽管随着国家之间的不平等大幅降低，全球不平等水平开始下降，但大多数国家内部的不平等有所上升，且其中许多国家的不平等上升幅度非常大，扭转了从1914年至1980年左右全球不平等的下降趋势。因此，早前那个蕴含在库兹涅茨[①]曲线中的假说遭到了驳斥。这一假说认为，经济发展起初会导致不平等程度上升，达到峰值后会下降。首先，我们将梳理这方面的变化情况，然后在第7.3节中讨论导致这种结果的各种原因。

主要的数据库有两个，即世界银行的PovcalNet数据库和世界

[①] 库兹涅茨是诺贝尔经济学奖得主，他曾作为实证经济学家在哈佛大学工作。在1960—1961年，本书作者之一古德哈特曾短暂担任过他的研究助理。

第 7 章 不平等和民粹主义的兴起

不平等数据库（World Inequality Database）。在众多可用于衡量不平等的指标中，我们最初选择了四个（它们都呈现出相同的趋势）：（1）一些经合组织成员国的基尼系数[①]（见图 7.1）；（2）部分国家收入前 10% 和前 1% 群体的收入占比（见表 7.1 和表 7.2）；（3）财富前 10% 群体拥有的财富占比（见表 7.3）。对于以收入衡量的不平等指标，我们列出了美国、中国、德国、英国、法国、日本、瑞典、巴西、印度、埃及和意大利这些国家每五年的数据。对于以财富衡量的不平等指标，我们列出了美国、中国、英国和法国这四个国家的数据。

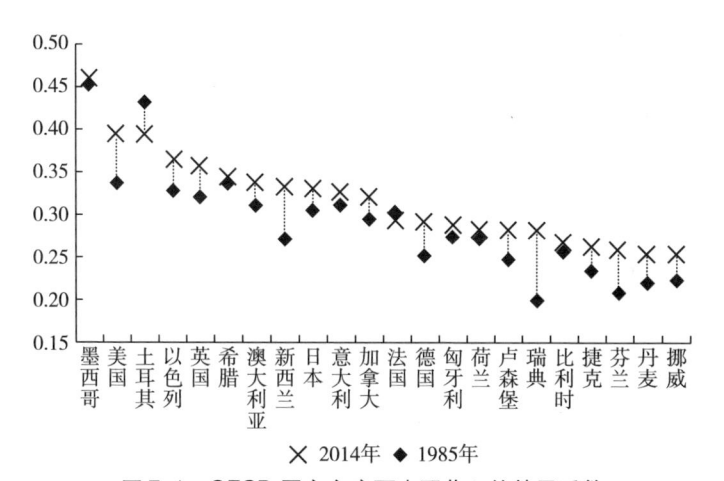

图 7.1　OECD 国家家庭可支配收入的基尼系数

资料来源：Rachel and Summers（2019）。

[①] 基尼系数（Gini index）是一种统计分散度的指标，旨在表现一国居民收入或财富的分布，它是最常用的衡量不平等的指标。基尼系数的数据（世界银行的估算）来自从政府统计机构和世界银行驻各国分支机构获得的家庭调查数据。若想获得更多相关信息和计算方法，请参阅 PovcalNet。0 代表绝对平等，而 1 代表绝对不平等，因此数值增加意味着不平等加剧。

人口大逆转

表 7.1　收入前 10% 人群的收入占比

	1990	1995	2000	2005	2010	2015
美国	0.39	0.41	0.44	0.45	0.46	
中国	0.30	0.34	0.36	0.42	0.43	0.41
德国		0.32		0.39	0.40	
英国	0.37	0.39	0.41	0.42	0.38	
法国	0.32	0.32	0.33	0.33	0.33	
日本	0.39	0.36	0.38	0.42	0.42	
瑞典	0.22	0.26	0.26	0.27	0.27	0.28
巴西				0.55	0.55	0.56
印度	0.33	0.38	0.40	0.45	0.52	0.56
埃及	0.51	0.51	0.51	0.49	0.46	0.49
意大利	0.26	0.28	0.29	0.29	0.29	0.29

资料来源：世界不平等数据库。

表 7.2　收入前 1% 人群的收入占比

	1990	1995	2000	2005	2010	2015
美国	0.15	0.15	0.18	0.19	0.20	
中国	0.08	0.09	0.10	0.14	0.15	0.14
德国		0.08		0.13	0.13	
英国	0.10	0.11	0.14	0.14	0.13	
法国	0.09	0.09	0.11	0.11	0.11	
日本	0.13	0.09	0.09	0.11	0.10	
瑞典	0.05	0.08	0.07	0.08	0.08	0.09
巴西				0.28	0.28	0.28
印度	0.10	0.13	0.15	0.19	0.21	0.21
埃及	0.19	0.19	0.19	0.18	0.17	0.19
意大利	0.06	0.07	0.08	0.08	0.07	0.07

资料来源：世界不平等数据库。

表7.3 财富前10%人群的财富占比

	1990	1995	2000	2005	2010	2015
美国	0.64	0.66	0.69	0.67	0.73	
中国	0.41	0.41	0.48	0.52	0.63	0.67
英国	0.46	0.47	0.51	0.51		
法国	0.50	0.51	0.57	0.52	0.56	

资料来源：世界不平等数据库。

最新数据显示，在以上这些国家中，瑞典和意大利的收入不平等程度最低，而巴西和印度最高。中国、德国和印度的收入不平等增幅最大，而日本增幅最小。

这些令人沮丧的结果中仍包含让人稍感安慰之处，即大多数国家中最贫困的20%人口（家庭）的税后收入和转移性收入持续受到诸如社会福利、最低工资法和医疗支持等政策措施的保护。此类政策在美国和发展中国家较少，在欧洲和日本更多。

格博豪等人（Gbohoui et al.）在他们的论文《大鸿沟》以及《区域不平等与财政政策》中指出：

> 再分配性质的财政政策已帮助减缓了国家层面收入不平等的加剧，但并未完全消除这一趋势（IMF，2017；Immervoll and Richardson，2011）。对于发达的经合组织成员国，财政政策的平均再分配效应（用征税和转移支付前后的家庭收入分别计算基尼系数，再计算二者间的差距）接近1/3（2015年，以市场收入计算的基尼系数为0.49，而以可支配收入计算的基尼系数为0.31）。大约3/4的再分配通过转移支付实现，而累进税制贡献了剩余的1/4。在所有家庭收入

类别中，福利金和转移支付比税收和社保缴费更有助于缩小不平等。

虽然财政政策的再分配效应从全国范围看仍然很大，但自20世纪90年代中期以来，其效果在一些经合组织成员国中已有所减弱。即使没有积极的政策措施，累进的财政政策也为收入不平等的加剧提供了一种自动对抗机制，但近年来财政政策的再分配作用呈持平状态（在许多欧洲国家）或有所减弱（例如在美国）。在过去10年中，部分经合组织国家的平均再分配效应（以征税和转移支付前后的收入分别计算的基尼系数的差距表示）已从53%降至约50%。这再次印证了先前的发现，即在20世纪90年代中期至21世纪前10年中期，财政的再分配作用减弱了（Immervoll and Richardson, 2011，见图7.2）。

造成这种不平等趋势的主要原因有两个。第一个已经在第3章中进行了讨论，即在这30年中，资本回报的趋势性增长远比实际工资的增长强得多。第二个主要原因是人力资本（用受教育

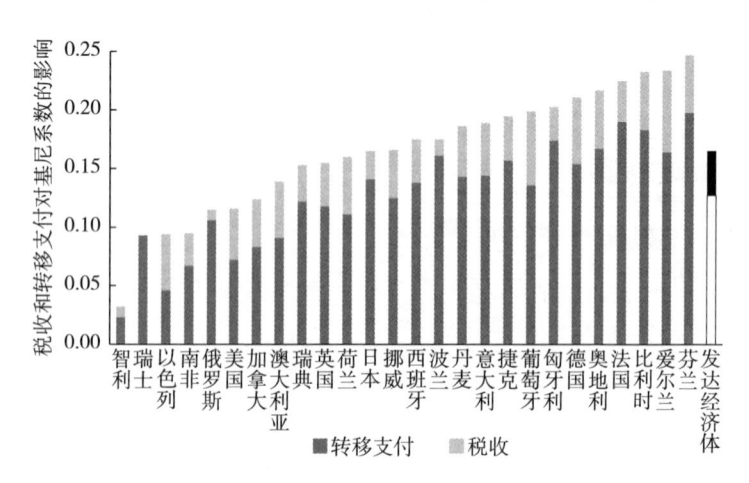

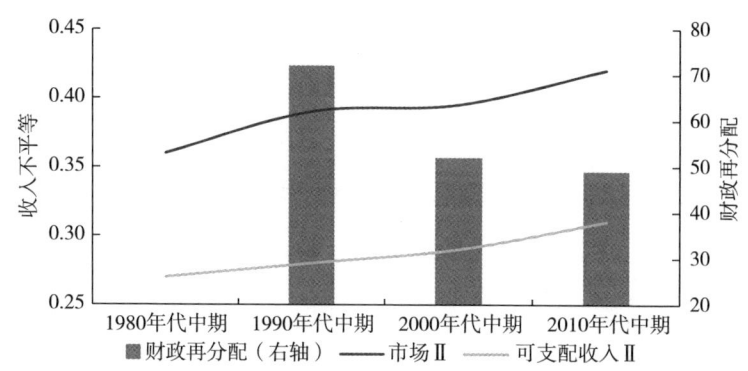

图 7.2 财政再分配的影响仍然很大，但在一些经合组织国家正在下降

资料来源：OECD, Income Distribution Database; Immervoll and Richcordson (2011)。

程度衡量) 的回报与固定资本和金融资本的回报同步上升。与之相对的是，依靠肌肉力量和简单的重复劳动获得的回报却停滞不前 (见图7.3，美国数据取自 Autor, 2019，第2页)。

所有这一切的含义是，最贫穷的人得到了保护，人力资本和固定资本的回报相对于非技能或中等技能工人的回报在飙升，下层中产阶级，即收入分布位于20%～70%区间的人受益最少。这种现象的另一个方面是，中等技能的岗位相对于低技能和高技能

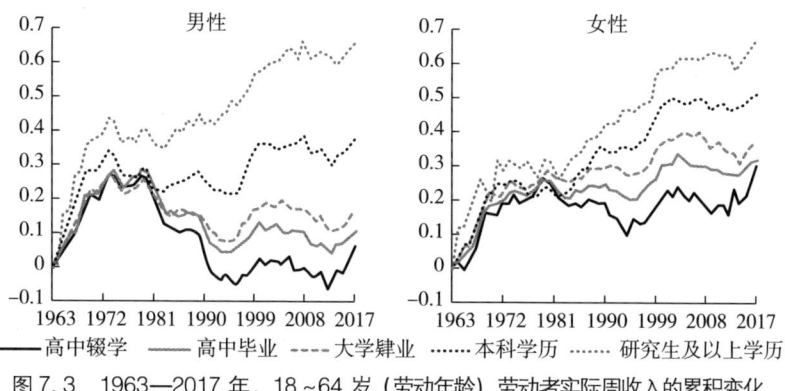

图 7.3 1963—2017 年，18～64 岁 (劳动年龄) 劳动者实际周收入的累积变化

资料来源：American Economic Association。

的岗位有所下降（见图7.4），从而迫使那些无法提高人力资本的下层中产阶级回归技能含量更低的职位（参见 Autor，2019，第10页图5；Borella et al.，2019）。① 美国有关这一现象的记录最为详尽，但我们认为其他大多数发达经济体也是如此。

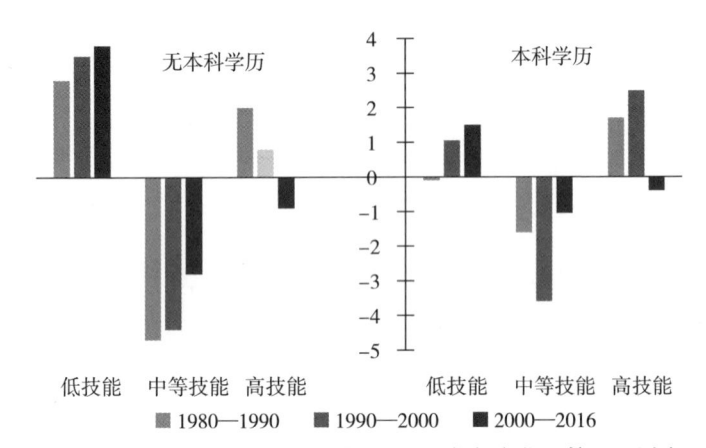

图7.4 1980—2016年劳动年龄人口就业份额变化（按职业划分）

注：低技能包括卫生、人力、运营、劳工、清洁和安保等；中等技能包括生产、职员、行政、销售；高技能包括专业职业、技术、管理等。

> **专栏7.1　最低工资标准**
>
> 　　对工人从中等技能岗位转向低技能岗位，以及由此导致的零工经济中工人议价能力丧失和收入不平等加剧的担忧，很可能是近期推高发达经济体和新兴经济体最低工资标准的一个因素。在发达经济体中，以下国家最近提高或引入了最

---

① 奥托还表明，人口密度越高的地区，中等技能工作岗位的流失越严重（Auto，2019，第13—15页及图6），即中等技能工作流失的比例在城市和大都市地区最大。为什么如此，以及在其他发达国家是否也如此，这一点尚不清楚。Bayoumi 和 Barkema（2019）认为，更高水平的不平等和更高的住房价格减少了美国的内部移民，从而导致陷于衰败地区的人们处境恶化。

第7章 不平等和民粹主义的兴起

低工资标准：

英国：2019年4月1日起，适用于25岁及以上工人的国家法定薪资（NLW，即法定最低工资标准）上调4.9%至每小时8.21英镑。更年轻工人的最低工资涨幅也超过了通胀率和平均收入增速。

加拿大：2017年最低工资增长13%，涨幅创历史新高。过去几十年最低工资标准年均增长3.5%。

德国：近期引入最低工资标准。

在新兴经济体中，以下国家的政策变化值得关注：

波兰：执政党提议提高最低工资标准近80%！这一涨幅分五年完成，从2020年上涨15.6%拉开序幕。最低工资年均上涨6%（自2010年以来）。

匈牙利/捷克：过去几年最低工资增长强劲（两国都平均增长11%）。

墨西哥：最低工资2018年上涨10%后，2019年又提高16%。尤其是在距美国边界25公里的各个城市，最低工资上涨95%！

俄罗斯：过去两年最低工资年均增幅为31%，而过去七年年均增幅为5%。

韩国：2017年最低工资增加11%，2018年增加16%。此外，法定周工作小时数还有所缩短（从约60个小时降至50个小时）。

7.3 不平等上升的原因

对于国家内部不平等的恶化趋势，至少有四种解释：
（1）不可避免的趋势性因素；
（2）技术变革；
（3）垄断力量增强和行业集中度提高；
（4）全球化和人口趋势。
我们将逐一讨论。

7.3.1 不可避免的趋势性因素

对这一阵营的作者来说，反常的是 1914 年至 1979 年这段时期，许多国家（或许是大多数国家）的不平等状况普遍改善。他们认为这主要是一系列特殊因素的结果，包括两次世界大战、大萧条、战后通胀、共产主义/社会主义/价格/租金控制，都暂时抑制了不平等的加剧。皮凯蒂（2014）认为，这是因为资本回报（i）通常被理所应当地假定为高于经济增长率（g）。舍德尔（Scheidel，2017）认为，这是因为强者始终欺负弱者，除非受到天启、战争、瘟疫或叛乱"四骑士"之一的阻止（另请参见 Durant，1968，第 8 章）。*

尽管我们无法反驳这种悲观的原教旨主义，但我们并不相信它。我们不认为皮凯蒂式的不平等是必然或自然成立的，在我们

---

* 这里指威尔·杜兰特的名著《历史的教训》。作者在该书第 8 章"经济与历史"中指出，从人类历史看，财富集中是自然的、不可避免的，只能通过暴力或和平的再分配方式实现周期性的缓和。——译者注

眼中，人类的本性、特征和未来也不像舍德尔宣称的那样黯淡。恰恰相反，我们认为下面三种解释更有其长。

7.3.2 技术变革

正如奥托的研究表明的，技术进步无疑已经消除（或大大减少）了对某些类别（中等技能）工人的需求。速记员和法律文员已经消失，秘书正在消失，焊工也正被机器人取代。GPS（全球定位系统，在英国是卫星导航 SatNav）出现之前，在伦敦这样街道非常复杂的城市，出租车司机必须认真学习地图并通过考试（这一考试被称为"知识"）才能拿到执照。现在，任何人都可以在没有此类资质的情况下当优步（Uber）司机。的确，手机上的谷歌地图软件正在削弱人们使用和阅读地图的能力。

但更大的问题是，技术对单个工种的显著影响能够多大程度上解释实际工资和劳动收入占比增长的整体相对停滞？从表面上看，人们可能会认为，如果劳动节约型技术是主要原因，那么生产率的增速应该比过去 20 年的实际增速更快。但是，如果维持总需求和充分就业的公共政策的实际影响主要作用于生产率较低的服务业和零工经济呢？这确实是一个合理的假设。

我们可以换一种方式来分析此问题。为什么技术发展会改变菲利普斯曲线的斜率和位置？在总体失业水平相同的情况下，为什么相关的总工资或价格会更低？与先前在中等技能领域工作过的工人相比，低技能工人（零工）的议价能力和工会组织可能更少。或许的确如此，但这引出了下面两个问题，这些问题与雇员和雇主、工人和资本家的相对议价能力直接相关。

7.3.3 垄断力量增强和行业集中度提高

有大量证据表明,近几十年来,美国私人部门中行业集中度和垄断力量一直在增强(请参见 Stiglitz,2019,特别是第3章和与之前文献相关的脚注;Philippon,2019)。这种行业集中往往会在相关的劳动力市场上形成买方垄断(参见 Stiglitz,脚注20列出了有关该主题的过往文献)。通常很少有证据能够表明其他发达经济体也有类似情况,但我们假设确实如此。

尽管这种额外的集中或垄断力量很可能是高利润率和低固定投资(至少在美国)同时出现的主要原因,但尚不清楚这一因素为什么以及如何改变菲利普斯曲线的斜率和位置。但是我们"再次"指出,若雇主的力量相对于雇员更大,为了获得相同的实际工资增长,劳动力市场必须变得更紧,自然失业率必须更低。[①] 但是,尽管作用方向似乎很明确,试图估计垄断和行业集中度提高对实际工资和劳动收入占比的总体影响仍然非常困难。

7.3.4 全球化和人口趋势

我们已经在前面的章节中讨论了全球化和人口变化的经济影响,所以在此仅简短阐述。但是为了我们的研究目的,在此需要重申雇主可利用的劳动力供给空前激增,部分来自进入国内的移民,部分是通过向国外转移生产获得(参见 Boehm et al.,2019)。

[①] 参见克鲁格在堪萨斯联储"市场结构变化及其对货币政策的影响"研讨会上的午宴致辞(Krueger,FRB Kansas City,Jackson Hole,2018)。

第 7 章　不平等和民粹主义的兴起

这极大地削弱了劳动力及其工会的相对议价能力，因此在降低实际工资增长和自然失业率方面发挥了重要作用（Krueger，2018）。

因此，有三种不同力量，即技术变革、集中化或垄断、全球化或人口变化共同导致劳动力议价能力下降。定量估算这些因素的相对影响很困难，缺乏相应的技术，但是我们仍尝试给出一些哪怕是主观的测度。如果导致工资增长疲软或劳动收入占比停滞不前的主要原因是我们认为的全球化或人口变化，那么这一趋势将在未来几十年内逆转。如果主要诱因是技术进步，那么随着诸如人工智能等新技术的诞生，这一趋势很可能会继续。此外，未来私人部门的集中度或垄断是增强还是减弱，很大程度上取决于公共政策，往任一方向变化皆有可能。

因此，我们认为国家内部不平等的加剧主要是由于全球化和人口结构变动（第 1 章和第 3 章）引起的劳动力供给空前激增，进而导致劳动者的议价能力急剧下降（第 5 章）。若果真如此，皮凯蒂就成了历史。当然，我们有可能是错的。

7.4　民粹主义的兴起

过去 30 年，虽然高技能、受过良好教育的工人与资本家阶级一起蓬勃发展，但与下层中产阶级相比，这些高技能、受过良好教育的工人数量要少得多。尽管我们认为最贫穷阶层已经得到了政策措施较为合理的照顾，但社会中大部分成员和劳动者经历了一段艰难时期，他们的实际生活水平几乎没有提升，与此同时，老板们公开获得了令人垂涎的以百万美元计的薪酬。在大多数发达国家，CEO（首席执行官）与其麾下普通工人的薪酬比值

人口大逆转

一直在飞速上涨，仅日本存在部分例外。近几十年来，该比值已达到前所未有的水平（见图7.5和图7.6）。我们的资本主义制度看起来并不公平，尤其是即使公司破产了那些管理公司的人也能全身而退：他们不仅怀揣着累积的巨额财富，还能在未来领取超丰厚的养老金。

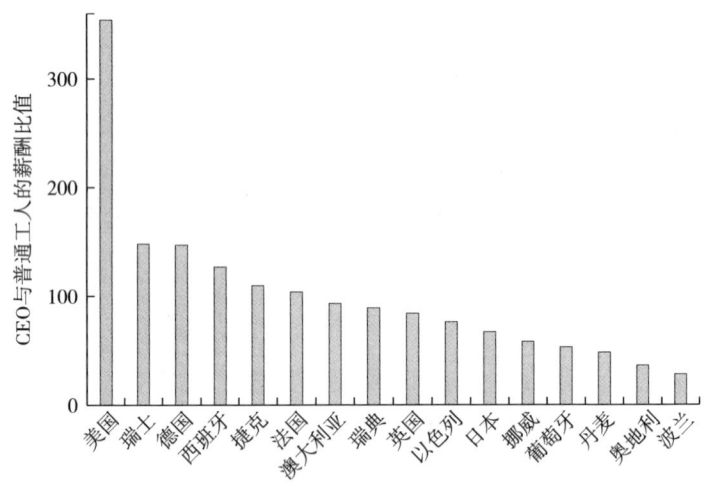

图7.5 2014年不同国家CEO与普通工人的薪酬比值
资料来源：《华盛顿邮报》，2014年9月25日。

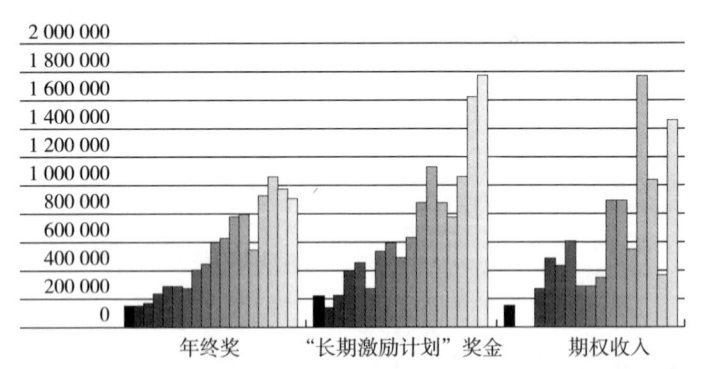

图7.6 富时100强主管的现金奖励中位数（1996—2013年，英镑）
资料来源：High Pay Centre。

第 7 章　不平等和民粹主义的兴起

全部薪酬通常包括除基本工资之外的年度奖金和"长期激励计划"奖金（LTIP）。自 20 世纪 90 年代后期以来，虽然工资增长水平一直维持稳定，但与绩效挂钩的部分大幅度增加，促使同期总薪酬迅速增加。

在这种情况下，人们可能认为那些在过去 30 年中相对失利的人会在选举中投票支持本国的左翼政党。毕竟，这些政党建立的目的通常是促进工人阶级的利益和提升他们的福利。尽管在拉丁美洲确实如此，但这种现象在欧洲和美国尚不普遍。相反，在欧洲国家，受损的阶层主要转向支持激进的右翼民粹主义政党。此类例子俯拾皆是：美国的特朗普、英国脱欧、意大利北方联盟、法国的国民议会（Rassemblement National）、德国选择党（AfD）、匈牙利的欧尔班（Orban）、波兰的法律与公正党（Law and Justice）、芬兰的正统芬兰人党（True Finns）等等。有关此趋势的精彩讨论，请参见罗德里克的研究（Rodrik，2018）。

为什么会这样？一个简单的答案是"对待移民的态度"。左翼政党的政客和活动家通常是理想主义者，是支持"四海之内皆兄弟"的理想主义者，对国籍、种族、性别或其他任何标签均一视同仁。请注意，正如我们前面所述，全球化实际上促进了全球平等，尽管它对单个国家内部的不平等产生了不利影响。正如德斯梅特等人（2018）强调的，他们的"结果表明，充分开放移民将使社会福利增长三倍"。此外，移民一旦进入选民名册，通常会支持左翼政党。因此，与右翼政党相比，左翼政党更难推出严控外来移民的议案，而右翼政党更多地强调爱国民族主义和维护当地文化的优点。尽管我们倾向于认为，全球化将工作外包出去给下层中产阶层带来了更多不利影响，但工人往往只看到外来移民对国内经济发展的影响。尽管外来移民是否对当地工人的工作和工资产生了显著的不利影响在专业研究中尚存在争议［例如Mayda（2019）指出了其有益影响］，但细微的个人体验会胜过长篇累牍的专家建议。此外，推动舆论的往往是对增加移民可能带来的后果的担忧，而非其实际情况。因此，在英国脱欧公投中，脱欧支持率与每个选区的移民数量负相关，但与近期移民数量的百分比变化正相关。于是，即使实践中人们能够在恰当的时候相对平稳地适应不同的文化和种族差异，对文化、社会和经济变化的担忧会主导人们尤其是老年人的意见，尽管科莫佩等人（Comertpay et al., 2019）认为，在欧盟，人们对移民的态度是年龄的 U 形函数。

> **专栏7.2 公众对移民的反对**
>
> 以下列出的一些示例，来自罗尔夫（Rolfe, 2019，第R1页，也可参见Bratsberg et al., 2019）：
>
> 在欧盟自由流动的原则下，雇主可以轻松地招募到欧盟移民，因此通常认为雇主更愿意招募移民，他们这样做是为了降低当地人的工资，并以此代替培训。但研究一致表明，这些假设缺乏证据支持（George et al., 2012; Rolfe et al., 2018; MAC, 2018）。
>
> 此外，罗尔夫等人（Rolfe et al., 2019，第R5页）发现：
>
> 媒体和公众间的辩论都会反映在民意调查结果中，结果显示，（移民的）经济影响持续受到高度关注，与它对公共服务的影响受到的关注度持平。然而，移民咨询委员会（MAC, 2018）

第 7 章　不平等和民粹主义的兴起

> 最近给出的证据并不支持这些担忧。没有证据能证明移民使当地人的就业前景或平均工资整体降低了，虽然低薪和低技能的当地人的就业和工资受到了影响（但也非常有限）。移民可以通过增加税收对公共财政产生积极影响，而担心移民对公共服务存在潜在负面影响在很大程度上是没有根据的。同时，移民通过增加创新等方式，带来了更高的生产率。其他"文化"因素也被认为是公众反对移民的原因（Hainmueller and Hiscox, 2007, 2010；Kaufmann, 2017）。无论是单独还是放在一起考虑，无论是否基于证据，这些因素都导致人们不再支持欧盟的自由流动原则。
>
> 现有数据显示，英国公众普遍反对移民。历史上，人们已认定移民对经济和文化的影响绝大多数是消极的，而且民意调查的结果持续表明，英国公众希望减少移民数量（Ipsos MORI, 2018；Duffy and Frere-Smith, 2014）。
>
> 确实，调查研究表明，人们大大高估了移民人口中难民和寻求庇护者的比例（Blinder, 2015，引自 Rolfe et al., 2019，第 R10—R11 页）。

因此，与左翼政党更广泛包容的立场相比，右翼民粹主义政党关于移民、加强民族主义的立场同被甩在后面的社会成员的基本观点更加一致。目前尚不清楚未来这种政治观点是否以及如何改变。从某种意义上说，投票给右翼民粹主义政党的人是正确的。全球化是近几十年中导致他们生活更加困难的最重要因素之一。民族主义和民粹主义倾向更强的政党当权，可能会极大地阻

人口大逆转

碍全球化前进的车轮，甚至导致历史倒退。尽管这一趋势叠加前文描述的人口变化将使各国掉队的群体相对受益，但与此同时，它将对世界增长和平等产生严重不利影响，并导致国家和地区间的政治局势更加紧张。

找出问题所在很容易，但要摆脱这种正困扰美国和欧洲政治体系的混乱局面则要困难得多。

第 8 章 菲利普斯曲线

8.1 引言：历史的发展

菲利普斯曲线揭示了失业率与工资或价格的关系。当失业率较低时，对劳动力的需求大于劳动力供给，工资或价格会快速上涨。当失业率更高时，劳动力的供给超过需求，工资或价格就会下降（参见 Phillips，1958，尤其是第 258 页图 1 对应的 1861—1913 年和第 294 页图 9 对应的 1913—1948 年）。

事实上，相同关系可以用就业率（可简化为经济活动人口减去失业人口）与工资或价格表示。在早期的凯恩斯分析中，这种关系被认为表现出反 L 形曲线（如图 8.1 所示），工资或价格保持在现有水平不变，直到劳动力市场中的每个人都被雇用。一旦发生，超额的劳动力需求就不得不表现为更高的价格，之前的水平方向上的关系，在达到那一点后会变成竖直方向（图 8.1）。

上述方法在当时不像现在看来那样过于简化。英国的工资或价格从 1815 年到 1914 年大体保持不变。那些短期波动主要是由农业收成的变化造成的，而长期趋势可以归因于全球因素，比如开拓北美（降低了食品成本）和发现黄金。第一次世界大战结束后，通缩而不是通胀，又成了两次世界大战间隔期的趋势。在当

人口大逆转

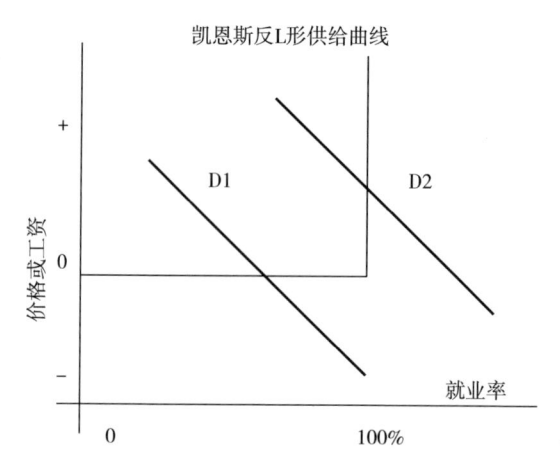

图8.1 凯恩斯反L形供给曲线

时，通胀似乎是由战争和其他政治动乱造成的。凯恩斯在写《通论》时，焦点问题是如何恢复并维持充分就业，而不是控制通胀。

从某种程度上讲，自二战之后至少到21世纪，凯恩斯主义经济学已经成功了，因为我们面对的主要问题是如何同时取得充分就业与价格稳定。当然，20世纪30年代和40年代早期的就业恢复更多归功于重整军备和二战，而不是凯恩斯主义经济学。但是从二战结束到20世纪50年代早期，当时最主要的担忧是发达经济体会陷入停滞/通缩的泥潭。直到20世纪50年代后期和60年代，通过凯恩斯需求管理来实现合理的充分就业的观点才被认可并广为流传。

但是，凯恩斯的反L形曲线显得过于简化了。由于产业和劳动的异质性，经济遭遇瓶颈时对应的总需求压力是不同的。总体上说，宏观经济中失业/就业与工资率/通胀率的关系显然应该是曲线状的，而不是固定的或角点状的。所以，菲利普斯曲线应运

第 8 章　菲利普斯曲线

而生。很快，在行政部门尤其是财政部工作的经济学家，找到了他们工作的目标：主要通过财政政策帮助他们的政治领导人管理需求，达到菲利普斯曲线上可以最小化失业和通胀二者带来的政治负效用的点（见图 8.2）。

从朝鲜战争到 1973 年左右是宏观经济学第一个短暂的黄金时代。大型计算机（由 IBM 制造）使得我们可以构造能够量化经济的模型。良好的增长、高就业率和不太高的通胀率，（我们一度认为）这种状况或多或少可以通过操控菲利普斯曲线来同时实现。在那个时候，宏观经济学家开始觉得可以使用工程式的蓝图来引导经济走向最优路径。

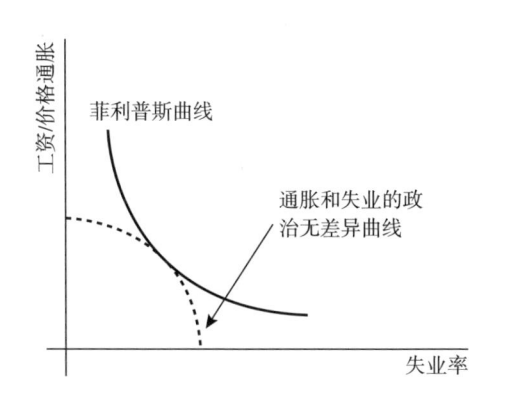

图 8.2　在菲利普斯曲线上达到政治最优

20 世纪 70 年代，事情变糟了，就像宏观经济学的第二个黄金时代（1992—2008 年）在金融危机之后变糟了一样。从 20 世纪 60 年代开始，失业和通胀在菲利普斯曲线上向右上方移动，70 年代这一状况出现显著恶化，我们同时面对持续的高通胀率和高失业率，即所谓的"滞胀"（见图 8.3）。

人口大逆转

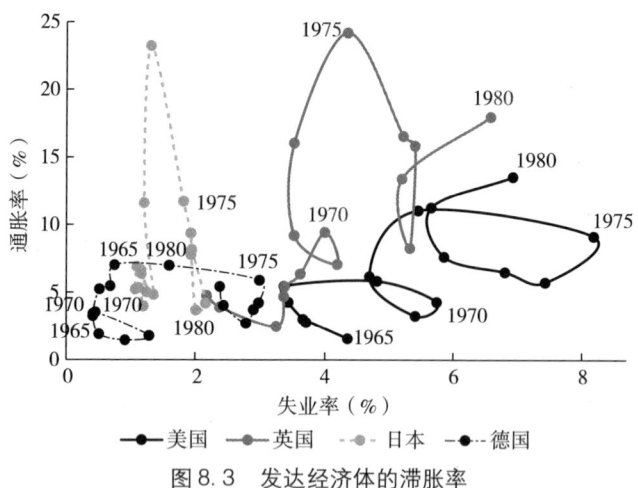

图 8.3 发达经济体的滞胀率

资料来源：美联储经济数据库。

20世纪40年代之前，除了战时，价格预期保持稳定。但由于对20世纪30年代大萧条心有余悸，以维持高就业水平为主要目标的凯恩斯需求管理开始导致经常性通胀。1955—1970年5年期的平均通胀，见表8.1。

表 8.1 1956—1970 年恶化的通胀率　　　　　　　　　　（单位：%）

	美国	英国	法国	日本
1956—1960	2.1	2.8	6.7	1.6
1961—1965	1.3	3.8	4.0	6.6
1966—1970	4.6	5.0	4.6	5.9

资料来源：国际货币基金组织。

当然，工人和雇主更加关心他们合同中的实际收入，即经预期通胀调整后的收入。所以，当（最初较低的）通胀成为普遍现象，甚至融入了经济系统，参与工资谈判的工人也会把预期通胀加入合同中。由于政客、行政人员和经济学家都不愿在实现充分

第8章 菲利普斯曲线

就业的目标上让步,这就导致了更高的通胀。事实上,有一段时间,人们几乎开始预期通胀率会加速上升,即一个正的二阶导数(Flemming,1976)。

当通胀预期的重要性被菲尔普斯(Phelps,1968)和弗里德曼(Friedman,1968)纳入分析,这就引出了自然(非加速通胀)失业率的概念(NAIRU 或 NRU)。[①] 从长期看,这是预期完全适应通胀之后通胀保持不变时的失业水平。评估认为,长期菲利普斯曲线在自然失业率处大致垂直。[②] 在短期内,由于通胀预期基本是固定的,菲利普斯曲线的斜率依然会是负的,即更低的失业率对应着更高的通胀率。但是,如果当局想持续利用这一点把失业率降到自然失业率以下,其代价可能就是持续上升的通胀率。

垂直的长期菲利普斯曲线这一概念是随后央行走向独立的重要支撑,其任务是通过通胀目标制来稳定物价水平。有了这样的菲利普斯曲线,央行维持物价稳定的措施本身不会影响长期就业、增长和生产率,这些因素(长期而言)是由供给侧因素而不是由货币或短期的需求政策决定的。[③] 因此,央行专注于通过货币政策控制通胀是有益的,不会带来不利影响。

自然失业率这个术语似乎表明它是固定不变的。弗里德曼把它定义为一切都达到均衡时的失业率。尽管人们一直讨论均衡实际利率水平(r^*)和潜在可持续增长率(g^*)的可能变动,但

[①] NAIRU 和 NRU 有技术上的差别,只有专家才关注这些。
[②] 由于各方面的努力和资源的投入来降低高通胀的破坏性,例如税收,它会有些弯曲。
[③] 永远会有一些例外,例如伤痕效应,因此短期仍有可能影响长期均衡。

通常假设自然失业率（u^*）是不变的。

但是证据并不支持这一观点。u^*似乎比r^*和g^*随时间变动得更大。除亚洲国家（中国和日本）外，发达经济体的可持续增长率似乎各不相同，近几十年来每年为1.5%~3.5%，均衡实际利率为0~2%。相反，自然失业率却为2%~5%。在20世纪30年代的不愉快经历之后，像贝弗里奇（Beveridge）和凯恩斯这样的经济学家起初认为4%~5%的自然失业率是个好的结果。但是二战之后充分就业政策的成功使失业率降至1.5%，且最初的通胀率也较低，这产生了将通胀率维持在2%以下的目标。①

需求管理和充分就业政策极大地增强了工人和工会的议价能力。拒绝雇主提供的工资会给工人带来另一份工作而不是失业。此外，如第3章和第5章所述，人口结构的改变导致抚养比下降。工会的覆盖率在1980年之前普遍上升（见图8.4）。

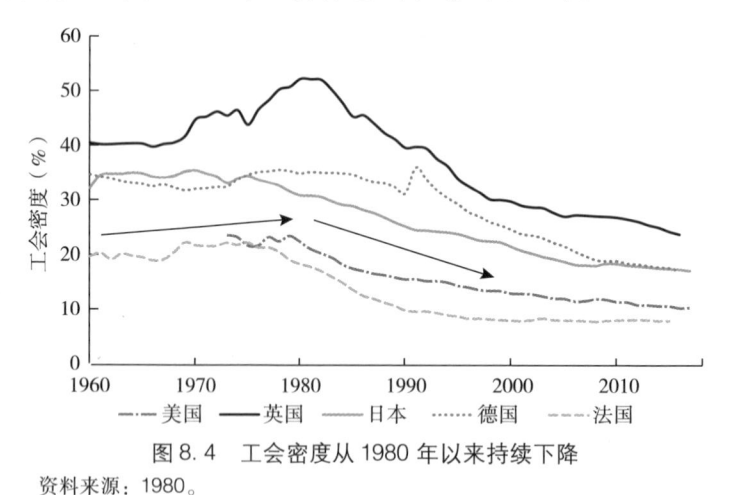

图8.4 工会密度从1980年以来持续下降

资料来源：1980。

---

① Dennis Robertson和Paish等经济学家因认为均衡利率可能要求平均失业率高于2%而饱受非议。早在弗里德曼和菲尔普斯之前，就有人提出预期的重要性以及均衡失业率的观点，但这一观点在当时并不让人信服。

第 8 章　菲利普斯曲线

另一种描述自然失业率的方法是：工人对其生产率提高可能带来的实际工资增长感到满意时的失业水平。1945—1980 年间持续增强的工人（相对于雇主）议价能力意味着潜在自然失业率的相应提高，可能高达 5.5%。极其讽刺的是，凯恩斯的需求管理无情地提高了自然失业率。

最近，也即 2007—2020 年，这个故事有了新的变化。在（不愉快的）20 世纪 70 年代，人们关注的焦点是（垂直的）菲利普斯曲线，而在（同样不愉快的）全球金融危机及其余波之后，情况恰恰相反。在过去的大约 10 年里，菲利普斯曲线变得几乎水平而不是垂直（见图 8.5）。失业率变化了许多，从 2009 年的高峰到 2019 年的低点，通胀率却保持稳定的低位。首先，通胀率没能（如预测的那样）降下来（鉴于 2009 年和 2010 年高企的失业率）；然后，在失业率恢复到足够低的水平后，通胀率也没有从之前的低迷状态上升。在 2006—2018 年，关于失业率和通胀关系的菲利普斯曲线，在美国、英国、德国和日本表现得各不相同。

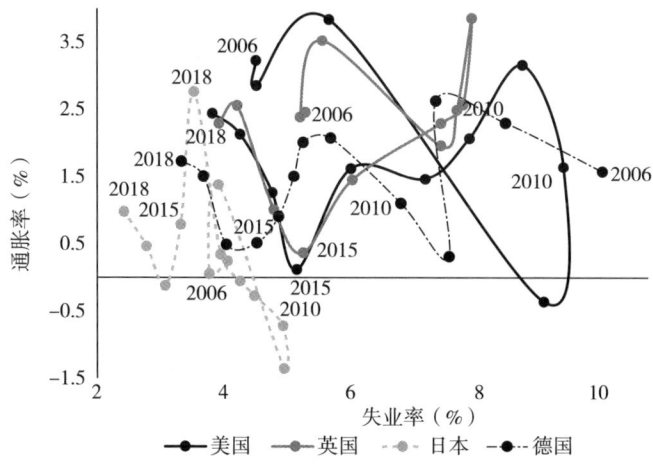

图 8.5　水平的菲利普斯曲线，2006—2018 年
资料来源：美联储经济数据库。

这种状况使政府内外的经济学家感到讶异甚至困惑，随着失业率的回落，对通胀的预测系统性地高于实际情况。理解并解释这一点对展望经济长期前景十分重要。

在第8.2节，我们将总结至少六种不同的解释：

1. 菲利普斯曲线已经失效；
2. 预期才是最重要的；
3. 成功的货币政策；
4. 就业结构的变化；
5. 全球因素的权重不断增加；
6. 自然失业率的变动。

8.2 水平的菲利普斯曲线？

8.2.1 菲利普斯曲线已经失效

现在常说菲利普斯曲线已经失效，我们的经济进入了名义工资增长率为2%～3%，实际产出增长率为1%，通胀率为1%～2%的新常态，也就是说，把最近的状态向未来进行了无限外推。

这种推断没有任何理论基础。另外，菲利普斯曲线不可能消失，因为它反映的是劳动力供给与需求的平衡。理论上，这种平衡在极限情况下会回到凯恩斯早期分析的反L形曲线上，但实际上这基本不可能。菲利普斯曲线的形状和斜率可能由于还有待评估和理解的原因而改变，但是它不可能凭空消失。

8.2.2 预期才是主导？

正是（部分）因为没有考虑预期的作用，最初的短期菲利普斯曲线才变得十分不稳定。但是现在，我们经常强调预期是唯一重要的因素。有时这意味着，只要把通胀预期"锚定"在央行的目标水平上，工资增长和通胀也会大致保持在目前的水平上。

但是从理论上讲，这是错误的。一旦每一个潜在的工人都被雇用，对劳动力需求的上涨就会表现为更高的通胀率。并且，由于产业和劳动力的异质性，在实现全面就业之前，增长的瓶颈和通胀的上升几乎肯定会出现。

"充分锚定"的通胀预期让人们认为对通胀目标的偏离只是暂时的而不是永久的。因此，当2009年和2010年价格下降时，人们认为这一现象不会持续，反之亦然，如在2008—2009年英镑贬值几年后，英国的通胀超过目标时（人们也认为这不会持续）。这确实会使短期菲利普斯曲线变得更加平坦，但是其本身不会改变长期菲利普斯曲线的位置或垂直性。如果长期菲利普斯曲线保持在原来的位置，那么过去10年就业率的持续下降理应导致通胀率持续上升，但是这并没有发生。

林德和塔拉邦特（Lindé and Trabandt, 2019）认为，非线性的菲利普斯曲线可以解释2008—2010年"消失的通胀"以及之后的缓慢恢复。"换言之，即使经济在深度衰退后可能恢复增长，价格和工资的通胀也只会温和上升，直到经济的疲软被充分吸收"（第3页）。但是鉴于美国、英国和日本的失业率处于历史低位，这并不是一个令人满意的解释，除非自然失业率早已改变，这就把我们带到第8.2.6节的讨论。

8.2.3 成功的货币政策

麦克利和滕雷罗（McLeay and Tenreyro, 2018）在他们的论

人口大逆转

文《最优通胀率和菲利普斯曲线的识别》中指出,货币政策的意图是把通胀稳定在目标水平上。如果所有的冲击都是针对需求的,那么通胀和产出将共同变动,如果政策在稳定通胀方面是成功的,那么,根据定义,通胀将保持不变。在这种情况下,还受其他结构性因素影响的失业率与工资或价格通胀之间的相关性将为零。尽管劳动力市场缺口与通胀之间潜在的结构性关系(菲利普斯曲线)可能保持强劲和稳定,但情况依然如此。如果影响经济的是供给侧冲击,如油价变动、间接税、关税和(外部驱动的)汇率变化,那么政策就必须权衡产出缺口和未能达到通胀目标带来的损失。为了在这种共同冲击下识别菲利普斯曲线,我们需要评估和量化供给冲击或货币政策失误。[1]

这并不容易。我们知道的是,与之后相比,1970—1990 年的供给侧冲击更为普遍,例如 1973—1974 年、1979 年和 1986 年的石油冲击,货币政策的失误也更加明显,尤其是与 1992—2005 年的大缓和时期相比,当时所有的宏观经济指标似乎都保持稳定。因此,之后计算出来的失业率(或产出缺口)与工资(或价格)通胀的斜率变小可能是更好的货币政策和更少的供给侧冲击造成的,并不能表示潜在的结构性关系发生了变化。果真如此,那么对于单一货币区的不同地域,由于统一货币政策无法抵消区域性差异,计算出来的菲利普斯曲线的斜率应该(负的)更大。[2] 当

---

[1] 由于政策措施的传导机制及其对工资或价格通胀影响的滞后性,(官方)对失业率和通胀的预期与实际(事后)通胀之间不可预见的偏差可能有助于估计潜在的结构性关系。

[2] 尽管这似乎符合菲利普斯曲线中工资与失业率的关系,但是试图用菲利普斯曲线描述价格和产出缺口之间的关系却不成功。导致这种差异的原因,例如利润率的变化,超出了我们的研究范围。

前的一些实证研究似乎证明了这一点（例如 McLeay and Tenreyro，2018；Hooper，Mishkin and Sufi①）。

8.2.4 就业结构的变化

马克思认为"产业后备军"会压低工资。② 现如今更准确的说法是，老年产业后备军在限制工资增长上发挥了重大作用。就业的流入和流出分为两极，一极是工作和失业，另一极是从工作到退出劳动力市场。20～55 岁黄金就业年龄段的工人主要在就业和失业之间移动，而 55～70 岁的老年人倾向于在工作和不工作之间徘徊，比如以提前退休为幌子。

正如第 3 章所述，由于近些年来工作机会的增加（尽管美国的增加极其有限），许多国家的劳动参与率迅速上升，尤其是老年女性。在面对相对合理的工资时，他们有极高的弹性回去工作以应对职业岗位的空缺。事实上，莫洪和拉戈（2019）证明，如果把老年人从计算中剔除，调整后的菲利普斯曲线拟合得更好。

这一发现有几个启示。首先，只要有相当数量的老人在工作和退休之间转换，菲利普斯曲线就会变得更加平坦，因为雇主可

---

① Hooper, Mishkin and Sufi, "Prospects for Inflation in a High Pressure Economy: Is the Phillips Curve Dead or is It Just Hibernating?", May 2019.

② 引自维基百科（https://en.wikipedia.org/wiki/Reserve_army_of_labour）。虽然产业后备军的思想和马克思密切相关，但是这种思想早在 19 世纪 30 年代的英国工人运动中就广为流传。恩格斯在《英国工人阶级境况》（1845）中讨论到了产业后备军，要早于马克思。在马克思的著作中，第一次提到产业后备军是在其 1847 年关于"工资"的手稿中，但是没有发表……把劳动力看作"军队"的观点也出现在马克思和恩格斯 1848 年撰写的《共产党宣言》的第一部分（参考 Engels and Marx, 2018）。

以从这一来源（以及移民）填补职位空缺，而不是被迫提高工资。其次，老年产业后备军的存在意味着自然失业率会下降，因为只要有后备军起到安全阀的作用，经济就可以在更高的需求压力下运行。

但是这有一个极限。不是所有的老年人都会回到工作岗位上去，一些不能，而另一些不愿意。劳动参与率的进一步提高可能会缺乏弹性，也更难实现。当产业后备军全部应征入伍后，我们不得不再次缓解需求压力。

8.2.5　全球因素的权重不断增加

克里斯汀·福布斯（Kristin Forbes，2019）有一份详细的研究《全球化改变了通胀过程吗?》，但她更多关注价格而不是工资的通胀。以下是她在第30页的一个结论：

> 随着时间推移，全球因素的冲击也发生了显著变化，尤其是CPI和通胀的周期性成分。例如，在菲利普斯曲线和趋势—周期框架中，过去10年全球产出缺口和商品价格变化对CPI和通胀的周期性成分产生了巨大影响。通胀模型不仅要更仔细地关注全球经济的变化，还应该让模型中的系数随时间推移而动态调整。

与此类似，斯托克和沃特森（Stock and Watson，2019）主张使用周期敏感通胀指数（CSI），以降低国际上（可能计量不当的）商品价格的权重。因此，在文章的第90页，他们总结道：

第 8 章　菲利普斯曲线

CSI 指数为通胀率的变动打开了一扇新的窗口。因为 CSI 指数倾向于将权重更多地赋予价格由国内决定的部门，从而提供了一种办法将国内决定的价格与受国际环境严重影响的价格分开。

通过使用通胀成分和滤波消除趋势变动来更多地关注周期性变化，就可以得到稳定的菲利普斯曲线。尽管通胀和产出缺口之间的标准加速关系变平缓了，但加权的通胀周期性成分和周期性活动之间的关系实质上更加稳定。

8.2.6　自然失业率的变动

在婴儿潮一代进入劳动力市场之前，凯恩斯需求管理的成功、不断上升的抚养比，增强了 1945—1980 年劳动力的相对议价能力。有同样效果并且起辅助作用的是（私人部门）工会的成员数量的扩大、战斗性和力量的增强。要衡量这种战斗性，可参见美国和英国工人因罢工而减少的工作天数和罢工人数（图 8.6）。

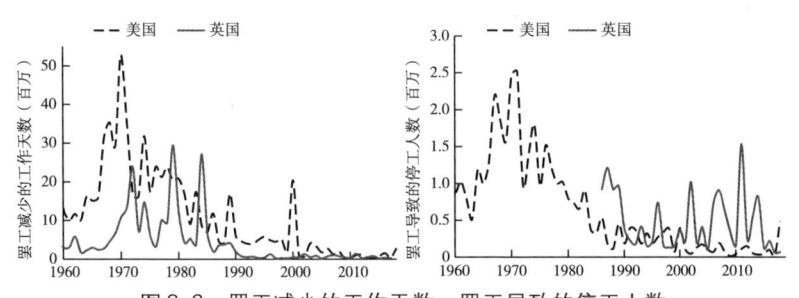

图 8.6　罢工减少的工作天数；罢工导致的停工人数
资料来源：美国劳工统计局（BLS），英国国家统计局（ONS）。

很难察觉到的是这种趋势会导致自然失业率持续上升。尽管平均失业率在 20 世纪 60 年代轻微上升,并且在 70 年代上升得更多,政客和选民一直都低估了自然失业率,之后通胀加速上升。直到沃尔克、里根、撒切尔夫人、劳森/豪(Lawson/Howe)暂时放弃了设定总需求目标,代之以货币总量目标,才遏制了通胀的螺旋式上升。

本书上半部分的主题是,大约从 20 世纪 90 年代开始,人口结构改变(例如抚养比的改善)以及全球化(尤其是中国加入世界贸易体系)等因素的结合,戏剧性地将时代大背景从通胀变为通缩。同时作为辅助原因的是(私人部门)工会成员人数减少和战斗性减弱。与上一时期(1945—1980 年)一样,只不过方向相反,当局以及为他们提供建议的宏观经济学家没能意识到,自然失业率和工人的议价能力一样变得越来越低。

但是,现在工人们已经在投票站而不是谈判桌上采取了报复性行动。正当人口因素转向对工人有利的时候,全球化也被民粹主义遏制。与此同时,那些将过去的经历外推到未来的人忽略了长期的力量,却断言我们会继续处于长期停滞的状态。

缓慢移动的钟摆将再次回摆。在接下来的一两年里,我们认为可能会有更低的失业率和稳定的物价,但这不会长久。本章的观点是,不仅长期的菲利普斯曲线会垂直于自然失业率,而且由于长期的人口、政治和经济力量,自然失业率的位置也在不断地、系统地变化。忽视这些因素的后果是人们所做的预测会出现系统性和片面性的错误。

第 9 章　为什么没有发生在日本？

有关日本发展的修正史

9.1　引言：传统分析的缺陷

"为什么没有发生在日本？"这个问题经常被用来简单有力地反驳我们的经济预测，即老龄化将加剧通胀，甚至可能提高实际利率。毕竟，日本人口同时面临老龄化和萎缩两大问题，是人口结构变化的先行者。因此，对许多人来说，日本是一个实验性大熔炉，为老龄化世界提供了一份权威的经济样板。

乍一看，日本发生的事情似乎与我们的观点相矛盾。日本的资产泡沫破灭发生在 20 世纪 90 年代初，80 年代暴涨的土地、住房和股票价格随之暴跌，劳动力的迅速减少伴随着企业去杠杆、投资和增长的崩溃以及工资和价格的停滞甚至通缩。与我们认为的老龄化世界将要发生的景象几乎完全相反。

然而，上文所述的日本经验有两个不足之处。

首先，如果你仔细阅读对日本发展的传统分析（见专栏9.1），就会发现这是对一个封闭经济体的分析，在这一分析中，世界其他经济体并不存在。因此，几乎不得不只用国内驱动因素（资产泡沫破灭、本国人口结构）来解释本地经济结果（通缩、投资和增长疲软等)。

或许下面这个类比会有所帮助。假设纽约第六大道正在施工,导致交通完全堵塞。这是一个局部冲击,应该不会妨碍人们在上城区其他道路或在跨城区的街道上驾车行驶。这意味着在中心地带之外是可以寻求到缓解方式的。交通很快就会转移到这些替代路线上,在一个稳定的状态下,第六大道几乎不会出现拥堵。然而,高峰时期的情况就完全不同了。上城区的每条路线都同样繁忙。这是一场全局冲击,交通拥堵无法缓解。第一种情景就是日本过去几十年的状况。面对国内劳动力的不利变化,在世界其他地区劳动力充裕的情况下,日本在国外寻求缓解手段,并引进了全球充裕的劳动力。第二种,也是更令人沮丧的情景,就是目前世界上大多数地方的情况,没有一个显而易见的方法可以摆脱人口结构的僵局。喝着晨间咖啡的读者或许会建议改乘地铁,但纽约人都知道,尽管有地铁网络,上下班高峰期的交通状况还是一样糟糕。甚至将我们这一类比继续扩展,还能适用于我们在第10章中提出的有关技术能否抵消人口压力的观点。

> **专栏9.1 对日本发展的传统解释**
>
> 传统观点认为,日本的人口结构推动了经济增速、通胀和利率的下降。该论点很简单,足以令人信服。劳动力供给减少的影响只能通过更快的资本积累来抵消,从而推动生产率的提升。然而,房地产泡沫破灭加上日本经济崛起期间积累的巨额债务的去杠杆,使企业部门陷入瘫痪。投资下降使信贷需求下降,从而导致利率下降。经济增速下降造成了持续的通缩压力,导致名义利率和实际利率下降。

第9章 为什么没有发生在日本？

> 日本经济增速下滑、通缩以及利率下降都是事实。然而，这些事实背后的因果解释存在严重缺陷，因为它未能考虑全球力量的重大影响。同样，它也无法解释与这种不严谨的叙事相矛盾的其他事实，也就是说，在这种情况下，日本生产率达到了不俗的水平，工资实现了相当不错的增长。
>
> 本章旨在修正这些缺陷，并提供日本在20世纪90年代初资产泡沫破灭后经济发展的修正史。

然而，很难想象有任何经济体，特别是像日本这样的开放经济体，能够摆脱我们看到的势不可挡的全球化力量。如果一个时代明确包含全球性因素，且全球性因素占主导地位，那么，对日本发展的诠释本身也必须与时俱进。

用最简单的话来说，难道中国自20世纪90年代以来的崛起几乎改变了世界的方方面面，却在日本变迁中未起到任何作用？

为了回答这个简单的问题，我们的研究方向是追踪日本在全球的足迹。简言之，我们以这一原假设*为研究起点：日本之所以能以这种方式发展，正是因为日本本国的劳动力供给减少的时候，恰逢世界其他地区的劳动力过剩。日本企业采取行动，利用全球的人口红利来抵消本国的人口不利因素。研究日本企业对这些冲突因素的理性反应，帮助我们形成了真正基于全球视角的日本发展修正史。

其次，日本过去30年的发展，受到资产泡沫破灭后十年的

---

* null hypothesis，统计学术语，指进行统计检验时预先建立的假设。——编译注

人口大逆转

影响。1991—1999 年确实是"失去的十年"。1991 年应对资产崩溃的政策措施有几个严重失误，导致危机持续蔓延，并在 1995 年左右达到第二次高峰，当年数家日本银行倒闭。此后不久，1997—1998 年亚洲金融危机爆发。因此在这几年里，日本的失业率上升、工资下降、产出停滞。

但是，把日本从 20 世纪 90 年代初到现在视为一个单一时期是错误的。

从 2000 年起，日本的情况有所好转，并至今保持着良好的态势。尽管劳动力每年减少 1%，但总产出仍以每年 1% 左右的速度增长。两者的反差源于生产率。人均产出以平均 2% 的速度增长，而如果过去 20 年里能达到平均 2% 的生产率增长，那么几乎所有其他发达经济体都会欢欣雀跃。由于劳动力萎缩，工资增长基本停滞，通胀率平均为 0.5%。与此同时，失业率一直保持在非常低的水平。考虑到当地劳动力的减少，日本自 2000 年以来的成果确实不错。

那么日本的问题是什么呢？存在三个主要问题。

首先，产出增速在过去和现在都很糟糕。与其他国家相比，日本在总产出增长方面确实显得较差。虽然人均产出一直较低，但以劳均产出衡量的生产率，自 2000 年以来几乎比所有发达经济体都要好。

其次，通胀仍处于低位。尽管将通胀率保持在 0.5% 左右有无本质的错误还有待商榷，但日本央行的通胀目标一直是 2%，但未能达到这一目标。

再次，或许我们的研究的主要问题是，日本的失业率虽然从未高过，已经降到了按照西方标准来说非常低的水平，但其工资水平却没有提高。因此，近 20 年来，日本的菲利普斯曲线似乎一直非常平坦。这就是标准分析现在对西方的预测。那么我们如何解释菲利普斯曲线呢？在这方面，为什么西方的未来情况不会与日本类似呢？

我们将在下文中进一步讨论关于日本菲利普斯曲线的最后两个问题。关键问题在于，菲利普斯曲线是否真的保持了平坦，还是日本劳动力市场的疲软程度比失业率指标显示的要更严重？在我们的分析中，考虑到日本劳动力市场的特性后，稳健的整体失业率确实掩盖了日本劳动力市场的疲软程度。

但首先我们来讨论第一个问题，即日本的生产率概况，这不仅是研究这个问题本身，也是为了理解日本菲利普斯曲线的本质。

9.1.1 日本生产率的飙升及其对外直接投资中蕴含的全球线索

日本 1% 的总产出增长率与其劳动力平均 1% 的降幅之间的反差，就是靠生产率的贡献。图 9.1 显示，在劳均产出方面，日本的表现几乎超过了所有发达经济体。

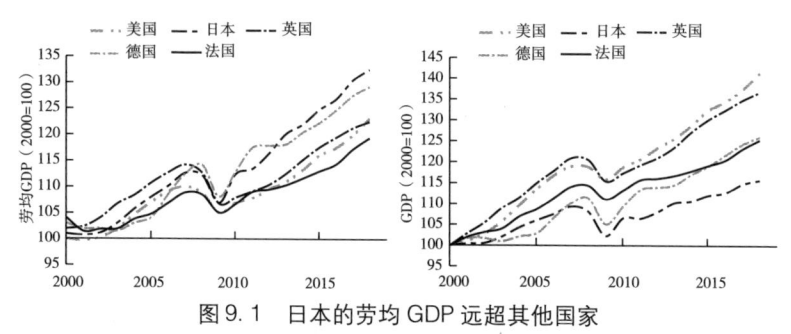

图 9.1 日本的劳均 GDP 远超其他国家

资料来源：国际货币基金组织。

事实上，企业生产率提升是解释日本走出"失去的十年"的两种有冲突的假说之一。另一种解释是，2000年出口激增及其在之后十年对GDP增长的贡献。国际货币基金组织研究人员（Ogawa et al.，IMF，2012）将出口函数分解为两部分，一部分取决于日本贸易伙伴的收入流，另一部分取决于企业的全要素生产率以及投入成本。他们发现，全要素生产率可以解释出口增长变化的50%左右，而贸易伙伴国之间的收入仅能解释20%左右。他们认为，20世纪90年代日本企业在重组方面付出的巨大努力可能是造成这一情况的原因。

这正是我们从面临结构性逆风、追求利润最大化的企业身上应该看到的，但实际上如何做到这一点，则可以看全球各地日本企业在生产率变化上的经验数据。

日本发展的全球印迹的第一个线索是，日本公司在其境外而非境内的大量投资，即对外直接投资（outbound FDI）。日本企业在海外投资方面表现出活力，这与日本国内不尽如人意的表现形成了鲜明对比。对外直接投资似乎是一种安全阀，旨在避开来自国内需求和昂贵劳动力的逆风，转而利用强劲的海外增长以及全球人口红利带来的廉价劳动力的双重利好。即使在"失去的十年"期间，日本对外直接投资也表现强劲，并在此后一直保持着这一势头。

9.2 国内投资：繁荣与萧条

日本国内投资经历了两个时代。20世纪60—80年代经济扩张鼎盛时期的企业扩张，与"失去的十年"期间甚至之后数十年的缺乏活力有天壤之别。

9.2.1 鼎盛时期的企业扩张

有两种截然不同的制度激励着日本企业迅速积累资本。

首先，日本在20世纪60年代和70年代"奇迹"期间迅速积累资本，这一时期日本人口快速增长，通产省精心策划了日本从二战阴影中迅速崛起的过程。约翰逊（Johnson, 1982）认为，这个奇迹实际上是从1962年才开始的。到1975年，制造业增长了3倍，到1978年则增长了4倍。事实上，这一时期的大部分增长都发生在1966年之后。通产省从一开始就悄悄地引导了日本企业的扩张，但这一时期惊人的增速不仅与通产省的产业政策有很大关系，也与日本当时相对于其他经济体良好的人口结构有关。通产省，即日本强大的通商产业省，在日本崛起期间提供了具体的激励措施，并引导了资本流动。约翰逊及其他人认为，日本的发展很大程度上要归功于通产省的努力。该机构于2001年改组为经济产业省，其影响力依然很大，但主动性远不如其前身。

在日本的抚养比（每100个劳动人口需要抚养的人口）连续下降数十年、降至50以下的背景下，出现了这样的激增，这有助于解释产出增长如此迅速的原因。日本的抚养比从20世纪40年代的70人左右下降到70年代末的略高于40人。约翰逊指出，大约在同一时期（特别是从1946年到1976年），工业产出增长了惊人的55倍。资本快速积累、劳动力增长（人口结构以及通过内部迁移）与通产省的激励完美结合，帮助日本在引入资本的同时，也引入了内嵌于资本的制造技术。到1976年，虽然日本只占世界陆地面积的0.3%，人口也仅占世界人口的3%，但其产出占到了全球的 10%。

其次，1985 年《广场协议》签署后，资本积累大幅增加。如果说 20 世纪六七十年代是经济奇迹，那么协议签订后的那段时期则是典型的泡沫时期。随着日元在协议签署后迅速升值，政策制定者开始调整国内政策以应对日元升值。为抵消日元快速升值而实施的大规模货币和财政宽松政策，导致资金不仅流入了房地产市场，也流入了日本企业。其结果是，除了证据充分的房地产泡沫带来的种种弊病之外，企业部门也出现产能过剩和杠杆率过高的问题。

9.2.2 从数十年的繁荣到数十年的投资衰退

泡沫在 1991—1992 年间破灭，股票、土地和房产价值暴跌。日经指数从约 40 000 点的高位跌至 10 000 点的低位。在资产泡沫破灭后，整体经济和企业部门均遭受重创，经济中存在的过剩现象得以扭转。

日本企业积极降低之前在国内累积的杠杆率。非金融企业部门的国内债务与 GDP 之比，由 1994 年 147% 的峰值下降到 2015 年的 97%，但被同期公共部门杠杆率的上升抵消。然而，从企业部门看，杠杆率必须降低。简单的计算可知，在收入没有增长的情况下，减少借贷或偿还债务，意味着必须削减其他支出。这就是日本国内企业投资显示的情况（图 9.2）。

为了更清楚地了解这一变化，我们来看看平滑的投资数据。五年移动平均投资数据显示，在资产泡沫之前的 20 年里，投资增长率平均为 4.4%，最高时接近 10%。泡沫破灭后，平均增长率为 0%，投资增长大部分情况下低于零，并在后危机时期和最

第9章 为什么没有发生在日本？

近出现了短暂的爆炸式增长（图9.3）。

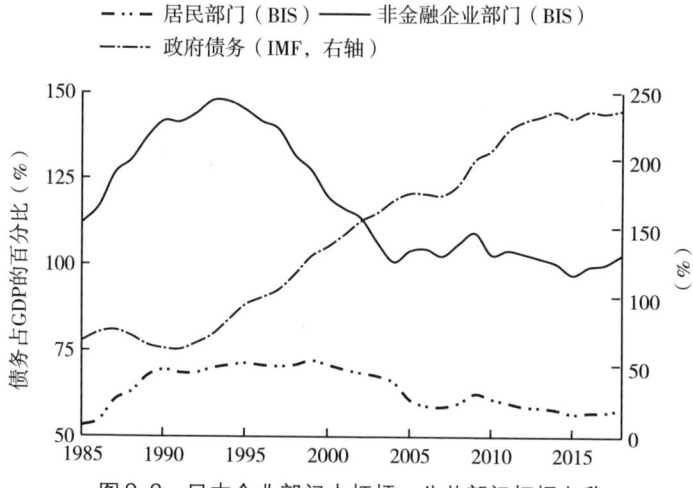

图9.2 日本企业部门去杠杆，公共部门杠杆上升
资料来源：国际清算银行、国际货币基金组织。

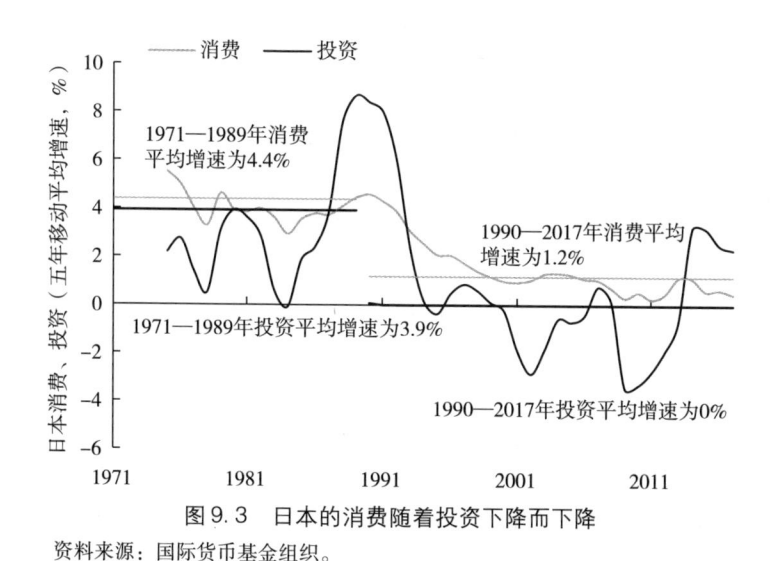

图9.3 日本的消费随着投资下降而下降
资料来源：国际货币基金组织。

在"失去的十年"的大部分时间里，投资增长低于消费增长。随着时间的推移，企业部门的构成也随着投资和消费的变动发生了变化。与服务业相比，制造业对经济状况的敏感度要高得多。因此，制造业企业在更大程度上经历了投资下滑，制造业占总投资的比例从20世纪80年代初的45%下降到2002年的30%左右。制造业就业也未能幸免，就业人口占比从20世纪70年代末的28%左右、资产泡沫破灭前夕的25%，降至2017年的略高于16%。

根据迄今为止的证据，传统分析为受到削减过高杠杆和过剩产能拖累的日本企业部门描绘了一幅悲观的景象。

然而，将日本企业部门描绘为对这些过高杠杆和过剩产能不战而降，并没有考虑日本企业通常被忽视但充满活力并具有全球眼光的提高企业生产率的战略。

我们在下文指出，日本企业以利润最大化的方式积极拓展其版图。它们减少了对日本国内疲软的经济以及不断萎缩和昂贵的劳动力的依赖，并战略性地将业务转移到增长前景更乐观、劳动力也更廉价的外国市场。

9.2.3 对外直接投资：日本境外的投资热潮

制造业在日本国内经济中的比重从泡沫前的45%下降到21世纪初的30%左右。如上所述，这是在投资增速非常疲弱且不断下滑的背景下发生的。这些下滑反映了企业部门被债务负担拖累的混乱局面。然而，对外直接投资和海外生产情况却表现出与之相反的趋势。随着时间的推移，对外直接投资在非制造业领域也表现出了类似的趋势，服务业对外直接投资在近期的增长中占主导地位。

日元在1985年的急剧升值引发了日本企业对外直接投资这一

新变化。然而，完整的故事比这种简单的解释要复杂得多。这一趋势持续了数十年，表明其深层驱动力是强大的结构性因素（图9.4）。国际货币基金组织估计（2011，Japan Spillover Report），劳动力成本是企业考虑区位和生产模式变化的主要动机，而目的地国家的增长情况则排在第二位。日本经济产业省的调查结果则与上述排序相反，而且主要动机和次要动机间差距很大。企业问卷显示，70%的企业认为目的地市场的需求是主要动机，而近年来，合格和廉价劳动力的重要性已经下降。考虑到中国单位劳动成本（即根据生产率调整的劳动报酬）的上升，以及日本国内单位劳动成本在生产率驱动下的稳定性，这两项研究结论可能并不矛盾。2017年，日本对外直接投资仅略低于20万亿日元，比20世纪90年代中期增长了6倍多。

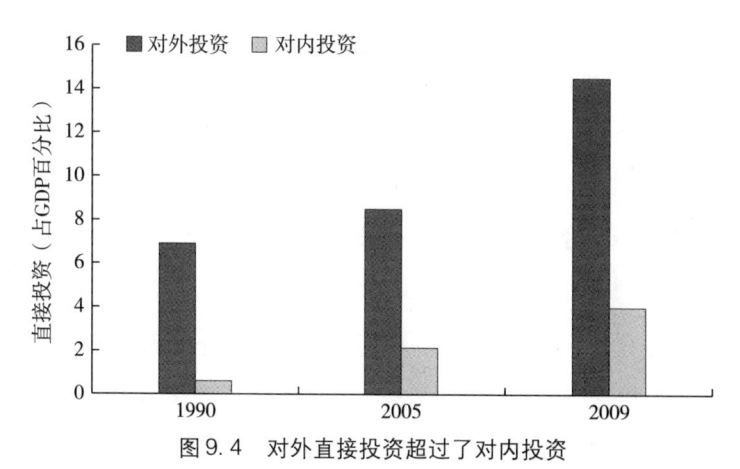

图9.4 对外直接投资超过了对内投资

资料来源：日本经济产业省。

对外直接投资的大幅增长

20年来，经济产业省对日本公司海外业务活动的调查提供了丰富的信息，使我们对日本对外直接投资的发展有了更丰富的认识。追踪这些调查（2018年的最新调查为第49次年度调查）提供了有关日本对外直接投资的丰富信息，从中可以看出剧烈的变化：

- 投资：1996—2012年，以日元计价的日本对外直接投资增长了3倍，而1985—2013年，与对国内公司的投资相比，对外国子公司的投资增长了10倍。
- 子公司数量：1987年，日本公司拥有约4 000家海外子公司。到1998年，这一数字迅速上升至12 600家左右，在日本经济产业省2018年的调查中达到25 000家。
- 就业：1996年，海外子公司的雇佣人数为230万。2016年，该数字为560万。

虽然这些绝对数字本身就令人印象深刻且意味深长，但就我们的研究目的而言，把它们与日本国内趋势相比，尤其是与国内大幅下滑的制造业相比，得到的结论更具吸引力。

对外直接投资与日本国内投资趋势比较

20世纪90年代中期，日本对外直接投资以7%的速度增长，恰好与国内投资增速急剧下降的时期相吻合（Kang and Piao, 2015）。相比之下，1990—2002年，日本国内投资年均下降4%，而非制造业企业投资年均下降2%左右。

海外资本投资比率（外国子公司的资本投资与国内公司的资本投资之比）1985年为3%，1997年翻了两番至12%，2013年达到30%。近期日本国内投资上升、海外投资下降，这一比率出现下降，这是极少见的。在日本企业部门破产的关键时期，海外

第9章 为什么没有发生在日本？

投资的表现远远超过了国内投资（见图9.5）。

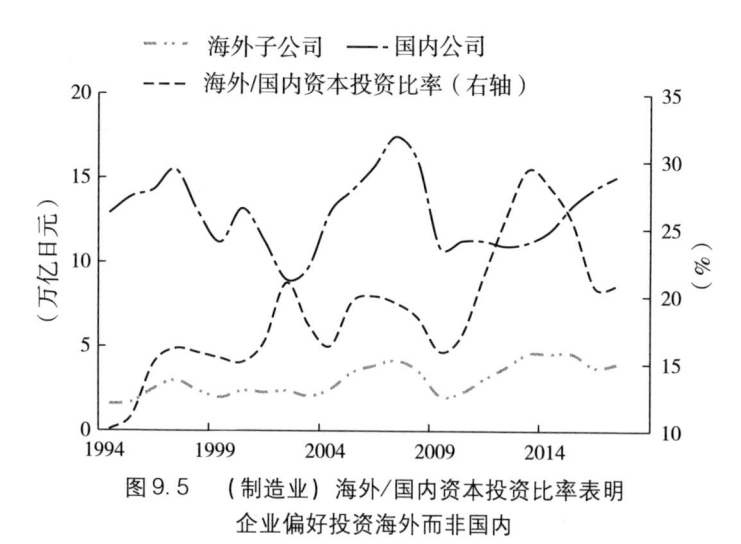

图9.5 （制造业）海外/国内资本投资比率表明
企业偏好投资海外而非国内

资料来源：日本经济产业省。

拥有海外业务的日本公司近40%的产出来自海外，而2017年海外生产比率（制造业海外子公司的产出与日本国内产出之比）为25%（图9.6）。就关键的交通运输行业而言，这一比率仅略低于50%。

制造业在海外投资中的比重也有所下降，但这仅仅是由于非制造业企业随着时间的推移不断加大投资。总体情况与国内截然不同，自1990年以来，海外直接投资增长了6倍，而海外与国内投资及生产的比率都大幅上升。

日本国内外的制造业就业也呈现类似的分化趋势，我们将在下文进一步阐述。

9.2.4 为什么对外直接投资没有得到更多关注？

尽管对外直接投资的解释很有说服力，但至少从人口角度分

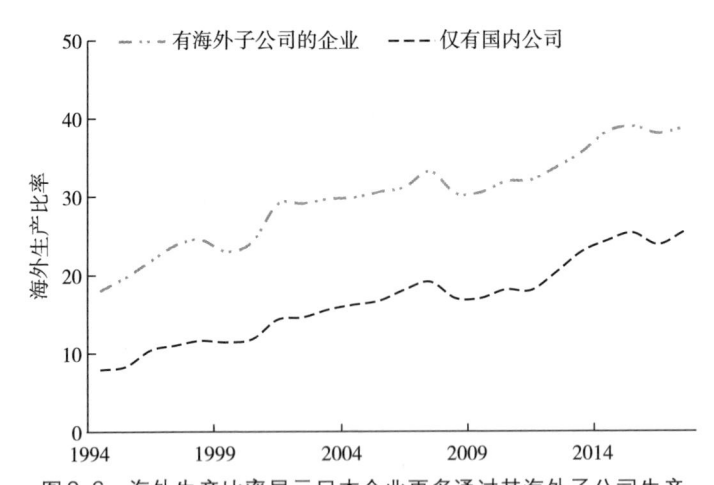

图9.6 海外生产比率显示日本企业更多通过其海外子公司生产

注：海外生产比率（制造业）＝海外子公司销售收入/（国内公司销售收入＋海外子公司销售收入）

资料来源：日本经济产业省。

析日本时，对外直接投资被视为孤立趋势。为什么？以下是我们的简单推测，但在一定程度上可能就是这两个原因。

第一，日本国内数据似乎与基于去杠杆化和人口结构的一贯看法完全吻合，很少有人对此提出质疑。

第二，海外业务似乎对日本企业部门的会计利润没有显著贡献。有研究者（Kang and Piao，2015）认为，"只有一部分海外业务利润被汇回日本，很大一部分资金再投资到国外，以进一步扩大海外业务"。为何利润没有汇回国内？如果日本公司的部分目标是利用较低的海外劳动力成本和不断扩大的海外市场，则几乎需要留存海外产生的所有利润，以进一步扩张。海外产能和就业的大幅增加似乎表明，情况确实如此。此外，日本的"股息豁免政策"意味着，企业没有动力将利润汇回国内（《日本经济产业省白皮书》，2011）。在过去的数十年间，海外业务仍然具有足够的吸引力，使得日本企业趋之若鹜，但日本企业并未寻求将这些利润转回国内。

然而，在日本国内，这已吸引了大量关注，主要是作为一种不受欢迎的趋势。许多人一直对海外直接投资感到担忧，因为海外生产将导致日本国内就业减少，产生"空心化"效应。经济产业省的研究显示，20世纪90年代海外直接投资与国内就业之间具有负相关性，最近有研究强化了这一观点（Kiyota，2015）。

相关性是一回事，但因果关系会不会是双向的呢？"空心化"假说经常被检验，即日本对外直接投资是不是导致国内就业率下降的外生趋势。有研究者（Sakura and Kondo，2014）认为，经常在海外投资的那些日本企业往往是日本最具创新力的公司。如果情况确实如此，那么也可以认为，扩大海外雇佣规模只是这些充满活力的公司希望开拓新市场并进一步利用海外成本优势，同时减少使用国内昂贵人力的结果。因此，经济意义上的因果关系就变成是国内雇佣的减少导致了海外雇佣的上升。

9.3 国内生产和就业的结构变化

日本国内工作岗位的重新配置。日本制造业和农业吸收的劳动力占比直线下降，分别从1996年的22%和5%下降到2018年的16%和3%。自然，越来越多的份额流向了服务业。

如果制造业无法维持其盈利能力，则其自保能力微乎其微，而盈利能力本质上与生产率相关。但是，服务业可以利用涨价在收入和成本之间形成一个本地的缺口来保护自己（例如，提高产品相对于工资的价格）。与制造业不同，许多服务业不能外包或进口，因此竞争也难以阻止服务业公司利用提高价格来保护自己。

日本工资面临下行压力的一个原因，可追溯至制造业的逐渐萎缩和服务业的不断扩大，进而可追溯至导致这种重新配置的全球因素的重要性。这种重新配置背后的国内变化相对简单：

- 资产泡沫破灭和两大不利因素，即乏力的经济增长、昂贵且萎缩的劳动力资源，共同导致了投资衰退。
- 在国内自保能力最差的制造业，开始从三方面提高生产率。第一，冻结资本存量的进一步增长，然后慢慢减少劳动力投入。在此过程中，每个工人的可用资本（生产率的粗略衡量）慢慢开始上升。第二，制造业生产开始缓慢向海外转移。第三，选择将哪些活动转移到海外：日本企业将设计和高技术含量的生产部分留在国内，将生产线上机械程度高的部分转移到海外。
- 制造业不愿吸纳其历史上所占的就业比重，制造业就业占总就业的比重下降。服务业（其在经济中的作用由于消费的稳定性而保持稳定）开始面临劳动力供给增加的问题。服务业就业占总就业的比重随之上升。
- 为了保护盈利，服务业随后通过压低工资增速，在价格和工资之间制造一个缺口。这一方面是由于上文所述的变化过程，另一方面也是由于日本在寻求摆脱其体制惯性的方法时，劳动力市场的性质发生了变化。

最终结果是：随着日本企业有策略和有目的地提高生产率以自保，经济活动和就业机会在日本境内和境外被重新配置。我们需要更好地认识这些成就，不仅因为它让日本走出了"失去的十年"，还因为它提高了人均生产率，使日本的人均生产率几乎超过了世界上所有其他发达经济体。

为了做到这些，日本企业必须在日本单一的劳动力市场规范的约束下开展工作。其结果是虽然劳动力萎缩，但并未导致工资上涨。

菲利普斯曲线：劳动力萎缩为何没有导致日本工资上涨？ 日本央行行长黑田东彦在 2014 年的讲话中称："与美国和欧洲在经济衰退期间失业率往往会上升的情况不同，日本的失业率并未大幅上升，相反，工资却大幅下降。"

在这个事实简单的声明背后有许多复杂的因素。这种复杂性为大多数分析难以调和的一个经济事实提供了线索。这个事实就是为何一种生产要素供给量的减少未能导致其价格上升？

我们认为，老龄化和劳动力萎缩并未导致日本发生通胀，其原因有三。

9.3.1 全球化

如前文所述，在日本劳动力逐渐萎缩的时候，世界上廉价而高效的劳动力却十分充足。因此，日本的可贸易品部门，主要是制造业，将生产转移到了国外，尤其是中国。这意味着制造业吸收就业下降，主要是高薪的"内部人岗位"（insider jobs）减少，导致劳动力转向薪酬较低的"外部人岗位"（outsider jobs）。

9.3.2 "内部人"与"外部人"

在日本，内部员工的忠诚大多是对公司的忠诚，而不是对工会的忠诚，而雇主的对应承诺是在经济低迷时期维持雇佣关系。因此，经济周期的变化更多传导至工作时长的变化而非失业率或工资的变动，这一因素使得菲利普斯曲线十分平坦。日本当地长期雇佣的惯例使得大规模裁员和缩减工作岗位变得不可行。

外部人的议价能力明显不足，并承担了服务业反通胀压力的大部分负担，即通过压低工资增长，在价格和工资之间形成缺口。

有时，一个简单的情景颇具启发性。1993年日本资产价值崩溃最严重的时期，以及全球金融危机的低谷时期，日本的失业率上升到了5.5%，但也仅此而已。在其他时期，日本的失业率从未超过3%。劳动力市场的调整速度也慢得惊人。GDP增长率从1989年的6%下降到1994年的2%，失业率仅从1990年的2%左右上升到1995年的3%。直到2003年，失业率才达到5.4%的峰值。相比之下，美国在自身住房危机期间的失业率上升至10%。劳动力市场明确传达的信息是，如果日本经济中有一部分不参与经济调整，那就是就业，即菲利普斯曲线在日本一直是平坦的，比其他发达国家更为平坦。

日本劳动惯例的起源。二战改变了日本的劳动力市场。在此之前，只有部分高级雇员享有长期雇佣合同。为确保就业和鼓励忠诚度，这种做法在二战期间得到推广。战后，雇主们很快就意识到这些做法对提升员工士气和忠诚度有好处，并将其变成惯例。随着时间的推移，这些惯例不仅扩展到长期雇佣，还包括在职培训、内部劳动力市场的晋升以及基于资历的工资和晋升福利（即年工序列制）。

随着时间的推移，日本整个社会都开始把工作保障放在首位。艾哈迈德吉安和罗宾逊（Ahmadjian and Robinson，2001）写道："工作保障在日本社会价值观中享有高度优先地位。除非是在非常罕见和真正特殊的情况下，否则雇主无论出于何种原因终止雇佣关系，都是令人不悦的，会被认为是可耻的和令人反感的行为。"在如此严格的社会规范下，日本没有像大多数经济体那样出现经济增长衰退伴随失业率上升的情况，也就不足为奇了。

无裁员的调整。由于日本的就业无法通过大量裁员来迅速调整，因此劳动力市场是通过就业结构的改变以及工时和工资不可避免的下行压力来调整的（见图9.7）。日本的长期雇佣习惯、内部劳动力市场和年工序列制，共同导致了这一结果。

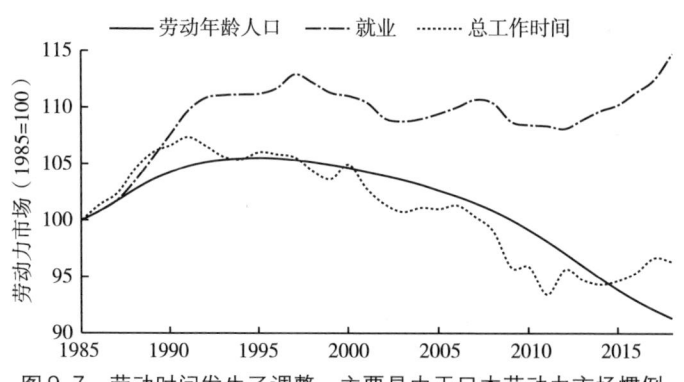

图 9.7　劳动时间发生了调整，主要是由于日本劳动力市场惯例导致无法对就业进行调整

资料来源：日本总务省、联合国。

"内部劳动力市场"允许员工在组织内部流动。经连会（Keiretsu，通过复杂的交叉持股体系组成的大型企业集团）的存在，使

得在这些庞大体系内的人员大规模流动成为可能。在长期雇佣合同以及年工序列制的双重制度下，在"内部"工作的人受益，但伤害了"外部人"。

在压力时期，偏向于"内部人"的雇佣倾向提高了企业的劳动力成本；而当需求下降时，企业对成本上升的反应，改变了日本劳动力市场的结构及其工资动态。

我们之前引用的日本央行行长黑田东彦2014年的讲话，尽管没有明确将日本惯例考虑在内，但很好地总结了其中的一些变化。为了降低成本以应对收入低增长的压力，企业越来越多地寻求降低工资成本。面对黯淡的增长前景，雇员们宁愿接受减薪，也不愿冒失业的风险。对非正式雇员，即那些没有长期合同的雇员来说，工资成本更容易控制（图9.8）。

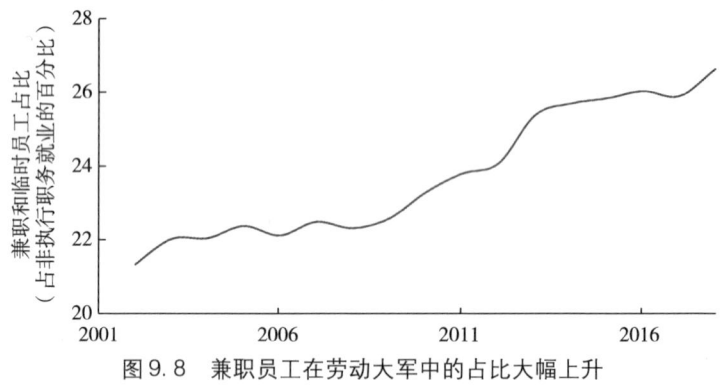

图9.8 兼职员工在劳动大军中的占比大幅上升

资料来源：日本总务省。

随着成本压力的增加，兼职员工（即非正式员工）的占比有所增加。他们在总就业中所占的份额从1990年的约13%上升到2018年的近30%。从企业的角度看，内部人员与外部人员比率的下降非常重要，原因很简单，因为"外部人"没有长期合同，他

第 9 章 为什么没有发生在日本?

们的工资更容易被压制。企业改变这一比率的动机如此强烈，以至于即使在全职雇员实际上被裁员的时期，兼职雇员的就业增长率仍然是正的，甚至有所上升。

简言之，黯淡的增长前景迫使企业降低成本以自保。然而，劳动力市场的惯例不允许日本企业出现西方式的快速调整，即裁员并迅速推高失业率。相反，日本企业采用了更为复杂的战略，改变了雇佣结构，并将大部分调整放在工资和工时方面。

9.3.3 劳动参与率

正如在菲利普斯曲线那一章（第 8 章）中单独指出的那样，当劳动力出现老龄化，并且 55 岁以上人口的占比上升时，关键的差距就是就业和退出劳动市场的劳动力之间的差距，而不是就业与失业之间的差距。在这方面，日本一直领先全球，近几十年来，年龄在 55～65 岁的劳动力所占比例的增长超过了其他任何国家。在日本，"老年产业后备军"的动员效率高于其他任何地方（图 9.9）。

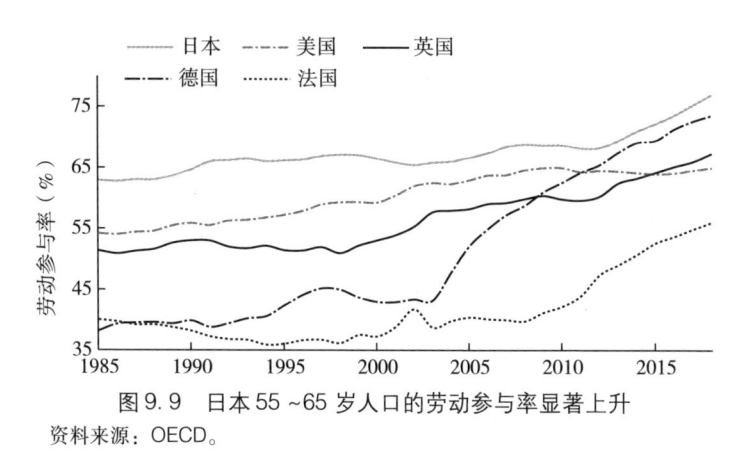

图 9.9 日本 55～65 岁人口的劳动参与率显著上升
资料来源：OECD。

过去几年，日本55～65岁人口的劳动参与率一直在快速上升，现在达到了75%，仅次于新西兰、瑞典和冰岛。

日本并不是唯一一个临退休人群劳动参与率较高的国家。造成这一普遍趋势的原因至少有两个：首先，许多人已经意识到他们会活得更长，因此他们此前计划的储蓄似乎不足；其次，养老金福利普遍下降（旨在减轻政府的财政负担）。在下一章中，我们将更详细地讨论这一具体问题，并通过一个小型案例，详细说明德国的临退休人员对2003年开始的一系列不利的养老金福利变化所做的反应。

在65岁以上人口中，日本的劳动参与率仅略低于25%，在经合组织成员国中位居前列（图9.10）。

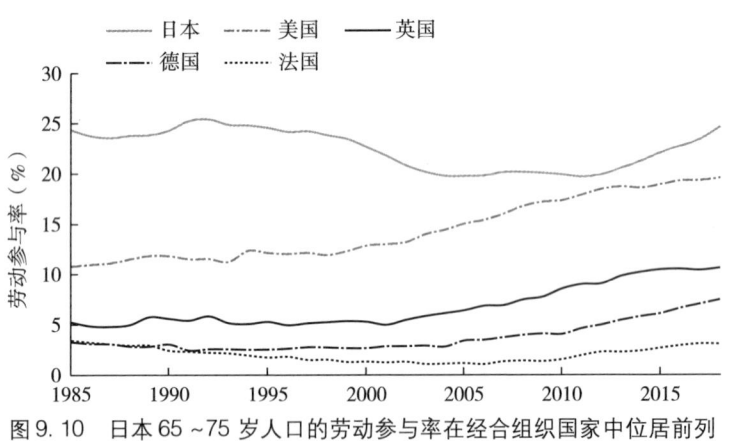

图9.10 日本65～75岁人口的劳动参与率在经合组织国家中位居前列
资料来源：OECD。

更多的闲置劳动力和独特的日本菲利普斯曲线。由于上述原因，日本在2000年初的潜在富余劳动力远远大于日本失业率水平显示的规模。此外，考虑到日本劳动力市场的特殊性，即内部人员的工作基本上是有保障的，而外部人员几乎没有讨价还价的能力,不仅日本的菲利普斯曲线比其他地方平坦得多,而且日本的自然失业率也可能比其他地方低得多。

9.3.4 为什么西方不会步日本后尘

简言之,几乎大多数西方国家人口老龄化后的情况都无法复制日本的故事。

首先,未来30年的全球大背景将与过去30年截然不同。过去30年是人口红利期,整个世界劳动力人口十分充沛,但未来30年里,人口结构的不利因素将对全世界产生巨大影响。简言之,日本在其本土劳动力萎缩的时候,还拥有全球逃生阀,但随着全球制造业的整体老龄化,这些选项根本不存在。

其次,日本式的劳动力市场惯例并不适用于西方。例如,在欧元区,裁员虽然会产生严重的经济成本,但没有一个西方经济体面临像日本一样的社会约束。其结果是,其他西方国家的就业能够成为劳动力市场调整的主要渠道,从而减轻了对工资和工时的调整压力。

再次,虽然在过去的20年里,发达经济体的劳动参与率一直在上升,但是,其他经济体的劳动参与率仍远低于日本的水平,要接近日本的水平还需要一段时间。大多数发达经济体的劳动参与率与养老金体系的慷慨程度成反比。拥有慷慨的养老金体系的经济体劳动参与率较低,养老金福利必须迅速下降才能推高劳动参与率。养老金福利水平和劳动参与率的不同组合将使一些发达经济体在未来比当下的日本享有更大的灵活性。

第10章　什么可以抵消全球老龄化的影响？

印度/非洲，劳动参与率和自动化

这个世界真的缺工人吗？自动化和人工智能，更高的老年人口劳动参与率，以及印度和非洲人口友好型经济体的发展前景，是我们最常听到的抵消老龄化影响的因素。以上每种因素都在一定程度上表明，劳动力现有存量和未来流量将是充足的，或者至少远不像本书指出的那样令人担忧。机器人技术、人工智能和自动化正在改变资本的性质，并使许多行业出现劳动力过剩。随着人们的寿命和工作年限越来越长，老年人口的劳动参与率也越来越高。最后，印度和非洲似乎都将享受有充足劳动力支撑的强劲经济增长，它们在全球经济中的地位正在上升。

以上所述都是正确的，我们没有理由不同意这一变化方向。但我们发现，许多人认为的变化程度，是我们难以认同的。

老龄化经济体试图从国内和国外解决人口问题。在国内，老龄化经济体有三种选择：第一，利用技术来抵消劳动力对生产函数的负面冲击；第二，提高劳动参与率，让人们工作更长时间；第三，发达经济体可以利用一些海外劳动力，尤其是新兴经济体的劳动力。如果从国外引进劳动力从政治角度看不现实，那么或许可以将资本输出到国外。在那里，资本可以转换成商品和服务，并回流到输出资本的发达经济体。最近，德斯梅特等人（2018）发表的一篇引人注目的论文指出，印度和非洲作为世界上人口资源丰富的地区，在这方面已经取得进展。

我们将在下文论证，正如本书迄今为止描述的，这些途径都不足以抵消人口方面的不利因素及其影响。

10.1 国内：自动化、劳动参与率、移民

这三项措施都是为了保护国内生产免受即将到来的劳动力萎缩的影响。自动化旨在通过替代劳动力在生产中的角色来实现这一目标，而老年人口更高的劳动参与率或增加移民则试图直接改善劳动力的流量。

10.1.1 自动化是对全球劳动力的补充而非替代

自动化仅在非常狭隘的意义上能够代替劳动力。从全球人口结构的角度看，自动化是一个至关重要的补充。换句话说，我们将需要尽可能多的自动化。自动化不一定会让某种工作变得多余，但几乎可以肯定的是，与老年护理相关的工作肯定会增加。如果没有自动化，人口结构将产生比我们描述的更为不利的经济影响。

痴呆、阿尔茨海默病和帕金森病是导致生活质量下降的疾病，第4章已经明确说明了这一点。这些疾病的发病率随着年龄增长急剧上升。更重要的是，这些与年龄有关的疾病都不会导致过早死亡。事实上，随着预期寿命的持续增加，许多老年人将长时间患有这些疾病。从广义上讲，老年护理是一项劳动密集型工作，但不一定能像其他服务部门的就业那样大幅增加未来的国民

产出。换言之，大部分病人护理都是消费品，而不是在未来能创造价值的资本品。

制造业就业可能会减少，转而流向服务业。这部分可能是由自动化造成的，但是从制造业到服务业的劳动力再配置趋势并不是一个新现象。自20世纪50年代以来，在大多数发达经济体中，制造业占GDP的比重一直在萎缩。尽管发达经济体的制造业已面临种种困境，但在全球劳动力供给迅速扩张的时期，这些就业趋势保持了稳定（除周期性波动外）。除非科技的发展使服务业整体出现严重的失业，否则老年护理相关服务业需求的增长将抵消自动化的影响。根据美国医学院协会的数据，到2032年，美国将面临12万名内科医生短缺的局面，这表明自动化尚未对医疗行业产生足够的影响。

我们更愿意对自动化的最终影响持怀疑态度。这就是持一种平衡的观点，即一方面承认自动化的颠覆力，另一方面也反对将自动化带来的希望过分外推至所有时期或全部活动。由于自动化的颠覆性维度（有点太过）众所周知，以下论述试图指出目前有关自动化的常规观点的缺陷，并对之进行拓展，以得出更为平衡的看法。我们不是要对最终结果做出任何预测，而是试图提出一种平衡的观点，即什么情况下，世界上会出现工作岗位短缺，而不是劳动力短缺。

自动化被广泛认为是"第四次工业革命"的载体，过去几十年里，这个词被多次用于预示技术驱动的变革。自动化的发展速度和程度，使我们很难甚至不可能预见其未来的发展。第四次工业革命能否实现，取决于人工智能是否能延续早期的进展，并将其转化为广泛的应用。

具有讽刺意味的是，我们确实认为自动化将明显有利并广泛适用的地区，恰恰是从人口结构的角度看不太需要自动化的地区，例如，在资本存量和资本劳动比均较低的新兴市场经济体。在这些经济体中，自动化带来的损失非常小。相反，自动化可以帮助这些经济体避免付出整整一代的资本（这些资本在发达经济体中已变得多余），以更快的速度和更低的成本提高新兴经济体的生产率。我们预计，未来的许多创新将来自新兴市场经济体，它们首先将现有技术调整到适合自己的目的，然后在此基础上进行创新。最发达的新兴市场经济体自然拥有相对较高的资本劳动比，但它们大多位于北亚，人口老龄化迅速。那些最能从广泛采用自动化中获益的较贫穷经济体，其人口结构方面的逆风尚不严重。

就全球范围而言，自动化的好处尚不明朗，还不足以抵消全球经济老龄化的影响。就目前而言，认为可以由机器人满足复杂的养老需求也不现实。

10.1.2　65岁以上人口能否工作到更大年龄？

简单的回答是肯定的。实际上，更困难的是如何在现有基础上提高劳动参与率。

早在20世纪50年代到70年代的几十年里，大多数发达经济体65岁以上人口的劳动参与率都高于今天的水平。当时，老年人口在总人口中的占比要小得多，预期寿命也低得多，所以真正上了年纪的人要少得多。随着预期寿命的增加，从20世纪60年代到80年代末，老年人口的劳动参与率大体呈稳步下降趋势。但从那以后的30年左右时间里，这一劳动参与率一直在稳步上升。正如人们预料的那样，65岁人口的劳动参与率要高于80岁人口的劳动参与率。随着预期寿命的增加，人口中高龄人口增多，这部分人群的劳动参与率更低。然而，随着高龄人口对65岁以上人口劳动参与率的影响上升，预期寿命持续增加意味着劳动参与率将持续下降（图10.1）。

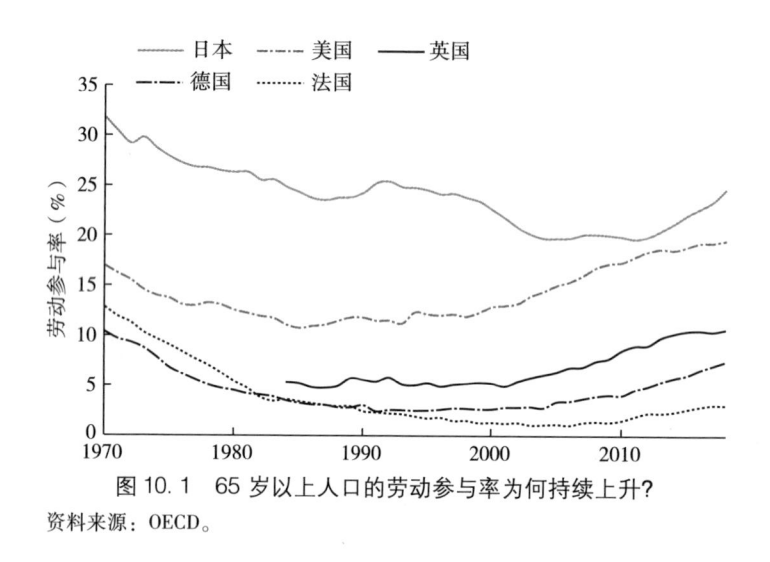

图10.1 65岁以上人口的劳动参与率为何持续上升？
资料来源：OECD。

那么，为什么按照上述构成变化，老年人口的劳动参与率应该下降，而实际上却上升了呢？我们怀疑这是两股相关力量作用的结果。首先，接近退休年龄的人一定是看到了预期寿命的增加。其次，随着预期寿命和退休年龄之间的差距开始加重政府和养老金体系的负担，管理者也明显看到了同样的趋势。为了提高这些体系的可持续性，许多养老金福利被削减或降级。较长的寿命和较低的养老金福利可能导致了劳动参与率上升。巴顿（Button, 2019）以美国为例讨论过这些因素（图10.2）。目前的养老金制度肯定是不可持续的，预期寿命的增速尽管在放缓，但仍在持续增加。这就是为什么有人认为老年人的劳动参与率必须继续

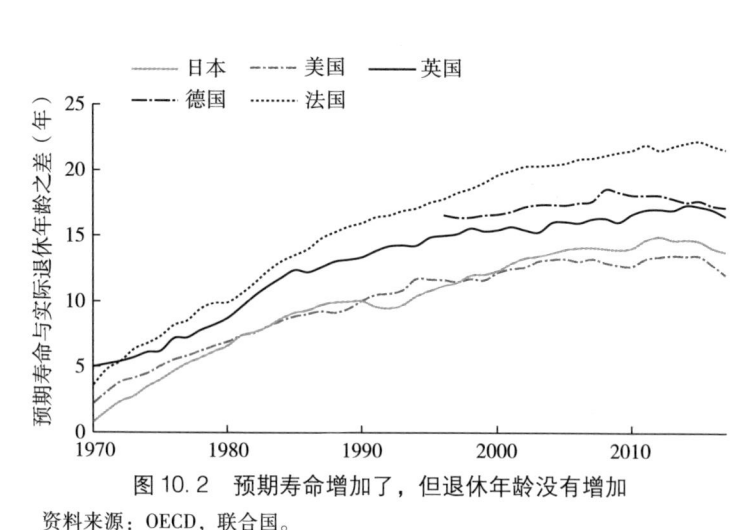

第 10 章 什么可以抵消全球老龄化的影响？

图 10.2 预期寿命增加了，但退休年龄没有增加
资料来源：OECD，联合国。

不幸的是，未来劳动参与率上升的幅度有限。我们在下面列出的原因并不详尽，但已经很长了，而且我们认为这些理由足以证明未来的劳动参与率不会有大幅的改善。

第一，由于 55～64 岁年龄段（尤其是女性）劳动参与率的提升，劳动参与率已经大幅上升了。在未来还能上升多少呢？换言之，如果劳动参与率所需提升的部分已经在今天基本实现，当人口结构问题变得更为严重时，未来改善的空间就更小（图10.3）。

第二，一国养老金制度的慷慨程度与其劳动参与率成反比，我们的关键假设是养老金/退休福利可以减少，但不会大幅减少。

图 10.4 表明，一个经济体的养老金制度越慷慨，劳动参与率就越低，下文探讨的德国养老金改革经验的案例也高度暗示了这种关系。

人口大逆转

图 10.3 退休前的劳动参与率已大幅上升

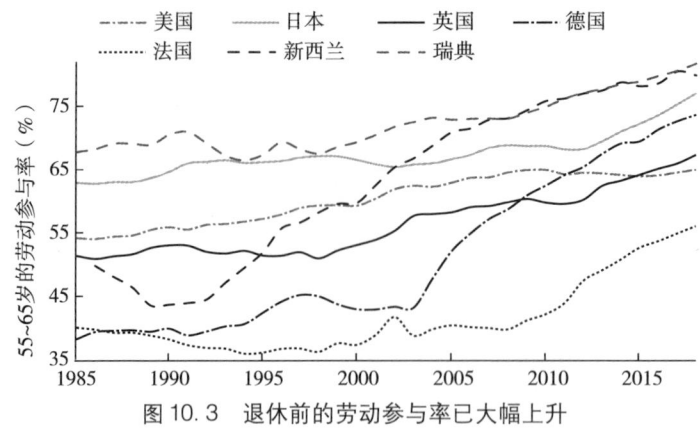

资料来源：OECD。

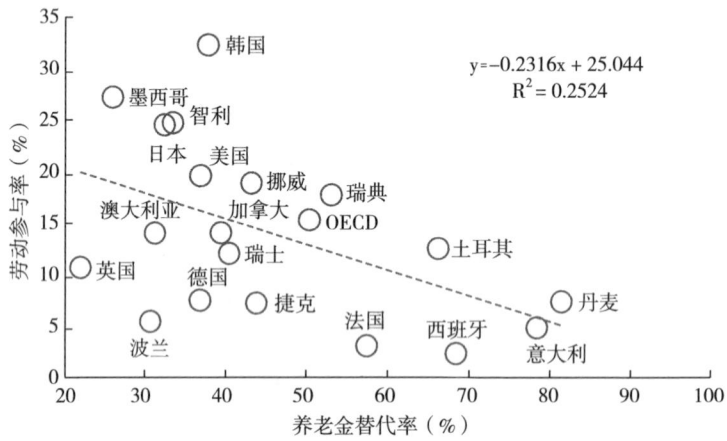

图 10.4 当养老金福利较高时，劳动参与率往往较低

资料来源：OECD。

散点图中标注公式：$y=-0.2316x + 25.044$，$R^2 = 0.2524$

专栏 10.1 迷你案例研究：德国退休前劳动参与率为何在 2003 年后增长如此迅速？

德国在养老金改革方面的经验以及劳动参与率的变动情况有力地说明了这种关系。尽管在大多数十国集团（G10）经济体中，55~64 岁人群的劳动参与率普遍上升，但德国的

第10章 什么可以抵消全球老龄化的影响?

该劳动参与率由于养老金改革法案出现了明显的转折点,该法案于2003年年中提出并于2004年通过。

博尔舍-苏潘和威尔克(Börsch-Supan and Wilke,2004)展示了1958年和1972年法规的早期变化如何使德国养老金体系在进入老龄化时代后变得不可持续。1958年的改革将养老体系由完全积累制转变为现收现付制。1972年的修订不仅保证了较高的退休金,而且还允许工人在63~65岁之间的任何时间退休,且不会因提前退休受到任何惩罚(另请参见Börsch-Supan et al.,2014)。

1992年的第一次改革试图减少养老金负担(将基于总工资指数调整为基于净工资指数,并取消大多数人的"退休窗口期"),但改革力度太小,而且时间太长,难以产生实质性变化。随后,2001年将现收现付制转变为多支柱制,其中一个支柱是规模较小但不断增长的预筹积累制(pre-funded)。不幸的是,养老金预算在这个"世纪改革"通过还不到两年的时候就经历了另一场危机。作为回应,吕库普委员会(Rurup Commission)在2003年8月提出了具体的建议,并于2004年通过成为法律。它最重要的两项贡献是:第一,将现收现付制支柱(2001年以来的制度)转变为缴费确定型制度,通过在指数化公式中引入可持续因子,使后者与前者在理论上是相同的;第二,建议提高退休年龄。

其结果是,55~64岁人群的劳动参与率从吕库普委员会提出建议前的约45%急剧上升到最近与日本几乎相同的水平。劳动参与率急剧上升的情况如图10.3所示。大约在2003年

> 改革提案提交之际，劳动参与率开始大幅上升，并随着减轻行政负担、提高个人责任等更多改革的推行继续上升（就像其他十国集团成员国一样）。
>
> 　　德国的上述经验表明，确保更高劳动参与率的一个（看似）简单的方法可能是提高退休年龄，以便更好地反映预期寿命。然而，德国和希腊的经验都表明，只有在债务可持续性危机和相当大的市场压力下，政府才会采取这一不受欢迎的举措。在严峻的市场压力下，巴西经过数次尝试，终于通过了该国的养老金改革。提高退休年龄是一项极不受欢迎的举措，迄今为止还没有哪国政府能够将退休年龄提高两岁以上。

10.1.3 移民能否抵消人口结构方面的逆风？

　　劳动力流动（即从劳动力充足的经济体向劳动力不足的经济体迁移）能否抵消人口结构方面的逆风？如果仍然维持目前的移民趋势，则答案是否定的。净流入发达经济体和流出新兴市场经济体的移民人数在2007年达到峰值，约为2 400万人。然而，如果与人口规模相比，这些流动规模太小，远不足以产生影响（图10.5）。

　　净移民已经转向。流入发达经济体和流出新兴市场经济体的移民人数已经减少。随着人口不利因素的加剧，更多的移民是必要的，但这仍然是一个充满政治色彩的问题。如果正如我们预期的那样，目前围绕移民问题的政治紧张局势持续下去，那么通过引进劳动力来抵消当地劳动力老龄化的影响就不是一个可行的策略（另请参阅博尔舍-苏潘于 2019 年 6 月在葡萄牙辛特拉举行的欧洲央行论坛上提交的论文）。

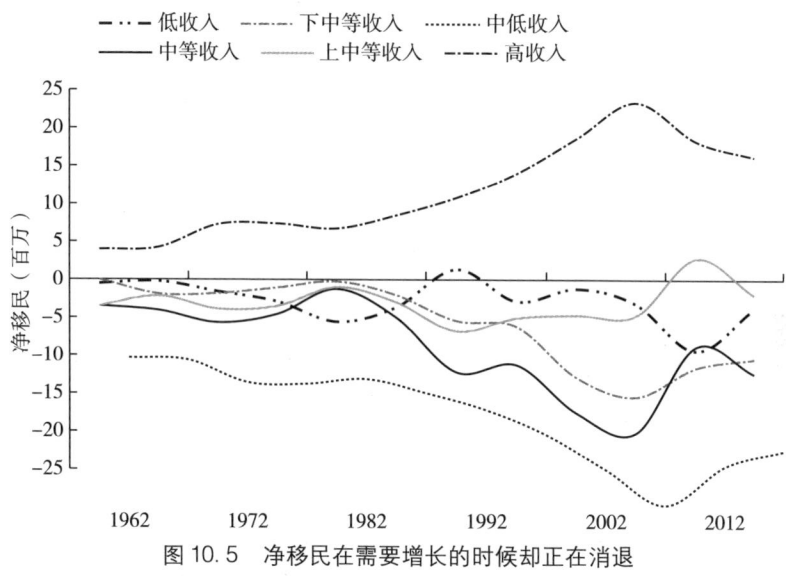

图 10.5　净移民在需要增长的时候却正在消退

资料来源：世界银行的世界发展指标。

鉴于发达经济体中民粹主义政府和反移民右翼政党的盛行，向老龄化经济体大规模转移劳动力似乎不太可行。

如果劳动力不能轻易地跨境流动，那为什么不把资本输出到人口不断增长的经济体，在那里生产并从那里进口制成品呢？

10.2　印度和非洲能否抵消老龄化经济体的人口不利因素？

从数值上讲，可以。从经济意义上讲，极不可能。就数量上看，那些在未来 10 年甚至更长时间内劳动力可能不断增长的经济体的人口红利很大程度上可以抵消那些正在迅速老龄化的经济体中的人口不利因素。全球劳动力的增量可能来自印度、撒哈拉以南非洲经济体和一些其他新兴经济体（图 10.6）。

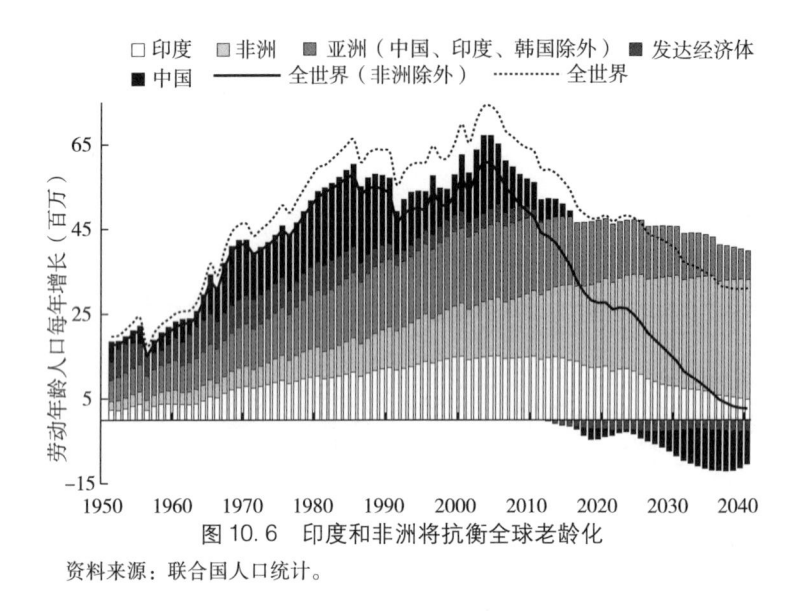

图 10.6 印度和非洲将抗衡全球老龄化

资料来源：联合国人口统计。

世界可以通过两种方式获得这些经济体中的丰富劳动力。首先，从这些经济体向劳动力不足的经济体移民可以直接抵消那里劳动力萎缩的影响。其次，如果在经济体之间转移劳动力这一更直接的方式不可行，那么资本则可以流向劳动力充裕的经济体。这些资本可以与劳动力充裕的经济体中的本地劳动力供给相结合，生产商品和服务，而这些商品和服务又可以被出口到劳动力不足的经济体。

10.2.1 印度能否像中国一样推动全球增长？

像几十年前的中国一样，印度得益于其有吸引力的初始条件，具有不少优势。

第 10 章　什么可以抵消全球老龄化的影响？

第一，印度拥有充足的劳动力供给，并将在 2050 年之后继续增长，资本劳动比急需提高，人力资本水平能够比其他国家更快地吸收新技术。第二，随着这些优势变得更加明显，资本可能会继续流向印度。考虑到极低的资本劳动比，任何这样的资本积累都将是变革性的。第三，新资本的流入也将带来内嵌于资本的最新技术。因此，资本存量的增加不仅会改善资本劳动比，还会提升这种相互作用的质量。使用过印度新旧机场或大都市地铁系统的人都可以证明这一点。第四，选举结果越来越取决于现任领导人能否说服有抱负的选民相信一个美好的经济未来。莫迪总理以压倒性胜利当选，许多邦的选举也都是在这个简单的主题下获胜或失败的。最后，监管机构正在利用科技来升级不堪重负的合规网络。例如，央行建立了一个银行和不良企业的数字化数据库。全国性身份识别系统（Aadhar）意味着资金能被直接汇到目标收款人的银行账户，而不是在途中"丢失"。

如果这一切都是真的，那么为什么印度的增长在 2018 年和 2019 年受到这么大的负面影响？印度和中国在 2018—2019 年都经历了显著的经济放缓，投资者将这种放缓过多地（分别）归因于政治狂妄和贸易战，而很少归因于影子银行业受到的冲击。在过去几年非银行金融机构大举放贷后，印度银行部门正在对其公共部门的银行进行大规模整顿，并清理坏账。尽管目前的贷款限制造成严重的混乱，但如果印度要进入资本积累时期，那么清洁的银行体系至关重要。

印度破产法（IBC）对现在和未来都至关重要。它已经适用于制造业的大量公司，亦适用于非银行金融机构中的逾期贷款人。它的解决机制已经帮助贷款人收回 60% 的本金（相较而言，历史回收率只有20%）。与此同时，它对逾期借款人施加的成本将抑制过度债务积累，从而有助于未来的金融稳定。

我们认为，在未来10年，甚至再下一个10年，印度在全球经济增长方面将超过中国。然而，由于以下三个原因，印度将无法像中国过去那样提振全球增长。

第一，全球环境在两个方面存在重大差异。在中国崛起期间名义利率和实际利率的下降（在很大程度上由中国崛起引起）为发达经济体的国内发展创造了良好的条件，因此中国的崛起不被视为零和博弈。社会舆论推动了全球化的进程。现在，印度面对的情况不仅是发达经济体的劳动力供给不断下降，北亚和东欧等制造业大国的劳动力供给也在萎缩。如果这意味着实际工资增幅、通胀和名义利率将上升，那么老龄化经济体的增长将难以改善，因此反对向印度转移生产的政治阻力也将更大。

第二，人口结构的球门柱（goalpost）发生了移动。在很长一段时间内都不会再出现另一个"中国"。起到重要作用的不仅是中国的举国动员力，还有中国在过去几千年的大部分时间里主导全球经济的辉煌历史。随着时间的推移，这种全球主导地位不可避免地在基层创造出一个创业、生产和效率体系。这样的体系是非洲等小企业体系不够完备且高度分散的经济体想要进一步发展必须建立的。受绵延数百年的帝国影响，印度有着悠久的贸易历史，但其支离破碎的社会结构往往成为建立坚实经济基础的障碍。鉴于人口结构面临的挑战之大，我们可能需要的不是一个而是三个"中国"。

第三，也是最重要的一点，印度虽然能够吸引全球资本，但由于行政资本的缺乏及其民主制衡体系，无法实现一心一意的中

第 10 章 什么可以抵消全球老龄化的影响？

国式增长模式。

印度的行政资本正从极其薄弱的水平起步，多党制内部以及各邦与联邦政府之间的内部冲突，使协调增长的政策难以管理。根据世界银行的营商便利度（Ease of Doing Business index）排名，印度在过去四年上升了73位，但仍仅排在第67位，而2015年印度在190个经济体中排名第140位。在某些指标（许可证和跨境贸易）上，印度得分极高。然而，在基础设施质量和执行合同等需要更多协调和努力的指标上，印度仍然排在非常低的位置（例如，执行合同指标排在第163位）。在发展的早期阶段自然较容易取得进步。印度完全有可能在其成功的基础上再接再厉，并利用技术来保持发展势头，但我们认为，在需要广泛参与的变革中，实现这一目标更加困难。

由于邦与邦之间以及各邦与联邦政府之间的内部政治摩擦，民主障碍越来越高。即便是在一些普通问题上也存在政治摩擦的情况表明，印度要制定和遵守一项国家战略，将财力和物力投入中国式动员的可能性非常低。

这意味着私人部门将不可避免地成为推动印度增长的主体。反过来，私人部门增长能力和增长意愿的高低将决定印度的增长路径。与国有企业在国家支持下的发展不同，私人部门需要有效和公平的竞争环境，才能蓬勃发展。因此，这在很大程度上取决于印度政府能否快速有效地改革和放松对经济的管制。

10.2.2 要抵消全球人口的不利影响，印度需要非洲的帮助

然而，跨越非洲不同的地理、经济和政治格局进行动员，可能远比促进印度的增长更困难。

人口大逆转

一些非洲经济体的营商便利度得分确实比印度高,少数得分甚至比中国还高。然而,非洲存在两个关键问题,妨碍了其吸引和配置资本的能力,使其不足以抵消发达经济体人口结构方面的不利因素。首先,非洲是一组分散的经济体,这意味着通过协调机制建立一个能与中国匹敌的制造业综合体的可能性非常低。其次,也是更重要的,它们缺乏印度所拥有的大量人力资本,也缺乏中国经过数个世纪磨炼的根深蒂固和广泛的学徒制、行会和效率体系。

2019年,非洲人口约为13.2亿,几乎与印度的人口相当,但其面积几乎是印度领土面积298万平方公里的10倍。在该地区,非洲由54个国家组成。因此,非洲面临的一个关键问题是其分散性。54个国家都有其国内政策,每个国家都像印度一样存在着摩擦,这意味着协调促进经济增长的政策将困难得多。这也意味着,由于国家边界的原因,非洲各国家之间的移民比印度国内各邦间的移民要困难得多。

地理上的分散与人口结构相互影响。由于印度境内人口可以自由流动,其人口结构可以被视为单一的。劳动力可以相当迅速地转移到快速增长的地区,因此无论在哪里,劳动力都是对资本的有效补充。然而,非洲的边界没有印度开放的邦界那么宽松,而且其经济处于人口结构转变的不同阶段。因此,劳动力充足、经济效率低的经济体的劳动力无法无缝地跨越国界,进入劳动生产率和经济增长率正在提高的地区。撒哈拉以南非洲刚刚开始其人口红利期,但非洲许多地区已进入人口红利的后期,其行政效率已相当领先(IMF,2015)。

不幸的是,在人口丰富的撒哈拉以南非洲和整个非洲,过去

第10章　什么可以抵消全球老龄化的影响?

20年里，尽管许多地方经济显著增长，另一些地方也取得了实质性进展，但治理得分普遍下降。在非洲，只有在那些已经走上相对稳定道路的经济体中，政治稳定和暴力减少的情况才相对明显，而那些开始时政治就较为脆弱的经济体，情况则进一步恶化。在撒哈拉以南非洲地区，治理得分全面下降。

这并不意味着没有改善的方法。充足的劳动力很可能吸引资本，这反过来可能迫使这些经济体采取措施，保持领先于当地竞争对手的地位，以吸引这些资本流入。然而，与印度一样，不太可能通过充分利用非洲的劳动力，就足以抵消世界其他地区的人口不利因素的影响。

除治理外，非洲快速增长面临的第二个关键障碍是其人力资本。在世界银行2019年的人力资本指数中，印度排在第三个四分位。只有6个左右的非洲经济体排名在此区间。大多数非洲国家的人力资本排名在最低的1/4中。

有人可能会争辩说，国家层面的数据在最开始时可能会产生误导。在建立制造业基地的初期，最有才华的劳动力通常会被最有利可图、回报最高的活动吸引。这就是非洲分散化造成的问题所在。印度庞大的人口基数分布在仅占非洲1/10的面积上，辅以人口的自由流动，使其成为一个具有吸引力的商品市场。但非洲在这两方面都无优势。人口密度显然远低于印度，因此选择一个制造业基地，仍然意味着跨越50多个国家的远距离出口。人力资本的可得性仅限于少数确实有能力吸引资本的经济体。其他的国家将不得不从他国引进人才，或者通过发展教育体系在本国慢慢培养人才。这将继续严重阻碍将流入的资本大规模转化为商品和服务的能力。

人口大逆转

总而言之，尽管印度和非洲拥有庞大且相对尚未开发的劳动力资源，但它们都没有能力复制中国的崛起。它们自身的进步很可能是稳健的，有时甚至是惊人的，但很可能达不到老龄化的全球经济所需的动力。克特里考夫（Kotlikoff）的一般盖达尔模型（General Gaidar Model，GGM）很好地捕捉到了这些进步，但同时也发现其程度令人失望，即"非洲、中东、印度和其他历史上缓慢增长的地区出现了追赶式增长，但速度非常缓慢"（Kotlikoff，2019；Benzell et al.，2018）。

德斯梅特等人（2018）发表的一篇有影响力且令人印象深刻的论文坚决主张采用第三条道路来实现这种趋同。他们认为，除非国际和国内的移民步伐加快，否则技术转移到当前生产率低、人口密度高的地区将导致有利于亚洲和非洲部分地区的"生产率逆转"。该模型的直观认识源于作者在全球不同地区发现的人口密度和人均GDP之间的高度相关性，由于他们使用了非常详细的地理模型，甚至在经济体内部也发现了这种相关性。在当前的状况下，他们的模型显示："撒哈拉以南非洲、南亚和东亚的许多高人口密度、低生产率地区正在变成高人口密度、高生产率地区，而北美和欧洲在人口和生产率方面都落后了。"

然而，他们的模型有一个关键的不足之处，即行政管理基础设施的作用缺失。新兴经济体发展的主要障碍在于它们执行复杂、需要协同的长期经济战略的能力。我们甚至会说，新兴经济体之所以无法转型为发达经济体，不是因为所谓的中等收入陷阱，而是因为行政管理陷阱。德斯梅特等人的预测虽然令人鼓舞，但仍取决于这些经济体缺乏的行政资本存量的发展。

第 11 章 我们可以逃离债务陷阱吗？

11.1 引言

政策制定者陷入了困境。长期低利率鼓励了加杠杆，并经常导致资本错配。经济增长的改善和对金融稳定的担忧将促使各国央行加息，不过利率上升会损害经济增长，然后周期性地推动通胀和利率再次走低。我们怎么才能摆脱？在本章和下一章中，我们将深入探讨债务陷阱，以及全球经济避免或走出债务陷阱的方法。

全球经济杠杆率的上升是利率正常化的最大障碍，更广泛地说，是经济正常化的最大障碍，而人口结构变化最终将实现这种正常化。我们首先解释一下我们是如何落入债务陷阱的，然后继续探讨问题的细节及可能的解决方案。

基于前面第 6 章所述的原因，即使在 2007—2009 年全球金融危机以前，财政政策也没有充分扩张以抵消 20 世纪 90 年代初之后持续存在的通缩压力。因此，为了维持宏观经济平衡和通胀目标，货币政策逐渐变得更具扩张性，这强化了金融周期（Borio et al., 2019）。由此产生的名义（和实际）利率下降导致美国和欧洲外围国家（英国、爱尔兰、冰岛、西班牙、葡萄牙和希腊）的住房和建筑业繁荣，这些行业不仅依靠国内银行提供融资，还依靠主要来自国外银行的资本流入（伴随着经常账户逆差不断上升）。许多主要国家的银行杠杆率，以及许多经历过这种繁荣的家庭的债务收入比上升，甚至在某些情况下急剧上升（见图 11.1）。但这一危险并没有被预见到，直到 2008 年 9 月，随着雷曼兄弟倒闭和美国国际集团（AIG）陷入困境，全球金融危机呼啸而至，但为时已晚。

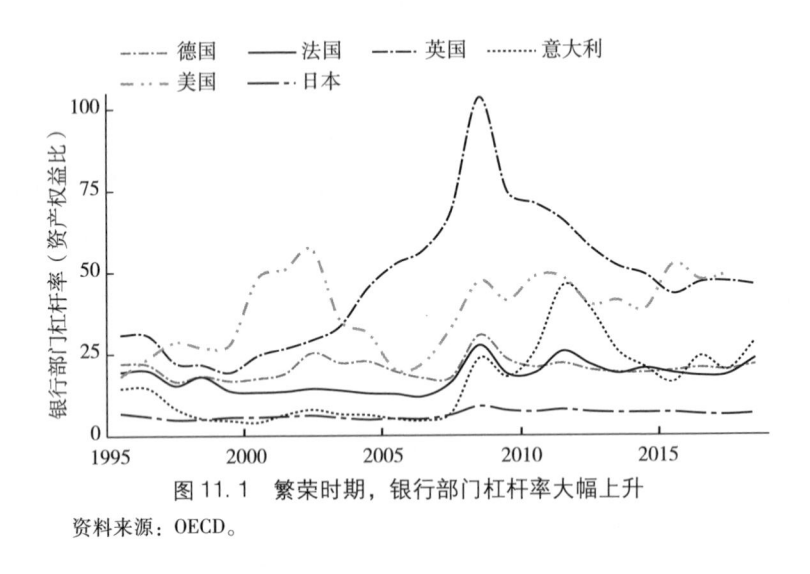

图 11.1 繁荣时期，银行部门杠杆率大幅上升

资料来源：OECD。

当局（主要是货币当局）随即采取了措施，成功引入了财政政策和货币政策组合，在此我们无须一一列出。然而，从长远看，它们主要的审慎应对措施是要求银行保持更高的资本充足率（CARs），该计划在美国的实施比在欧洲更成功。因此，美国的资本充足率、信贷和存款增长，以及银行股本价值的恢复均比欧洲强劲。

第11章 我们可以逃离债务陷阱吗？

> **专栏11.1 为什么美国在恢复银行业上做得比欧洲更好？**
>
> 由于蒂姆·盖特纳（Tim Geithner）可以根据需要使用不良资产救助计划（TARP）的资金对银行进行资本重组，因此他可以建立可信的压力测试，并要求银行补充资本金，以达到与压力测试时的存款水平相匹配的比例。当这些公共资金（TARP）应用于少数几个资本金低于合意水平的银行时，会在这些银行的诸如分红、回购和高管薪酬等方面采取限制性措施以保护公共资金，直到所有的资金全部被偿还，而这很快就实现了。
>
> 相比之下，欧洲没有相对应的公共资金可以用来为资本不足的银行注资。其结果是，由于没有对资本金低于合意水平的银行立即进行注资的办法，压力测试被认为是不可信的。因此，人们认为，几乎所有银行都能通过压力测试。银行仍被要求满足更高的资本充足率，但可以自由地选择以筹集新股或去杠杆［即减少资产和（存款）负债］的方式达到这一目标。鉴于股票市场的疲软，以及银行家对净资产收益率的关注，他们自然会选择去杠杆的方式。随着当局显性或隐性地向总部设在国内的银行施压，以维持对当地借款人的贷款，这种去杠杆自然会导致欧洲银行的跨境贷款大幅减少。

但是，当局是通过监管命令而不是试图改革资本主义治理体系的制度和结构，来建立资本更加充足的银行体系，这导致银行高管们将最大化短期股权价值的优先级置于长期投资和增长之上。其部分结果是，全球金融危机之前已经显现的通缩压力在此之后变得更加强烈。由于第6章所述的原因，财政政策受到限制，货币政策需要更具扩张性，这给货币政策带来了持续的压力，因此量化宽松（QE）和官方负利率成为"唯一的选择"。

尽管2009年第一轮量化宽松政策在平息全球金融危机引发的流动性恐慌方面是非常有益和成功的，但后续措施是否有很强的正面影响是有争议的，部分是由于对银行盈利能力造成的潜在不利影响。[①] 但是，极低的利率环境不仅有利于非金融企业债务的延续，还加快了债务积累的速度。

因此，在第11.2节，我们首先说明，尽管金融危机被广泛归咎于过度负债，后果却使非金融企业、未受到全球金融危机爆发前的挥霍和危机影响的居民部门以及公共部门积累了更多的债务。但是，正如我们指出的，由于债务规模的上升几乎完全与利率的下降相当，在大多数情况下，偿债率、还本付息与收入的比率几乎保持不变。

不仅利率已达到有效下限（我们不考虑取消现金政策的可能性），而且我们认为通胀和名义利率将很可能再次上升。问题在于，现在主要宏观经济部门的负债率如此之高，以至于利率的任何大幅或快速上升都会使大部分私人部门陷入债务偿付危机，并增加财政部长的财政困难。此外，为了避免破产风险，负债较高的企业会觉得有必要大幅削减新投资，从而加剧了之后的衰退；关于这一点，可以参见卡莱姆利-厄兹坎等人（Kalemli-Özcan et al.，2019）的研究。为了防止未来经济衰退，利率必须保持在较

[①] 关于所有这些问题的讨论，请参见 Altavilla et al.（2018），Borio et al.（2017），Brunnermeier and Koby（2018），Eggertsson et al.（2019），Goodhart and Kabiri（2019），Heider et al.（2019），Xu et al.（2019）。

第 11 章　我们可以逃离债务陷阱吗?

低水平，以至于不会阻碍债务的进一步积累，因此债务陷阱就会出现，我们将在第 11.2 节讨论这一点。

因此，我们在第 11.3 节中要问的是，是否有摆脱债务陷阱的切实可行途径。正如前面章节中已经清楚地指出的那样，我们看不到任何增长加速的希望，减速的可能性反而更大。相反，我们看到通胀率大幅上升（目前尚未被预期到）的可能性更大；但央行的通胀目标呢？如果债务人不能通过通胀来稀释债务，但又几乎无法偿还债务，那么这些债务是否可以重新协商，或者在万不得已的情况下违约（或免除）？

从某种重要意义上来说，我们认为，过去和未来的宏观经济弊病不仅反映了人口趋势的急剧变化，而且也是公司治理和资本主义结构失败的结果。债务融资太容易被使用，而股权融资则没有吸引力。只要公司高管仍关注净资产收益率，而且继续和所有股东一样只承担有限责任，那么股权融资对他们就不具吸引力。伊斯兰融资*要求没有得到足够的理解，这方面可以再探讨。关于所有这些，可说的如此之多，以至于我们将在接下来的第 12 章，讨论试图将整个融资结构从以债权融资为主转变为以股权融资为主的方法，其中，债权融资主要针对企业，但在一定程度上也适用于居民部门和公共部门。

---

* 伊斯兰融资是一种符合伊斯兰商业惯例和有关法律的融资形式，主要集中于中东地区，以伊朗、巴基斯坦、苏丹等国家为代表。伊斯兰融资具有浓厚的宗教背景，遵照《古兰经》等伊斯兰教义，倡导风险分担、公平分配和合同的神圣性，排斥商业投机行为，其核心是禁止收取和支付利息。根据李翠萍（《伊斯兰金融发展综述》，2015）的研究，截至 2015 年，全球约有 4 000 万人是伊斯兰金融业的客户。——译者注

11.2 债务的积累

表11.1和表11.2分别展示了2007年和2018年居民部门、非金融企业部门和公共部门的债务占GDP的百分比,以及这10年的百分比变化。下述几点值得注意。

表11.1 发达经济体的债务率

2007年12月	居民部门	非金融企业部门	私人部门	政府部门	总计
美国	99	70	169	65	233
欧元区	60	92	151	65	216
德国	61	57	118	64	181
法国	47	111	157	65	221
西班牙	81	124	206	36	241
意大利	38	75	113	100	213
英国	92	94	187	42	228
瑞典	65	126	191	39	230
日本	59	103	161	175	337
澳大利亚	108	80	188	10	198
加拿大	79	83	162	67	229

2018年12月	居民部门	非金融企业部门	私人部门	政府部门	总计
美国	76	74	151	106	256
欧元区	58	105	163	85	248
德国	53	57	110	60	169
法国	60	141	201	99	300
西班牙	59	93	152	97	249
意大利	40	70	110	132	242
英国	87	84	171	87	258
瑞典	89	156	244	39	283
日本	58	103	161	237	398
澳大利亚	120	75	195	41	236
加拿大	101	117	218	91	308

2007年12月以来的变化	居民部门	非金融企业部门	私人部门	政府部门	总计
美国	−22	4	−18	41	23
欧元区	−2	13	11	20	31
德国	−8	0	−8	−4	−12
法国	14	30	44	34	78
西班牙	−23	−31	−54	62	8
意大利	2	−5	−3	32	30
英国	−5	−11	−16	45	29
瑞典	23	30	53	0	53
日本	−1	0	−1	62	61
澳大利亚	12	−5	7	31	38
加拿大	22	34	56	24	80

注:1. 此处私人部门=居民部门+非金融企业部门。不同色块标记可以帮助读者更便捷地查看各个部门和国家的债务规模和变化。颜色越深代表样本国家中某一经济部门的杠杆率越高或变化越大。例如,在10个发达国家的样本中,澳大利亚的居民债务占GDP的百分比最高,公共部门债务占GDP的百分比最低。2. 由于四舍五入的原因,加总数据与各分项之和有出入。表11.2与此同。

资料来源:国际清算银行,国际货币基金组织。

第 11 章 我们可以逃离债务陷阱吗?

表 11.2 新兴市场经济体的债务率

2007年12月	居民部门	非金融企业部门	私人部门	政府部门	总计
中国	19	98	117	29	146
韩国	72	89	161	29	189
印度	11	42	53	74	127
印尼	12	15	26	32	59
马来西亚	52	58	111	40	150
德国	45	46	91	36	127
中国香港	51	126	177	1	178
巴西	18	30	48	64	111
墨西哥	14	15	28	37	65
智利	29	66	95	4	99
哥伦比亚	17	27	44	33	76
阿根廷	5	17	22	62	84
俄罗斯	11	39	50	8	58
波兰	23	34	57	44	101
捷克	23	46	69	27	97
匈牙利	30	78	108	65	174
土耳其	11	30	41	38	79
撒哈拉以南非洲国家	44	35	79	27	106

2018年12月	居民部门	非金融企业部门	私人部门	政府部门	总计
中国	53	152	204	50	255
韩国	98	102	199	41	240
印度	11	45	56	70	126
印尼	17	23	40	29	70
马来西亚	66	68	134	56	190
德国	69	48	117	42	159
中国香港	72	219	292	0	292
巴西	28	42	71	88	158
墨西哥	16	26	42	54	95
智利	45	99	144	26	170
哥伦比亚	27	35	62	50	113
阿根廷	7	16	22	86	109
俄罗斯	17	46	64	14	77
波兰	35	46	81	48	129
捷克	32	57	89	33	122
匈牙利	18	67	85	69	154
土耳其	15	70	85	29	114
撒哈拉以南非洲国家	34	39	72	57	129

2007年12月以来的变化	居民部门	非金融企业部门	私人部门	政府部门	总计
中国	34	54	88	21	109
韩国	25	13	39	12	51
印度	1	3	3	-4	-1
印尼	5	9	14	-3	11
马来西亚	14	10	24	16	40
德国	24	2	26	6	32
中国香港	21	94	115	-1	114
巴西	11	12	23	24	47
墨西哥	3	11	14	16	30
智利	17	33	50	22	71
哥伦比亚	11	8	19	18	37
阿根廷	2	-1	1	24	25
俄罗斯	7	7	14	6	20
波兰	13	11	24	4	28
捷克	9	11	20	5	26
匈牙利	-12	-11	-24	4	-19
土耳其	4	40	44	-9	34
撒哈拉以南非洲国家	-10	4	-7	30	23

11.2.1 居民部门

总体而言，在那些受先前房地产泡沫破裂影响最大的国家，如美国和欧洲外围国家（包括英国），居民部门债务率的增长幅度最小，甚至有所下降。那些当时未受影响的国家，例如澳大利亚、加拿大、挪威和瑞典，已经接手成为房地产热潮的先锋，并主要集中在少数城市中心，比如斯德哥尔摩、多伦多和温哥华。

新兴市场也出现了类似的趋势。在较发达的新兴市场经济体中，住房杠杆率上升幅度最大，所有这些经济体开始时的通胀率和利率水平均较低且稳定。这些国家中大多数都参与了全球经济的通胀下降过程，甚至超过了全球通胀下降的平均水平。结果是，加拿大、澳大利亚、瑞典，以及北亚、波兰和智利的居民部门债务都出现了两位数的增长，中国、韩国、马来西亚和泰国的居民部门债务上升了20%~25%。现在马来西亚和泰国的居民部门债务与GDP之比已接近发达国家的水平，而韩国的居民部门杠杆率水平与房地产危机前的美国差不多。

由于居民部门有大量盈余，而且资本市场非常强劲，在全球金融危机后的10年里，居民部门的财富增长远快于负债增长（危机前10年，即1997—2007年也是如此）。无论在当时还是现在，问题都不是居民部门债务的总体水平，而是特殊群体，主要是年轻家庭的债务要远高于其收入水平，尽管这是由年龄分布或失业率的暂时影响所致。对这类群体而言，即使在违约和贷款收回（这会导致房价进一步传染性下跌）可以避免的情况下，利率上升也会使他们的其他消费支出大幅减少，进而导致需求萎缩（Mian and Sufi，2014）。

第 11 章　我们可以逃离债务陷阱吗？

试图平衡住房或房地产金融周期的主要新工具已成为宏观审慎监管的一部分，例如，在房地产繁荣时期提高贷款价值比（LTV）或贷款收入比（LTI）。尽管这些措施有帮助，但并不是万能药。房地产繁荣的心理冲动可能会远远超过当局的监管举措，特别是因为这些举措基本上通过阻止年轻家庭攀上自有住房的高枝来发挥作用，而这是一个政治敏感问题。

尽管存在一些重要差异，但新兴市场经济体的情况较为类似。在金融危机后10年的上半场里主要发达经济体黯淡无光，而新兴市场的经济增长和市场情绪成功避免了这一点。整个新兴市场主要城市的房价快速上涨，导致人们对房地产部门永不停歇的繁荣产生了泡沫式的预期，建筑业和抵押贷款融资都强劲增长。在商品生产经济中，这种商品生产迅速扩大带来的劳动收入增加和资本的迅速流入，共同推动了信贷增长和住房部门的发展。俄罗斯、巴西、印度尼西亚、马来西亚甚至非洲南部的主要城市地区的房价，以及对那些可以进入信贷市场的人的信贷配给都大幅上升。尽管大宗商品价格不断上涨，但大宗商品进口商也从良好的全球环境中获益，这种环境允许宽松的货币政策和财政政策主导宏观经济格局。结果导致了亚洲各地房地产部门的繁荣，不仅在北亚，还包括印度和菲律宾。

随后中国和许多其他新兴市场经济体的经济增速放缓，同时伴随着住房市场低迷和个人收入增速下滑。不同于发达经济体，新兴市场的住房市场是低迷而不是危机（土耳其和中国除外），不过居民部门仍然背负着沉重的债务负担，这抑制了住房需求，并限制了其他的消费选择。带来的后果是，负债严重的建筑公司受到影响，并且在很多情况下，对这些抵押贷款展期的银行和金

201

融机构也受到了影响。

11.2.2 企业部门

在新兴市场中，非金融企业部门的负债率大幅上升，尤其是中国。中国国有企业从国有银行大量借贷，带来了经济增速的大幅上升，再加上利率下降，二者共同导致大宗商品价格大幅上涨、资本流入新兴市场以及许多主要经济体的企业杠杆率上升。除了中国的国有企业，借款主体主要包括大宗商品公司和建筑公司。墨西哥国家石油公司（PEMEX）、巴西国家石油公司（Petrobras）和南非国家电力公司（ESkom）都面临严重的杠杆问题，这是后金融危机时代上半场过度扩张的结果。新兴市场中的大宗商品进口国的杠杆率迅速上升，比如韩国、马来西亚、泰国、印度和土耳其，部分是由于建筑公司扩张过度。

早期的债务扩张被用于增加投资。在扩张的下半场，中国的国有企业、大宗商品生产商和建筑企业的许多投资的回报率大幅下降，但是债务基本都留在了相关企业的账上。

相比之下，发达经济体的固定资产投资仍然相对低迷，相比于盈利或利润而言非常低，以至于出现财务盈余，正如第5章和第6章所述。从股权融资向债权融资的转变是这些发达经济体债务率上升的原因。在相当大的程度上，这是由不断增加的股票回购活动所致，尤其是在美国，在其他英语语系国家则相对少一些。图11.2显示了美国的情况。此类回购的强力杠杆作用是提高净资产收益率的最简单方法。福特（J. Ford）在他的《金融时报》专栏中讨论了私募股权在这方面的作用（2019年7月29日，第8版）。但是，正如提高银行部门的杠杆率会增加其他利益相

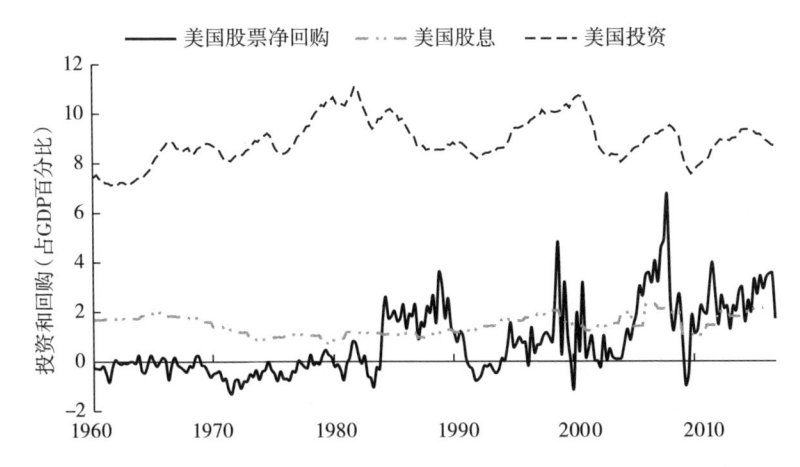

第 11 章　我们可以逃离债务陷阱吗？

图 11.2　由于企业更愿意用债务为股票回购融资，美国投资依然疲软

关者（包括广大公众）的风险一样，其他公司的股票回购也是一种风险转移活动。

此外，此类企业越来越多的债务是质量较低的债务、杠杆贷款和 BBB 级债务（参见图 11.3 和图 11.4）。① 从根本上说，即使收入增速放缓，低利率和利率下降也会降低固定收益债务违约的可能性。从金融的角度看，当"追求收益"主导了投资策略时，低违约风险使得购买高收益证券更具吸引力。二者的结合自然导致风险相对较高的资产发行迅速增加。

这也许是未来金融脆弱性中最令人担忧的地方。假如利息负担加重，如果有大量此类公司违约，这本身不仅会导致通缩，而且还将对贷款人、银行、保险公司和养老基金产生不利的次生影响［见英格兰银行副行长乔恩·康利夫（Jon Cunliffe）爵士的讲话，2019 年 5 月 7 日］。

---

① 2019 年 7 月《金融稳定报告》，经英格兰银行许可转载。

评级分布

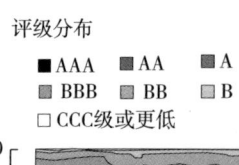

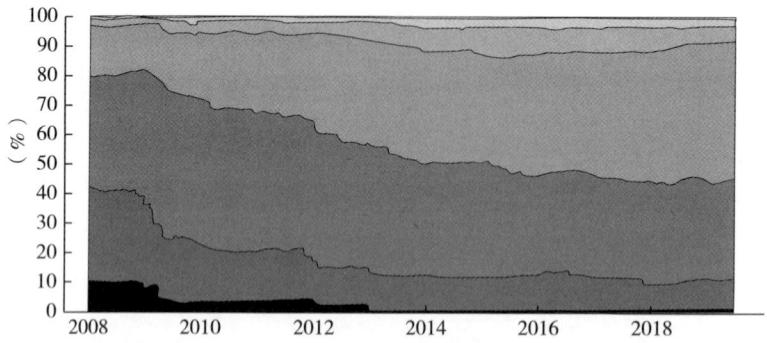

图 11.3　2019 年，BBB 级企业债券的占比创历史新高

注：本图展示了 ICE/BofAML 本币企业债券指数的信用评级分布，这个指数可以作为本币企业债券市场的代表。然而，该指数可能没有涉及全部的本币企业债券，其他的替代指数可能会包含不同的分布。

资料来源：英格兰银行《金融稳定报告》，2019 年 7 月。

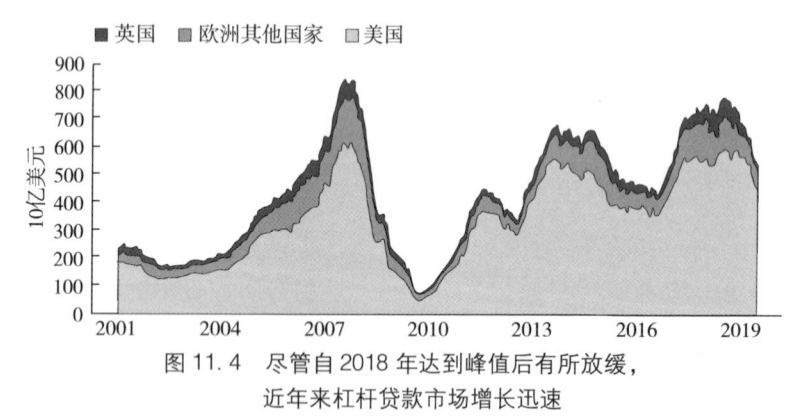

图 11.4　尽管自 2018 年达到峰值后有所放缓，
近年来杠杆贷款市场增长迅速

注：图上为全球杠杆贷款 12 个月滚动发行总量，是基于公开银团统计的数据，不包括私人双边交易量。

资料来源：英格兰银行《金融稳定报告》，2019 年 7 月。

第 11 章 我们可以逃离债务陷阱吗?

11.2.3 公共部门

在居民部门,财富增长一直快于债务增长。在企业部门,利润增长和利率下降或低迷使得偿债率保持在较低水平。类似地,在公共部门,债务水平的上升几乎完全被利率下降抵消,使得偿债率在过去几十年几乎保持不变,即使日本也是如此(见图 11.5)。

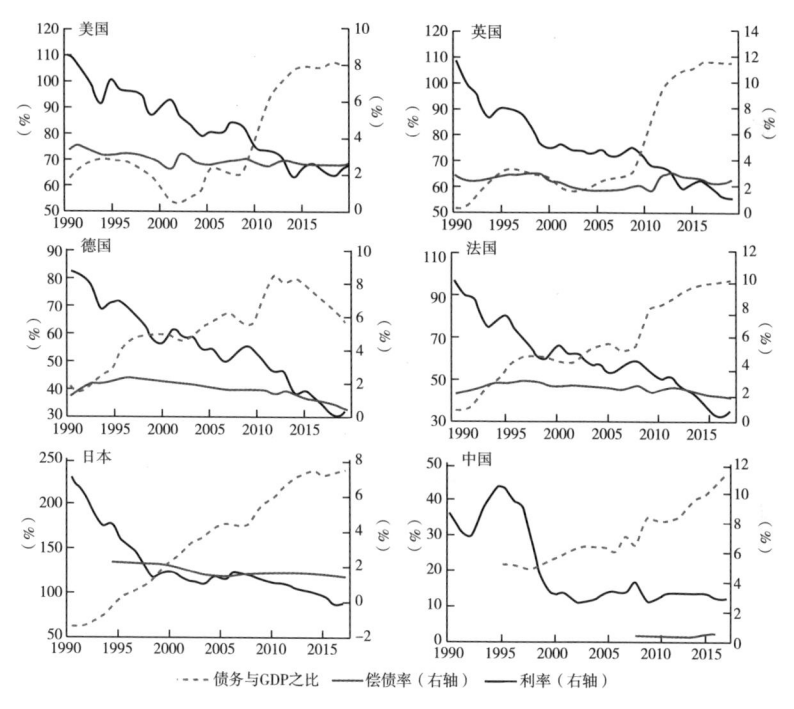

图 11.5 债务与 GDP 之比、偿债率和利率

资料来源:世界银行,OECD。

到目前为止,看起来似乎还不错。但如果名义利率再次上升,会发生什么呢?很大程度上,由于利率极低,利息支出仅占政府一般支出的一小部分。因此,在某种程度上,债务似乎可以

很容易地被消化掉。但是，每增加一点额外负担都会带来影响，特别是社会老龄化正在给政府账户带来不可避免的较大压力。

当然，如果乘利率水平极低之际延长公共债务的期限，那么即将到来的名义官方短期利率的上升，不会产生太大影响。但是，人们感到有必要采取更具扩张性的货币政策，这反而导致了有效期限的大幅缩短。特别是，量化宽松政策和对商业银行存放在中央银行的存款付息采取的"地板模式"（floor system）*，二者的结合意味着，由这些存款支持的货币量化宽松部分的有效期限为零。

因此，公共部门的财政融资几乎会立刻感受到官方利率上调的全部痛苦。随着企业部门的财务状况变得越来越脆弱，以及（民粹主义者）要求维持低利率的政治呼声，央行保持利率逐步有限上升要承受的压力越来越大。但是，如果这种利率上升仍是渐进、小幅的，那么当前延长和扩大债权融资的动机就仍然存在，这就是现在许多国家落入的债务陷阱。

此外，正如阿尔法罗和坎祖克（Alfaro and Kanczuk，2019）所述，近年来，"非巴黎俱乐部的债权人，尤其是中国，已成为中低收入国家的重要融资来源。与典型的主权债务相比，这些贷款协议并不公开，其他债权人没有关于其债务规模的任何信息"，这种协议"大大降低了传统的或巴黎俱乐部债权人的债务可持续性"。

---

* 2008年前，美联储采用"利率走廊模式"调控利率水平。2008年后，量化宽松货币政策的实施使得市场流动性过剩，利率走廊下限利率下调压力增大，因此，美联储推出利率地板模式，也称"利率下限体系"，通过在利率下限附近采用资产逆回购操作方式，确保美联储依然能保持对市场利率的调控。——译者注

11.3 我们可以逃离债务陷阱吗？

那么，我们如何摆脱这种债务陷阱呢？最好的也是最具吸引力的方法是实现更快的实际增长。如果实际增长率高于实际利率，那么在公共部门新增赤字为零的情况下，债务率将不可避免地下降。事实上，如果实际增长率相对于实际利率足够高，那么各部门赤字可以更高，同时债务率仍会下降。

11.3.1 增长

全球特别是大多数发达经济体面临的问题是，当前基本不可能使经济增长（如果有的话）大幅超过实际利率。如前所述，这是出于以下几个原因：

- 随着预期寿命的提高，并且可能会进一步提高，对公共部门提供养老金、医疗保健支出的需求将强劲增长，同时对经济中占比不断上升的老年人口的支持也会增加。未来几十年里，这种额外公共支出的前景令人担忧（OBR，2018，第75—85页，特别是专栏3.3）。同时，劳动人口的纳税能力有限（参见Heer et al.，2018；Papetti，2019，第30页）。

- 人口结构不仅导致增长率下降，而且如前所述，在许多国家，例如欧洲和中国，出现了工人绝对数量的下降。即使生产率恢复到2008年之前几十年更有利的增速水平，劳动人口的下降也意味着总的实际产出将继续以缓慢的速度增长。日本劳均产出的增长速度比大多数其他发达经济体要快得多（见第3章和第9章），尽管如此，由于近年来日本劳动力的减少，日本实际总产出的增长一直很缓慢，每年增长约1%。在未来几十年中，类似的问题也将给许多欧洲国家带来沉重负担，不过，美国和英国的处境稍微好点，部分是由于最近几十年的外来移民。

● 实际利率已经变得非常低，部分原因是人口压力，特别是中国，导致储蓄"过剩"，而如前所述，中国以外的投资率一直维持在极低水平，部分是受全球可用的额外廉价劳动力的影响。这两个因素都在逆转。随着抚养比上升，居民部门的储蓄率可能会下降，除非政府有意识地限制未来对老年人的养老金和医疗救助的慷慨程度，不过这在政治上具有挑战性。与此同时，劳动力变得稀缺会恢复工人的议价能力，为满足公共部门的额外支出会增加税收，这都将导致实际单位劳动成本上升。为了抵消这一影响，企业可能会增加它们的投资需求。因此，投资和储蓄之间的平衡，即可贷资金的供给和需求，很可能会导致实际利率回升。如果是这样的话，在实际利率上升的同时，即将来临的压力可能会降低经济增长率，这使得简单地通过增长来摆脱目前的高债务率变得越来越困难。

如果我们不能通过增长来摆脱目前的高债务，那么债务人可以通过尽可能不偿还最初隐性承诺的那部分债务来减轻债务负担，也许有三种方法可以做到这一点。

11.3.2　预期外的通胀

减轻实际债务负担的第一种，也是最简单的方法是（预期外的）通胀；请注意，目前通胀预期处在良好的控制中，并维持在2%左右的较低水平。这种通胀预期的锚定很大程度上取决于投资者对央行在可预见的未来维持通胀目标的信心。但它们会吗？自通胀目标制被普遍采用以来，在过去的25年里，名义利率和实际利率都呈下降趋势。这使得央行成为负债累累的财政部长及其上司（总理）最好的朋友。各国央行一直非常渴望将通胀的下降归因于自己成功实施的通胀目标制，而且评论员和政界人士也没有合适的理由反驳这一说法。如果现在名义利率再次处于上升轨道，即使逐渐上升，也将使它们与财政部长和其他政客的眼前愿望和利益相冲突，这在某些国家已经非常明显，例如美国、印度和土耳其。几乎每个国家，央行的独立性都是由立法机关的法案来实现的；欧洲是例外，欧洲央行的独立性体现在一份共同条约中。尽管欧洲央行的独立性很难撤销，但其他央行的独立性可以由修订法案或颁布新法案来改变。如果政客们发现，央行稳定物价的政策阻碍了他们实现更快增长和降低税收的目标，那么他们可能会寻求终止或大幅降低央行的独立性。如果发生这种情况，对防止未来更高的通胀而言，这种自夸的独立性可能最终会被证明有点像脆弱的芦苇。

11.3.3 重新协商

但是，欧洲央行的独立性更为坚实。欧洲的情况是，包括成员国政府在内的债务人都无法以通胀的方式摆脱债务。在央行拥有坚实独立性的其他国家也是这样。在这种情况下，当偿债压力变得太大时，下一个可能的选择是重新协商承诺的现金流，以便减轻偿债负担。这种重新协商通常被归入"债务展期，假装没事"的范畴，凭借这种方式，定期支付利息的现金流要么减少，要么进一步推迟（有可能二者都发生），从而减轻债务人的即时现金流负担。通常情况下，它的实现方式是，尽管债务人未来现金流的现值减少，但会计人员能够使这些债务在债权人账簿上的面值不变。这样，对债务人的减免不一定伴随着债权人表面财务实力的下降。当然这就是一种"障眼法"，但由于许多金融依赖于信心和信任，"障眼法"也可能是一种有益的手段。

11.3.4 违约

最后一种债务减免的方式是直接违约，分为部分违约和全部违约两类，即减记应付给债权人的名义现金流量。当然，这类违约会在一段时间内阻止相关债务人进入信贷市场。但是，历史表明人的记忆通常是短暂的，比如主权债务违约，因此违约债务人的预期复苏情况不会长时间阻止其重返金融市场。然而，在这种情况下，如果是明确违约，相关债权人必须对自己的资产负债表采取减记。因此，违约可能会比重新协商产生更大的系统性影响，银行和主权国家之间的"厄运循环"就是一个很好的例子。因此，因为违约会对借款人造成代价高昂的影响，对债权人造成不断扩大的系统性影响，所以，借款人违约是对过度债务负担的一种不愉快的极端应对方式，可能比重新协商或略高的通胀率带来的影响更为严重。然而无论怎样，所有这三种选择，即预期外的通胀、重新协商和债务违约都是代价高昂和有害的。

最后，出于对问题研究的完备性考虑，而不是作为当前条件下的可行方法，还有另外一种可以消除沉重债务的方法，即债权人大赦欠他们的部分或全部债务。迈克尔·赫德森（Michael

第 11 章 我们可以逃离债务陷阱吗？

Hudson，2018）证明了这是古代帝国，如巴比伦、亚述等帝国常见的做法，并在早期的犹太教和基督教文化中具有明显的寓意。被免除的债务是家庭债务而不是商业债务，并且主要是欠国王和皇室的债务。国王不仅免除了欠自己的债务，而且有权要求其他富有的债权人也这样做。这些债务大赦强化了帝国的社会结构和公共义务，例如在军队中服役，有助于延长帝国的存在，在新国王登基或国家处于紧急状态时都会有这种债务大赦。

随着更多的富有债权人的权力相对于中央统治者的权力上升，债务大赦的可行性下降。事实上，那些强大到足以蔑视其他债权人并重新实施这种赦免的统治者通常被称为"暴君"，这个词的确切含义具有一些有趣的阶级内涵。现在，债权人与债务人的关系通常由金融机构进行调解，因此债务减免可能会使它们破产。此外，如今的债权人类别已经扩大，比如通过半强制性的养老金安排，以至于对哪些债权人免除哪些债务的问题变得非常复杂，债务减免只能毫无区别地并入债务重新协商的过程，这一问题在第 11.3 节中讨论过，关于这些的更多信息，请参阅古德哈特和赫德森（2018）的研究。

第 12 章　从债权融资转向股权融资？

12.1　引言

　　戒除债权融资似乎并不可能，而债务人各种形态的违约又是市场非常不愿意看到的，那我们还能做什么呢？本书认为，本来能做、应做而又没有去做的，是大幅调增股权融资的财务优势，降低债权融资的财务优势，以实现新的平衡。

　　股权融资的益处显而易见，但仍值得在此重申。第一，股权不同于债务，没有到期日，因此也不存在日益逼近的清偿截止日期。第二，股利的发放由发行人自行决定，可以与收入或利润挂钩，这是固息支付无法实现的。一些债务工具，如利率互换、通胀指数化债券，其支付在本质上也是可变的，但债务工具绝大多数还是固定票息支付债券。未按时支付票息即构成违约，但不支付股利并不构成违约。第三，债务固定付息形成的现金流本来可以保护债权人的利益，但在债务危机爆发时，债务即使不违约，最多也就是一笔可疑资产。历史上反复出现债务违约与宏观经济动荡的相互交织。因此，即使对债权人而言，持有债权相对于持有股权的益处也并不明显。

　　目前，全球已积累了巨额债务，相比将巨额债务做股权转

第 12 章　从债权融资转向股权融资？

换，在未来新增融资中实施向股权融资的转变会更易于操作。当然，债转股已经在实践中用于改变资产负债表的资产组合，如中国在这一方面已有过积极的探索。即使在未来，为机构设计债权融资向股权融资转换的方案，要比为家庭设计同类方案简单。或许最容易看到债权融资转向股权融资的领域是企业部门融资，这也是最重要的领域。但是，首先，让我们来考虑一下，在居民部门融资和公共部门融资方面，可以采取什么行动呢？

如何鼓励家庭和住房抵押贷款机构转向股权融资模式呢？为了购买住房，家庭主要以固定利息的住房抵押贷款进行融资。这也可以转向更接近股权融资的形式。在预期房价上涨速度超过 CPI（消费者价格指数）的增速时，金融机构或许会乐意在住房融资中融入股权元素，但借款人可能并不乐意。英格兰银行的贝内通等人（Benetton et al., 2019）的研究指出：

> 一些购房者并不使用英国政府提供的股权型住房融资工具，而是选择了贷款价值比很高的按揭贷款。对这一现象的反事实研究显示，由于预期房价将以每年 7.7% 的速度上涨，这样的融资选择就成了理性的选择。

但是，基于保护借款人的主要目标，监管者或许可以调整对贷款价值比的监管要求，从而在住房按揭贷款中增加股权融资相对于固定利息融资的优势。住房股权融资似乎需要房地产价格期货市场的发展，以帮助贷款机构对冲通胀风险敞口。通过购买房地产投资信托产品和资产支持证券（住房或商业地产作为基础抵押品），这一风险在某种程度上已经可以实现对冲。

在预期房价相对 CPI 下跌（即使只是暂时下跌）的时期，贷款机构将不愿续做此类股权融资。此时，公共部门或许必须为住房股权融资提供支持。

长期看，房屋建造的技术创新严重落后于其他大多数制造业领域的创新。而且，房价的大部分构成与土地价值相关，而土地的供给是固定的。因此，再加上其他因素的作用，共同导致了较长期内房屋价格一般会跑赢 CPI。如果这一趋势在未来得以延续，那么从中期看，政府按英国已实施的"帮买计划"（"Help-to-Buy" scheme）模式提供的股权融资支持，实际上会成为公共部门未来的一个盈利机会。

在学生贷款领域也可做大体相似的论证。为支付高等教育的成本，学生主要基于固定利息借入学生贷款或债务，未来需要将更多此类学生贷款转为基于股权的融资模式，即贷款机构获得学生未来总的应税收入的一（小）部分。这甚至可以成为大学入学的一个强制要求，发挥类似于累进再分配税的功能（或将使一些富裕学生选择不上大学）。这一点，可参见古德哈特和赫德森（2018）的研究。

让我们简要讨论一下公共部门，公共部门也可以通过发行名义收入债券而非固定利息债券，实现更接近股权形式的融资。过去，各类研究不时呼吁公共部门发行此类债券，且近年来这样的倡议更加频繁地出现（Sheedy，2014；Benford et al.，以及英格兰银行 2016 年《金融稳定报告》及其参考文献），然而，名义收入债券仍未得到大规模发行。鉴于未来几十年在生产率和劳动人口可得性等方面的不确定性，或许正是重新考虑这一方式的良机。

第 12 章 从债权融资转向股权融资？

正是在企业部门,从债权融资转向股权融资最具前景。若要在企业部门实现真正意义上的股权融资转向,需尽快解决两大问题:

其一,至少在企业部门,目前债权融资比股权融资享有较大的财务优势。如果要成功地转向股权融资,必须纠正这一问题,必须使股权融资享有和债权融资同等的优势。我们将在第 12.2 节做进一步的讨论。

其二,所有股权持有人的有限责任,叠加经理人与股权持有人激励机制的统一,导致了短期主义行为,并使投资处于较低水平。这一点在前文已有论述,古德哈特和拉斯特拉(Goodhart and Lastra,2020)以及胡尔塔斯(Huertas,2019)的论文有更深入的讨论。

12.2 拉平股权融资和债权融资的净财务优势

我们注意到,主要有两类建议,旨在消除企业融资中债权融资的财务优势,拉平股权融资和债权融资的竞争优势。第一类,公司股权津贴(Allowance for Corporate Equity,ACE),如英国财政研究所于 2011 年出版的《税收设计:莫里斯报告》(*Tax by Design*, *Mirrlees Review*,以下简称《莫里斯报告》)就提及了公司股权津贴。第二类,基于目的地的现金流量税(Destination-based Cash Flow Taxation,以下简称 DBCFT),俗称边境税(Border Tax),如牛津大学企业税收研究中心奥尔巴克等人(Auerbach et al., WP17/01)2017 年 1 月的同名论文对此进行了详述。这两类建议在下文中将做进一步讨论。

215

12.2.1 公司股权津贴：对股权的税收津贴？

税收问题是公司偏好债权融资而非股权融资的一个关键原因。《莫里斯报告》第17章建议推行公司股权津贴，以纠正债权融资和股权融资间的税收不平衡。在公司损益表中，利息支出是明确的经常项目，可在税前扣除。而以股权方式为某个项目融资，则不能产生类似的税前可扣除支出。因此，公司倾向于将利润返还股东，转而借入更多债务。此外，在通胀走高时，发债的实际成本降低，此时债权融资的优势更加明显。由此导致的净效应是公司融资的风险上升、效率下降。

公司股权津贴通过引入可在税前扣减的直接股权津贴（尽管是估算的），试图在股权融资项目中复制债权融资利息支出享受的税收优惠。在公司股权津贴的实施过程中存在两个问题，《莫里斯报告》对其进行了讨论。第一，通过规定利息支出不得在税前扣减，可以拉平债权融资和股权融资的税收待遇，但这需要在全球达成统一。否则，公司会转移至仍在实施利息支出税前扣减的国家或地区。第二，推行公司股权津贴意味着税收收入的减少。为弥补这部分税收损失，提高公司所得税是一个很有吸引力的对策，但《莫里斯报告》的建议是接受这部分税收损失，并通过重新评估国家整体税收结构来平衡这一损失。因此，在全球竞争的背景下，单边（例如仅在英国）废除利息支出的税前扣减是不可行的。为拉平债权融资和股权融资的财务优势，必须对利润中的股权投资正常回报部分实施同等的税收扣减，而这将导致公司税基的收窄。比利时在2008年推出了上述改革，但其主要弊端在于，除非提高公司税率作为补偿，否则财政收入将显著下降。

第 12 章　从债权融资转向股权融资？

提高公司税率的问题在于，这将使英国的公司税率大大超过其他国家的现行税率，从而使跨国公司有更强的激励将应税利润甚至业务活动搬离英国。因此，《莫里斯报告》建议，各当局应接受实施公司股权津贴后公司税收入的减少，作为补偿，可以在其他领域增加税收，这可以成为对税收体系做整体更大调整的一部分。

本书认为，在全球已经积累了过高杠杆的背景下，对债权融资和股权融资实施再平衡益处良多，完全值得为此付出因税基调整所致的成本。然而，在其他领域加税的政治阻力也非常大，我们注意到，自《莫里斯报告》发布以来，无论是财政部还是任何一位财政大臣，都未曾表态要积极考虑这一建议。未来的某次危机或许会使人们更加关注非金融企业的过高杠杆率问题，但危机是否会重新激发人们对这一事件的讨论仍不得而知。

12.2.2　边境税

基于目的地的现金流量税试图实现债务和股权在税收待遇上的近乎对等，但我们认为这一建议会引发更大的争议。在边境税下，包括投资在内的所有公司支出都无须纳税。出口将不被课税，进口则需缴纳税款。对支出的税收豁免本质上等同于实施增值税（VAT）。在边境税下，公司所有支出享受相同的税收待遇，公司就会认为债务和股权是无差异的。边境税的实施比估算公司股权津贴要简单许多，也不会产生税收收入损失，几乎不会造成经济扭曲。此外，边境税还有一个重要优势，即增加公司避税的难度。如果各国实施相同的公司支出税收规则及出口与进口税收规则，则公司将无法实施包括企业间贷款和将资产转移至避

人口大逆转

税天堂在内的各种避税计划，因此，一家公司处在哪个国家或地区在税务上将变得不再重要。同样，越来越多的国家将发现实施边境税对本国的好处，可以避免税收收入减损，或许还可以显示与其他实施边境税的经济体同等水平的竞争力。

> **专栏12.1　边境税（基于目的地的现金流量税）**
>
> 　　2017年1月，牛津大学企业税收研究中心奥尔巴克等人（WP17/01）在其论文《基于目的地的现金流量税》的摘要中，对这一概念进行了如下描述[1]：
>
> 　　DBCFT包括两大基本要素。
>
> ● "现金流"这一要素意味着对包括资本支出在内的所有支出给予直接的税收减免，但是对获得的收入征税。
>
> ● "基于目的地"这一要素引入了与增值税相同形式的边境调节：对出口不征税，对进口征税。
>
> 　　这一税种的经济影响与推出税基更宽泛的单一增值税税率（或通过现行增值税实现相同效果）且同时相应减少薪资税的经济影响相当。
>
> 　　本文通过下列五大标准对DBCFT进行评估：经济效率、反避税逃税的稳健性、管理便利度、公平以及稳定。评估既针对所有国家统一实施DBCFT的情形，也针对更有可能出现的一国单边实施DBCFT的情形。
>
> 　　不同于现行对公司利润征税的体系，DBCFT和基于增值

---

[1] 原文引自 Auerbach, A., Devereux, M. P., Keen, M. and J. Veua, "Destination-Based Cash Flow Taxation"，本书转引得到了授权。

税的类似税种具有显著优势，尤其是在国际环境中：

- DBCFT 的核心出发点是通过在相对不可移动的地点（"目的地"，即商品和服务的最终购买地）对营业收入征税，以实现提升经济效率的目标。DBCFT 不会扭曲商业投资的规模和地点。DBCFT 通过确保对债务或股权作为融资渠道的中性化待遇，消除对债权融资的税收优待。

- 在目的地对营业收入征税还有一个显著优势，即 DBCFT 可以有效遏制通过公司间交易实施的避税行为。常见的避税行为包括：使用公司间借款、将无形资产置于低税率的国家或地区，以及对公司间交易的不实定价等。在 DBCFT 下将无法实现减少纳税的目的。

  然而，DBCFT 的统一实施和单边实施之间存在重要差异。如果只是一小部分国家采用 DBCFT，则不采用 DBCFT 的国家可能会发现，其面临的利润转移问题加剧了：例如，在高税率国家经营的公司也许会试图虚报进口价格，而其交易对手如果位于实施 DBCFT 的国家，也不会因此面临任何额外的针对性出口税。

- 同样，DBCFT 将带来长期稳定，因为各国普遍有推行 DBCFT 的动机：相对于采用传统产地税的国家，或可获得竞争优势；相对于已经推行 DBCFT 的国家，避免处于竞争劣势。这也将有助于减少国家在税率方面的竞争。

既然 DBCFT 具有上述各种优势和益处，一个合理的问题是，为什么这一税种没有得到推行？2017 年美国新就职的共和党政府曾慎重考虑过推出 DBCFT，但最终并未实施。原因在于，DBCFT 存在许多缺陷。

- DBCFT 意味着税收方向和内容的重大变化。正如其他重大变化一样，DBCFT 的推出必将产生较大规模的输家和赢家群体。通常，输家表达抗议的声音会高过赢家表达支持的声音。
- 主要的输家将是进口商。DBCFT 将被视为类似于暂时性本币贬值，人们可对 DBCFT 提出反对意见。同时，也会有一些人质疑 DBCFT 是否符合 WTO 规则。
- DBCFT 将（暂时性地）提高国内物价，尤其是进口占比较高的商品或服务。
- 尽管 DBCFT 的本意是在提高增值税的同时降低劳动所得税，但并不确定这一举措是否能确保税后实际劳动收入保持不变。
- 更严重的是，非就业的贫困人口，如老年人群、失业人群以及患病人群，将得不到保护，除非实施普遍的福利再评估，否则他们可能会成为推出 DBCFT 的输家，当然这还取决于汇率效应等其他因素的共同作用。因此，实施 DBCFT 计划可能会遭到反对，因为其潜在的高度累退性，DBCFT 对穷人的影响会远大于对富人的影响。
- 由于投资的顺周期性和波动性，公司损失亦是如此，因此，DBCFT 税收总量将比现行的公司税更具顺周期性和波动性。这一观点可参见国际货币基金组织的政策报告（IMF Policy Paper，2019）。

第 12 章　从债权融资转向股权融资？

- DBCFT 可能引发公司的"假亏损"操作,尽管德弗鲁克斯和维拉（Devereux and Vella, 2019）反驳了这一观点。

因此,如果要在不引发政治风暴的前提下推出 DBCFT,可能必须辅之以大幅调整转移支付和福利支付的结构以及薪资税政策。因此,这将是一项浩大的工程,足以消减大多数财政部长推出这一改革的热情。

面对当前许多跨国公司实施的避税行为,相比于推出 DBCFT,财政部长们或许更愿意探索其他反逃税方式。

尽管 DBCFT 的好处一目了然,但推出 DBCFT 意味着要大步迈向一个从未尝试过的新体系,其间的成本成了巨大的障碍,使得 DBCFT 未能被各国接受。

12.3　改革企业经理人的激励结构

当前对现代资本主义的批评包括许多方面,如认为现代资本主义导致经理人让公司承担过多的风险;经理人薪酬过高;经理人未能充分开展长期投资,尤其是研发方面的投资。[1] 在全球金融危机之后,银行和其他金融中介机构成了前两项指责的主要批评对象。为抑制或防范此类功能失灵,各方已经提出了一系列的

---

[1] 在《金融时报》2018 年 12 月 12 日《对公司目标的反思》一文中,马丁·沃尔夫（Martin Wolf）批评了股东利益最大化的咒语,指出在高度杠杆化的银行业,公司治理的英美模式是无效的。马丁·沃尔夫在文中提及了多部书籍,包括科林·迈耶（Colin Mayer）2018 年出版的《繁荣》（*Prosperity*）,书中提出资本主义制度已经被明显破坏。

应对建议。其中的一类建议聚焦于限制银行和其他金融中介机构的业务结构，如不同形式的狭义银行建议，将核心零售金融业务与其他业务隔离的结构化建议，以及其他各种监管举措。

我们的建议在古德哈特和拉斯特拉（2020）合作的论文中有更详细的阐释，就是要区分"内部人"和"外部人"，"内部人"应承担多重责任，"外部人"则按目前的做法承担有限责任。这一方案显然需要区分"内部人"和"外部人"，而这样的区分有时不可避免地会呈现一定的随意性。

如何区分"内部人"和"外部人"呢？原则上，两者的区别并不复杂。相比于"外部人"，"内部人"能够获取多得多的企业经营信息，从而有可能运用这些信息防范过度的风险行为。当然，在实践中，这一区分并不容易。"内部人"包括所有的董事会成员，也包括外部董事。就员工而言，我们建议采用双层区分法，既要考虑他们在公司的职位，也要考虑其薪酬高低。因此，执行委员会的成员、部门负责人都应包括在内。但公司核心员工通常反映在其薪资水平而非正式职位上。因此，如果某员工的收入超过了CEO收入的50%，也应被视为"内部人"。但是，如果由于"内部人"因为经营失败可能承担多重严重责任，或许会出现试图调整职位和薪资的操作，以避免被归入"内部人"类别。因此，监管当局必须有权将特定公司的特定人员定为"内部人"，当然，这一权限要受制于司法审查。

大股东的地位使其同样能够获得内部信息，对公司经营发挥影响力。因此，任何持股比例超过一定限额（如5%）的股东都应被视为"内部人"。没有特定的关键门槛来决定持股比例高过该门槛的大股东就应被视为"内部人"。有观点提出，对于持股

第 12 章 从债权融资转向股权融资？

占公司股票总价值2%～5%的股东，应允许其自行选择成为"内部人"或"外部人"。若选择作为"外部人"，则必须放弃所有的投票权，在年度股东大会等场合不参与公司政策讨论。

确定责任的基础应该是所有"内部人"自其成为"内部人"之日起的薪酬，应包括所有形式的薪酬，唯一的例外是以"自救安排型债务工具"（bail-inable debt）形式发放的薪酬，其后与此类债务工具相关的所有交易都应发布公告。这应适用于董事和员工。股东则应依据其所持股份的购入价值确定责任。

不是所有的"内部人"都生而平等。其中特别是CEO，掌握的信息和拥有的权力远胜其下属、其他董事会成员或审计人员。或许可以认为，CEO的责任可以是其履职以来薪酬（剔除自救安排型债务工具）总值的三倍。公司的董事会成员和其他高级管理人员或许应承担所有薪酬两倍的责任，其他"内部人"的责任则与其累计获得的收入相当。同样，持股比例超过5%的大股东或许要在所持股份之外，额外承担两倍于其股票购入价值的责任；持股比例在2%～5%的"内部人"股东，或许要在所持股份之外，额外承担与其股票购入价值相当的责任，这和美国20世纪30年代之前国民银行体系中的要求大体一致。

这又进一步引发了两个问题。第一，如果"内部人"不再是"内部人"，如员工离职，大股东出售股份，应该做何调整？第二，如果某"内部人"注意到公司正在进入危险的领域，但又不能成功劝说管理层改变方向，在此情况下，如何让"内部人"避免因其本人不同意的政策而受到处罚呢？

对于第一个问题，即"内部人"离职的问题，一个合适的处理方式是根据"内部人"的信息和权力逐步降低责任。假设CEO

承担三倍的责任,则可以在其离职后的三年内,按一个固定的比例逐步降低责任,最终在离职三年后不再承担额外责任。同样,承担两倍责任的"内部人",也应在离开后以固定比例逐步降低责任,直至两年后不再承担额外责任。承担一倍责任的"内部人"离开的处理方式亦如此。

对于第二个问题,即"内部人"反对但未能阻止公司某项政策的实施,那么,这些承担额外责任的"内部人"如何避免因此类政策而遭受的惩罚?我们的建议是,处在这种情境下的"内部人"应正式致函相关监管部门,陈述其对公司要采取的某项政策的担忧,当然,这样的信函应该是机密的。监管部门必须正式确认收到此类信函,未来在公司失败的情况下,可用以减轻或免除对来函"内部人"的责任追究与处罚。此外,在公司确实由于此类信函中指摘的问题而失败的情况下,这又可以成为监管者问责的一种形式。在公司失败的情况下,所有此类信函都必须对外公开。若监管部门不公开任何一封此类信函,将构成违法。

还有一个更具难度的问题,监管部门收到机密的警告信(写信人或许是审计人员,或许是某个不开心的员工)后,是否应该公开信件内容。我们认为,此类警告在公开之前,需由一个独立部门做进一步调查,可以是监管部门或者是金融监察专员,因为在许多情况下,信中的警告或许毫无根据,公司采取的政策或许是恰当的。但如果监管部门在调查后认为信中警告是有道理的,则第一步就是要与公司管理层就信中提出的警告及其依据进行私下讨论,如果公司管理层坚持不调整,监管部门下一步就可以公开警告信内容(匿名),并附上监管评价,同时也给公司管理层就此事公开发表意见的机会。经过上述流程之后,"外部人"将

第 12 章 从债权融资转向股权融资？

在这一事件及其缘由上获得与"内部人"相同的信息。

值得注意的是,如果监管部门收到警告信,却未能采取相应行动,而事后又证明该警告预先点明了真相,那么,监管部门将被置于风口浪尖,至少会遭受严重的声誉损失。

上述建议的目的是要在公司失败时,对拥有"内部人"信息和权力的主体采取恰当的问责和处罚。前文提及的示意性的责任倍数,显然具有主观性。但在实践中可以不断校准,以实现对所有此类"内部人"的准确制裁,无论是针对大股东、核心员工,还是监管者。我们认为,这将是一种更优形式的治理。

第13章 未来的政策问题

老龄化、税收及货币与财政的冲突

> 人口变化是公共财政面临的长期关键压力。
> ——英国预算责任办公室，2018年7月。[①]

未来我们去哪里筹集资金支撑老龄人口的支出需求？如果你认为当前全球债务总量已经成为一个问题，那官方对未来老龄化相关支出的预测会让这一情形雪上加霜。

没有简单的解决方案，由于经济和政治原因，对富人或穷人增税都是极其艰难的。而完全不承担对老年人的责任更不可行，因为在民主社会，老年选民比重的上升就决定了这行不通。

因此，货币政策和财政政策的路径必须发生重大变化。财政创新正在实施：我们已经推出了一些很有希望的税收制度，包括当代的《末日审判书》（*Domesday Book*），正如诺曼人在1086年开展的土地赋税调查一样。然而，所有这些创新税制在执行方面都遇到了各自的困难。我们认为，与其说是创新，不如说是绝望

[①] 在开放政府许可（Open Government Licence）框架下转载：http://nationalarchives.gov.uk/doc/open-government-licence/version/3/.

最终推动了这些税制的实施。同时，不断增长的债务负担将推动通胀上升，正如我们在之前章节讨论的那样。

货币政策同样将面临严峻考验。政府鼓励央行独立性的强烈意愿将开始逆转。在过去几十年间，各国央行过于相信通胀下行是其实施通胀目标制的结果，而较少将之归因于人口的变化。过去，通胀和利率保持下行，财政部长是愉快的。然而，未来随着老龄人口比重上升，推动通胀和利率进一步上行，情况还会是这样吗？我们并不这样认为。两者间的冲突已经开始，但现在还仅仅是开端。

13.1 引言：未来的崎岖道路

在未来的几十年中，人口趋势会对包括财政政策和货币政策在内的公共政策产生巨大压力。根据英国预算责任办公室2018年7月发布的《财政可持续性报告》（第二章，第7页），英国公共财政基本收支和净债务的基本预测如图13.1所示。

英国预算责任办公室预测的公共财政出现恶化的主要原因是人口，尤其是医疗保健成本的增加（第7页，第24段）：

> 在今年的报告中，我们继续假设，为应对中长期非人口成本的压力，医疗保健支出将每年增长1个百分点。我们假设，在2038—2039年之前，过快增长的成本将从最新的一级和二级医疗保健支出的预估值（高于1个百分点）稳步回落到1个百分点的长期假设水平。我们选择的方法和估值类似于美国国会预算办公室（CBO）使用的方法。必须强调的一

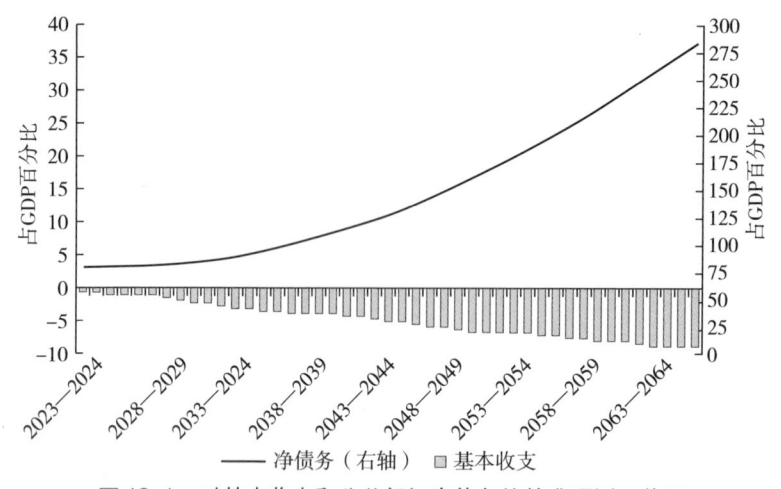

图 13.1 对基本收支和公共部门净债务的基准预测：英国

资料来源：在开放政府许可框架下转载自 OBR 报告：http://nationala rchives.gov.uk/doc/open-government-licence/version/3/。

点是，我们对医疗保健支出的预测并非基于自下而上对"需求"的估计，而是代表了一种判断，即对"不变的政策"的最好诠释就是，假设支出的上升是为了应对人口和非人口成本压力。

此外，鉴于劳动人口增长率的预期下降，以及近期生产率的发展趋势，英国预算责任办公室的报告对生产率的假设在我们看来似乎过于乐观了。根据英国预算责任办公室的观点，"在稳定状态下，全社会的生产率会年均提高2%"（第7页，第22段）。

请注意，我们认为生产率的确会增长，但这一观点更适用于企业部门，尤其是企业能够有效提升资本劳动比的部门。医疗保健行业更难实现生产率增长，因为老年人（事实上是所有病人）的需求是高度异质化的。有人认为美国医疗保健行业是"最低效"的行业。他们没有意识到，这是因为这一领域的任务目标无法实现复制和自动化。教育也是如此，在生产率统计上也是"低效"的。因此，总体效应是企业部门中的大部分领域生产率的确会提升，但由于日益扩大的医疗保健行业的特质，整体的生产率只能实现缓慢提升。因此，英国预算责任办公室关于生产率的变化方向是正确的，但由于生产率的起点较弱，通往全社会更高生产率的道路或许比英国预算责任办公室的良性假设要更为崎岖。

美国罹患相同的综合征。《国会预算办公室报告》（2019）展示了完全相同的财政趋势（图 13.2 和图 13.3 转载自该报告的图 1.4 和图 1.8）。

一方面，美国的情况比其他大多数国家要不利得多，因为美国财政状况的起点（经商业周期调整）更糟糕。造成这一局面的原因之一在于特朗普政府实施的扩张性财政政策，如下图 13.4（原报告的图 1.3）所示。

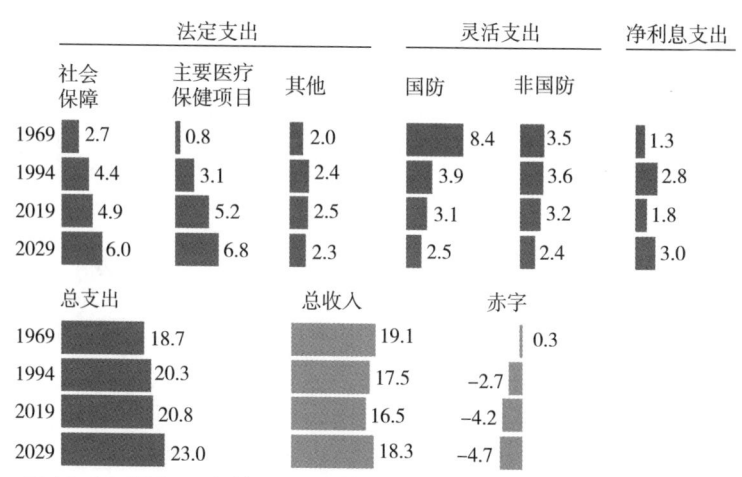

	法定支出			灵活支出		净利息支出
	社会保障	主要医疗保健项目	其他	国防	非国防	
1969	2.7	0.8	2.0	8.4	3.5	1.3
1994	4.4	3.1	2.4	3.9	3.6	2.8
2019	4.9	5.2	2.5	3.1	3.2	1.8
2029	6.0	6.8	2.3	2.5	2.4	3.0

	总支出	总收入	赤字
1969	18.7	19.1	0.3
1994	20.3	17.5	−2.7
2019	20.8	16.5	−4.2
2029	23.0	18.3	−4.7

图 13.2　CBO 25 年前和 50 年前的收支基线预测与实际值相比：美国

注：1. 主要医疗保健项目支出包括医疗保险支出（剔除保费和其他抵消收入的净支出）、医疗救助支出、儿童健康保险项目支出，以及在美国《平价医疗法案》（Affordable Care Act）下对商业医疗保险的补贴和相关支出。2. 由于四舍五入的原因，加总数据与各分项之和有出入。

资料来源：CBO。

人口大逆转

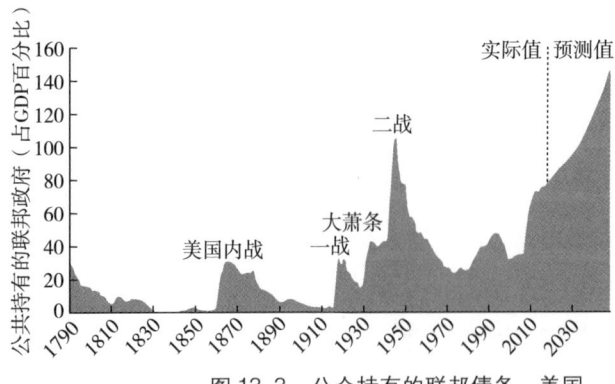

图 13.3 公众持有的联邦债务：美国

资料来源：CBO。

联邦债务的高企与攀升会减少国民的储蓄和收入，提高政府的利息支出，限制立法者应对突发事件的能力，增加财政危机的可能性。

图 13.4 基线预测中的赤字与低失业率时的赤字和盈余的比较：美国

资料来源：CBO。

在过去50个财政年度中，有27年的失业率低于6%。这27年的财政赤字占GDP比重平均为1.5%。根据CBO的预测，2020—2029年，尽管失业率将维持在5%以下，但赤字占GDP比重的预测均值为4.4%。

另一方面，美国却比大多数发达经济体的情况要好很多，因为美国老年人口占劳动人口的比重处于相对低位，且增速更为缓和。

13.2 不可避免的两件事：老龄化和税收

因此，从目前在人口和医疗方面的假设出发，当前的财政状况是不可持续的。当然，这也许并不会发生。医学或许可以

第 13 章　未来的政策问题

找到治疗老年痴呆/阿尔茨海默病的方法，可以延缓人体衰老过程，从而让我们都能工作到 85 岁（也许可以在 100 岁生日之后任意选定一个夜晚，通过程序死于心脏骤停）。然而，依赖未来的科学突破来解决所有问题似乎过于乐观了。即使目前的趋势仅仅持续 20 年或 30 年，就能将我们的公共财政置于危机四伏的境地。

事实上，为了控制后金融危机时期居高不下的赤字和债务率，许多国家采取的紧缩政策已经触及了公众政治接受度的极限。此类紧缩政策大多表现为削减医疗、养老和国防之外领域的公共支出。我们不禁怀疑，这样的削减举措还能走多远。此外，我们相信，社会和政治压力将继续推动医疗和养老成本按目前的预测持续上升，而新旧超级大国的角力将推高军费支出。

因此，看似不可避免的是，要维持公共部门的偿付能力，就必须提高税收。但提高什么税呢？技能人群、金融财富和公司总部都可以用脚投票。因此，陡峭的累进所得税、普遍的财富税，以及更高税率的公司税，大体只能成为自我伤害的举措。另一方面，如果对收入谱系中的低端群体征收更高的所得税，则可能会加剧不平等，并导致工人提出更高的税前工资要求。

尽管我们并不是财政专家，依然在此提出四项可能增加财政收入的建议：公司税、土地价值税、碳税以及基于目的地的现金流量税（DBCFT，在 12 章已有讨论，见第 12.2.2 节）。

专栏 13.1 对劳动人口征税的上限

希尔、波利托和威肯斯（Heer, Polito and Wickens, 2018）尝试预测对劳动人口征税的上限。三位作者在第40—41页给出了结论：

国家养老体系可持续性的主要挑战就是人口老龄化。尽管这是一个全球现象，但发达经济体面临的问题尤为严重，因为发达经济体的抚养比（养老金领取人口与养老金缴费人口之比）处于全球最高水平，且在未来的85年里预计还会翻番。在是否可以通过税收政策来缓解养老保障体系窘境这一问题上，许多发达经济体实际上正在接近征税的上限……

不同国家的征税上限、到上限的距离以及达到上限的可能性都有很大的差异。大多数欧洲国家的前景尤其令人担忧。与美国不同，欧洲各国的平均财政空间更小，养老金体系更为慷慨，老龄化更为严重，且预测的老龄化速度比美国更快。因此，欧洲国家在2010年时远比美国更加接近征税上限，预计在2050年前就会达到上限。而美国，预计在2100年之前都不会达到上限。

相反，克特里考夫的一般盖达尔模型得出了相反的结论（Kotlikoff, 2019，第34—35页）：

因此，一般盖达尔模型非常令人吃惊地指出，中国、日本、韩国以及西欧国家不会由于老龄化产生长期财政问题。事实上，在上述国家，世纪末的消费税率比世纪初的税率要低得多。根据一般盖达尔模型，主要由老龄化产生巨大财政问题的国家是美国。美国目前的老龄人口占比为17%。

> 到2100年，这一占比将上升到27%。在一般盖达尔模型中，美国并不会经历后发式的生产率增长，因为所有的后发追赶都是相对美国发生的。[还可以参考布卢姆（Bloom，2019）编辑的《长寿与繁荣》(*Live Long and Prosper*)一书中收录的文章（比如 Conesa et al.，2019；Laitner and Silverman，2019；Börsch-Supan，2019）。]

13.2.1 改革公司税的基础

侵蚀税基和转移利润（BEPS）的许多活动一直存在，利润转移源于国际竞争，最显著的表现就是通过避税天堂的利润转移，典型例子就是过去几十年间提供数字服务的公司通过避税天堂转移利润。这严重降低了公司税收入，尤其是大型经济体的公司税收可能已经远低于社会最优水平。

经合组织的主要建议是，将此类公司税收的核心从公司的物理存在地转向销售所在地，这一转变至少应适用于数字公司。上述建议可参见经合组织2019年10月发布的《秘书处关于支柱一"统一办法"的提案》(Secretariat Proposal for a "Unified Approach" Under Pillar One)。这一改革是否能得到实施，截至本书付梓时尚不可知。若改革实施，则将大幅增加大多数大型经济体的公司税收入，减少避税天堂的吸引力。

13.2.2 土地税

阿姆斯特丹运河巡游常常会让游客大吃一惊。不仅是因为那些著名的斜楼，当游客了解到这些建筑是根据宽度和窗口大小缴税时，也会惊诧不已。运河沿岸缴税最少的房子就是那些正面只有几英尺宽的房子。背后的思路（可能）是要针对居住者接入的公共道路，以及因私人使用而占据的阳光进行征税。今天看来这一思路有些可笑，但其中是否有正当公平的元素呢？

我们的提议包含了一些荷兰式元素，但并不多。

我们之所以建议对土地征税，是因为土地所有者"睡着"就获得了财富，但我们不建议对土地上的建设成果征税。土地和地上建设受益于基础设施以及附近的其他土地和地上建设。换言之，它吸收了正面的溢出，因此对这样的溢出征税是可行的。城市和乡村土地应区别对待。这样的土地税制度将创造社会效益，还可以通过制度设计避免不动产价值的突然跳涨。

土地税思想的演变

进入农业社会后，土地所有权成为权力和财富的主要来源。这一情况基本保持不变，直到工业革命来临。尽管权力和财富更广泛地分配于人力、金融和技术资本，但土地所有权仍然是一个人社会地位的核心指标。房地产仍然是整个经济中的最大资产，其规模如此巨大，以至于许多国家银行信贷的80%左右都投向了房地产。巨量信贷又推高了住房和其他房地产价格，增加了这些经济的债务积压。

不同于其他形式的财富，土地是固定且不可移动的。对其他财富形式征税可能减少相关生产活动，或使其向海外转移，但土地税不会产生此类负面效应。土地与其他财富形式不同，除了极少数特例（如荷兰的围海造田），土地并不是由人类劳动创造的。这就使土地税相比于对大多数其他形式的财富征税而言，至少在某种程度上显得更加合乎道德。任何地点的土地价值中的一大部

第 13 章 未来的政策问题

分,都是由正外部性创造的,而正外部性主要源于公共支出,如交通、公园、学校以及其他公共设施,也源于同一社区内其他私人开发商的投资。

此外,国家通过法律、国防和警察提供了和平与安全。没有国家提供的这些服务,就会如霍布斯指出的,生命会变得野蛮而短暂,土地价值也会走低且不确定性增加。霍布斯的必读经典《利维坦》出版于1651年,2014年收录在华兹华斯世界文学经典文库(Wordsworth Classics of World Literature)中。总之,国家提供了一系列的服务,不动产和社区的价值都取决于上文提及的学校、医院、道路和轨道交通的质量。最终,土地价值还是取决于他人愿意在该地区生活和工作的程度。

亚当·斯密(1776,现版本1982)[1]、约翰·穆勒(John Stuart Mill, 1848,现版本2016),以及其他伟大的经济学家在两个多世纪的经济学史中一直强调,城市土地或未开发的生地上或许会建房,但土地所有者对原地块的价值没有或几乎没有做出任何贡献。正如穆勒在《政治经济学原理》第五篇第二章第五小节指出的,地主"睡着"[2]就享有了不断上涨的土地租金收入和市场

---

[1] "地主喜欢不劳而获,即使对土地的天然产物也要求地租"(《国富论》,第一篇第六章第八小节)。土地所有的特权"建立在最为荒谬的假定基础上,即每一代人并没有相等的土地权利……当代人的不动产应该由……500年前……过世的人的设想来规范"(第三篇第二章第六小节)。

[2] 在《政治经济学原理》(1848,现版本2016)一书的第五篇第二章第五小节,穆勒描述了对不动产收取租金,不动产持有人作为所有者"无须做任何努力或牺牲,就可以向社会要求租金支付……地主……变得更加富裕,似乎在睡着时不用工作,不用承担风险,也不用节约,就实现了。在社会正义的普遍原则下,他们又是基于什么获得财富的增加呢?"

价格。当然，还有亨利·乔治（Henry George，1871，现版本2016）著名的《我们的土地和土地政策》(*Our Land and Land Policy*)。

相反，在建设和相关开发中的资本投资需要实际支出，因此，相比土地更不适合作为征税的对象。对原土地价值征税，而不是对整体不动产（土地加建筑）征税，将有效降低单位土地的税额，从而刺激投资开发，加快新房供给。

这样的论证并不适用于乡村土地。以欧洲为例，乡村的形态和面貌更多地体现为人类创造的产物。对国家公园征税是一个愚蠢的想法。可行的办法是，评估不同形式的乡村土地用途的广义社会价值，从而确定是否征收土地税。这听起来似乎颇有难度且有些官僚，然而，这实际上只是农业补贴流程的一种延伸，而许多国家已经在实施农业补贴，如英国的农村支付局（Rural Payment Agency，RPA）。鉴于农地价格已经在下降，这或许可以使一批更加年轻和多元化的农民进入并从事农业。原地价格的估值确有难度，但它不会比许多其他物品更难，如艺术收藏品等。此外，为了土地保值增值而发生的支出，如扎篱、挖渠、施肥、除草、造园等，在这样的土地税制度下应可以抵扣。

诺曼人征服英格兰（1066年）之后的第一批财政和政府措施之一，就是对土地所有权开展全面调查，形成了《末日审判书》（1086）。不仅在英国，所有其他发达经济体都需要一次现代的土地所有权调查。卫星图像经常被误读，如将碉堡看作原子设施。但我们可以确定的是，借助卫星图像，能以低成本、高效率和广覆盖的方式，更有效地辨别建筑物和土地。此外，很容易就可以获得并记载相关的土地附带数据，如公共基础设施（尤其是公共交通）的可得性、气候细节等。

因此，我们倾向于根据纯粹的土地价值征收土地税，不动产税则可作为退而求其次的备选方案。

对土地和不动产价格的积极影响

这样的土地税将带来两大直接益处。第一，将迅速降低土地的市场价格，带动住房和商业地产价格下行。第二，若不对建筑物征税，将鼓励土地所有者加大建设，以降低单位土地的税负。由于这一税种存在扭曲和扰乱估值和交易的风险，合理的实施路径似乎是在初期针对（纯粹）土地（或不动产）价值推出可承担但稳步提升的税率，不能采用迅速随机跳升的税率。

有人担心，未来的税率提高会立即贴现到当前价格上。这是有可能发生的，但迈阿密的例子证明了相反的结论。迈阿密相当可观的一部分城市土地，将在未来50年后不可避免地沉入地平线以下。但这既没有拖累建设速度，也没有拉低迈阿密的房价。

除非出现普遍的金融危机，否则要在遭遇最小阻力的情况下推行土地税，税率就必须是渐进且稳步上升的，大多数古典经济学家都有同样的建议。基于土地估值的低税率定期税，需要有持续更新的估值，虽然流程烦琐费力，但技术上并无难度，而且远比试图推行更大范围的财富税要简单。由于土地不可移动，因此土地税对经济的扭曲效应更小，却又能实现财富从土地所有者向不动产所有者的再分配。

13.2.3 碳税：让环保女孩格雷塔重绽笑颜

对于许多人也许是大多数人而言，他们关于人类生存的主要担忧不是恶化的抚养比或人口变化，而是气候变化以及可能导致气候变化的所有问题。出生率下降（除了非洲）和人口增长减速可以减少对化石燃料的需求,因此受到了气候变化活动家的欢迎。

但碳税可以同时服务于这两项事业。碳税可以筹集资金解决日益增长的老年人口抚养需求,同时又可以通过市场力量在化石能源能效较低的领域减少化石能源的使用。许多顶尖经济学家都支持碳税,如克特里考夫等人(2019)最新的提议——"让碳税成为代际的双赢"。但是,碳税并没有成为环保活动家的战斗口号,或许他们认为相比于基于税收或补贴的体系,直接管控更不易造成扭曲(或管控只会落在一些不特定的其他群体身上)。这是一个常见的谬误。

然而,加税总是不受欢迎的,法国总统马克龙2019年面临的"黄马甲"之困就是一个广为人知的典型例子。人们认为,法国农村的穷人享有较低的公共交通水平,油税上调将对其造成较大冲击,而富裕的巴黎人则可以搭乘地铁。

这又是一个应该开展当代"末日审判书"式调查的情形。我们可以根据公共交通水平划分不同等级的区域,如卓越、满意、较差、几乎为零。在此基础上,为不同等级的地区设置不同的汽油税率。在美国,各州不同的汽油税使得加油站集中在某些州的边境附近,但这种市场扭曲似乎相对微小。同样,对取暖费的税率也可以根据平均温度设置地区差异。在许多国家,已经考虑了老年人的取暖需求。

我们需要的是碳税,但碳税必须有更明智的设计,以缓解贫困人群、老年人群以及生活方式使其无法适应新碳税的人群面临的压力。

13.2.4　基于目的地的现金流量税

前文已就DBCFT进行了探讨(见第12.2.2小节),在此仅做简单讨论。DBCFT 的巨大优势在于，公司无法通过现在采取的一系列避税行为实现避税，因此在需要增加额外资金来源时可提高税率而不必担心企业转移到海外。DBCFT 的主要劣势在于，由于采取了对消费间接征税的形式，即泛化的增值税形式，因此对富人的影响要小于对穷人的影响。

因此，要推出 DBCFT，必须辅以细节化的举措，确保穷人不会因为此税而处于不利地位。在实施 DBCFT 的同时降低薪资所得税是不够的。实施 DBCFT 会导致物价上升，尤其是进口食品价格，即使 DBCFT 只是导致价格短暂上升，也要保护老年人群、失业人群、单亲母亲以及其他救济领取人群的（相对）收入不因此而下降。

综上，本节内容主要讨论了可能推出的新税种，以应对即将到来的财政不确定性危机。然而，各税种都会遭遇反对意见，尤其是受到负面影响最严重的人群会反对。因此，在推出新税种时既要循序渐进，又要精心设计，为最脆弱的人群提供补偿和保障。

鉴于公众对加税的反对，我们怀疑当政者是否会做出足够的努力，在居民部门和企业部门重回赤字时保持宏观经济平衡，解决公共部门不断攀升的债务问题。正如前文强调的，最终的结局将是通胀压力的回潮。这就又回到了在新环境下货币政策和央行能有何作为的问题。

13.3 货币政策

政客及其经济顾问一直低估了过去 30 年间（自 20 世纪 90 年代以来）全球化和人口变化的合力对全球经济带来的通缩压力。同时，在维持物价稳定的成功中，他们又高估了其中可以归因于央行通胀目标制以及对通胀实施总体控制的部分。

在这一方面的成功国家,尤其是德国,过去非常倾向于通过经常账户的大幅顺差而非公共部门赤字和债务积累来实现经济平衡。当然,这给对应的赤字国家带来了更大的压力,而此类赤字又部分或大多归咎于它们自身的财政无节制(而不是归咎于那些"更审慎"的债权国的政策)。

在全球财政赤字水平次优的背景下,必须实施扩张性货币政策,以平衡全球经济。由于扩张性货币政策有利于社会上最有权力的各个部门,所以此类政策产生了额外的影响。央行行长成了各界的挚友,上至财政部,下至公司、有按揭贷款的家庭、富人以及老人。央行拉低了债务的利息成本,刺激资产价格攀升。只有年轻人和穷人在此间的直接受益相对较小。即使如此,也可以说(的确也是如此),扩张性货币政策推高了总需求,提高了就业水平,因此年轻人和穷人获得了更多的收益。

但是,如果潮流转向,大逆转开始,又会发生什么?

正如全球财政政策在过去 30 年间呈现系统性的扩张不足,在未来的 30 年间,即 2020—2050 年,财政政策很有可能也会紧缩不足。因此,货币政策可能必须要承担起压降需求的重任,以实现其通胀目标。这意味着更高的名义和实际利率。但这显然不利于在过去几十年宽松货币政策中受益的人。

同时,正如过去几十年间央行在去通胀中的作用比其声称的要少,现在,央行要在不进一步损害增长的前提下将通胀水平控制在低位,其成功的可能也极小。过去和未来数十年长期通胀趋势或是一个非货币现象。

因此,一个很自然的推断就是,央行独立性可能会滑入危险的境地，但各国情形不一定相同。在左翼政府执政的国家或地区，央行独立性可能会得到更好的保护。究其原因，左翼的政府更少关注受益于资产价格持续上涨的人群的福利，更重要的是，政府不希望出现金融恐慌、信用风险溢价扩大、在债券市场的融资能力消失等情况。对于这些左翼政府，独立的央行能在通胀上行环境下提供金融稳定的确定性，而这种确定性正是市场急需的。对于右翼政府，尤其是民粹主义政府，并没有保护央行独立性的需求，因为富人和有权势的群体一般来说已经是他们的支持者。因此，如果右翼政府执政，央行独立性可能会受到最大的伤害。

事实上，右翼和民粹主义对央行独立性的抨击已经发生，这一点可参考比安奇等人（Bianchi et al.，2019）的论文。颇能说明问题的是，《经济学人》在2019年4月13—19日这一期有篇社论，题为"干预日：独立的央行正在受到威胁。这对世界是个坏消息"。央行独立性在多数情形下是纸老虎。独立性通常源于某部法案，而一届议会通过了法案，下届议会可以废止该法案。即使保留原法案，政府一般可以通过改变对央行的授权，或更换央行管理层，让央行服从政府的意志。无论央行当前的宪法地位如何，央行在本质上是政治机构，央行自己也明白这一点。

欧洲央行是一个例外，因为它受条约保护，而要修改条约需要所有成员的一致同意。即使如此，欧洲央行也知道，如果推出的政策受到几大成员国的强烈反对，则其自身也会处于危险的境地。

央行独立性的光荣岁月也许正在走向一个不愉快的结局。

第14章　逆（主）流而行

理解过去方能筹备未来。政策、金融市场条件和筹谋未来都是当时主流看法的自然结果。趋势维持的时间也是一个因素，维持的时间越长，大家就越相信它会继续下去。主流想法一旦确立，就很难动摇，尤其是在转折点上。我们现在就处于这样一个转折点上，且主流模型不能或者不愿意转变方向。我们和这些模型有什么不同？如果主流观点是错误的，会有什么后果？

二战以来，发达国家的通胀和利率这两个名义变量经历了两波连续且强大的趋势。图14.1最清楚不过地显示了这一点，该图显示的是1694年至2018年的英国长期债券的名义利率变化。1694年至大约1950年，利率非常稳定地保持在2.5%~5%的水平。但是自那时起便逐渐连续上升至1973/1974年15%左右的最高点，之后转头逐渐下降至现在低得不正常的水平。

二战之前的几个世纪，年度通胀主要因战争和农作物收成不确定而波动较大。但是人们一般估计战争持续的时间较短（虽然有时像1914年一样会估计错误），且农作物的收成多少也是随机的。所以，图14.1显示的这几个世纪的长期通胀预期和实际利率保持较稳定的水平。

第14章 逆（主）流而行

图14.1 英国长期债券收益率

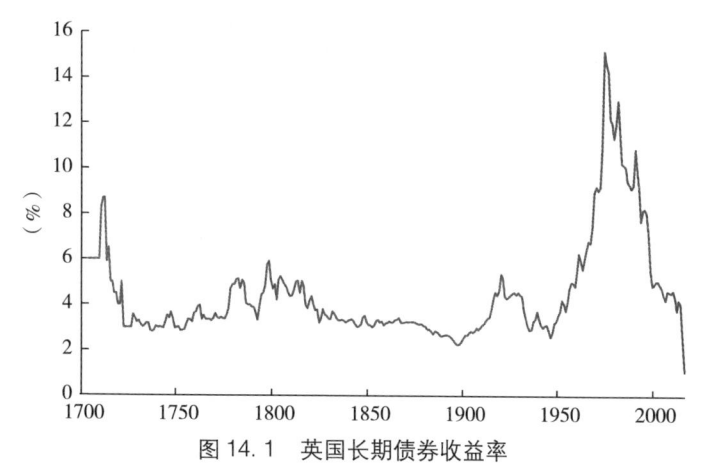

资料来源：英格兰银行，美联储经济数据库。

那么，二战之后到底是什么变化使得这两个名义变量展现出持续的两波趋势，为什么这两波都很强大的趋势方向正好相反？这些问题的答案非常重要，因为我们想知道我们是否会回到战前的稳定状态，或者是否会出现第三波趋势。如果有第三波趋势，未来又会如何？

主流通胀理论基于货币主义或者凯恩斯的需求管理。对一个货币主义者或者信奉金本位制的人来说，这些趋势背后的原因非常简单，即发达国家以法定货币体系代替了金本位制。政府财政的支配地位使得政客可以印钱贿赂选民，这便引发了通胀。20世纪70年代滞胀大行其道，情况非常严重，最终不得不提高央行的独立性从而稍微恢复了对政客印钞冲动的限制。

这样的分析当然很有道理，但是并不全面。在上升曲线的第一阶段，即1950—1979年，经济学界认为可以通过财政政策控制来自需求侧的压力，从而在全社会实现菲利普斯曲线上的失业率和通胀率之间的最优取舍。战后的决策者在20世纪30年代还年轻的时候经历了高失业率的痛苦，战后便希望在可行失业率区间内尽可能降低失业率。如果这些政策引发了过高的通胀，他们就直接采取价格和收入政策来应对。这意图虽好，但没有起到实际效果。

同时，这种几乎保证充分（或者过于充分）就业的政策加强了劳工的议价能力，英国的国家矿工工会和全美汽车工人联合会的工人就是其中的受益者。工会成员数量上升，劳工变得更为激进。加强劳工议价能力的一个违背初衷的结果是自然失业率的悄然上升，这是采用凯恩斯需求管理提高平均就业率的副产品。

但是1950—1979年发生的事情和出现的问题不是我们的焦点，我们将聚焦二战后岁月的下半段，即1980—2018年，以及未来的趋势。

对这段时期，尤其是2007年后，主流货币主义理论就更缺乏说服力了，金本位制信徒的理论更是如此。"通胀是一种货币现象，央行可以创造货币"已是老生常谈的观点，但为什么我们的通胀持续低于目标？

当然，有人将此归咎于名义利率的零下限或者有效下限。但是当通胀像2019年处于1%左右的水平时，只有在实际均衡利率r^*转负，远远低于之前一贯的2.5%~3.5%的水平时，有效下限才成为严重的限制。这将不再是一个名义货币而是实际货币问题。

现在的主流解释便是如此，即r^*已经转负。长期停滞理论采用一系列论点（包括不平等甚至老龄化社会的投资需求下降等）解释r^*下降而且将在可预见的未来保持低位。对r^*的实证估计总是得出负值或者非常接近零的数字，进一步佐证相信长期停滞的

第14章 逆（主）流而行

人士的观点。

有人进一步提出，世界已陷入低总需求和低通胀的困局。低通胀和更低的 r^* 意味着总需求永远无法真正恢复，各经济体因为存在未能充分利用的产能而持续面临低通胀。

这样的理论大行其道是有理由的。美联储屡次试图加息的努力总以被迫尴尬降息结束，各大央行采取大刀阔斧的措施推高通胀无果，都与这一理论非常吻合。

但是，细看之后，这一理论至少在三方面站不住脚：

第一，产能过剩造成的通缩压力更像是与中国相关而不是与美国相关的问题。这一理论也无法解释2008年全球金融危机前的情况，当时增长强劲，通胀和实际利率都在下降。所以，理解危机前后的情况就需要两个不同的解释，这是可能的，但这不是令人满意的理解长期趋势的方法。

第二，用所谓的无法观察成分的模型或者卡尔曼滤波模型生成 r^* 估计值的方法基于如下假设： r^* 的路径和潜在增长的路径由一个共同因素决定，该因素为生产率。但关于增长和实际利率的实证研究并未发现这样的联系（Hamilton et al. , 2015）。所以用这种方法得到的估计值，其准确性值得怀疑。

最后，也许是最重要的一点，在解释 r^* 的路径时将不平等和低投资视为外生给定的。但是，这两个现象很大程度上都取决于全球化和人口因素。将它们直接视作利率下降的原因不能识别出真正的决定因素。

14.1　我们的方法论和主要判断

本书的主要判断是：经济中实际趋势的演变，即实际产出持续上升以及同时存在的通缩压力是人口因素和全球化共同作用的结果，再加上劳动节约型技术，造成了劳动力供给面临迄今为止最大的上行冲击。在这样的情况下，除了与资本互补的高技能劳动力之外，其他劳动力的实际回报几乎不可避免地下降，而资本回报，即利润率，得以上升。在外包和移民的威胁下，劳动力不断失去议价能力。自然失业率 u^* 悄然持续下降。

也许除了认为自然失业率 u^* 的变化不仅更大而且在重要性上能和实际自然利率 r^* 或增长率 g 相匹敌（见第 8 章），我们对过去 30 年的长期趋势的分析是相对主流的。本书和主流观点不同的地方在于视野更加全球化，尤其是将世界宏观经济事件发生的根源追溯到亚洲国家，特别是中国。我们在第 2 章中记录了中国在这方面的高度重要性。大多数经济学家主要关注他们自己身处的国家或地区，大多数西方经济学家来自北美或欧洲。他们的分析只是象征性地谈及全球性因素，对中国的讨论也仅限于只言片语，国内事件在分析中占主导地位。但这样的分析框架如今看来太过狭隘，无法反映宏观经济走势的大局。

在第 3 章和之后的章节中，我们谈到了未来。其中最重要的一点是，包括东亚和欧洲在内的世界增长最快的地区曾经拥有十分有利的人口红利，这一情况正在急速逆转。由于过去人口结构的变化，各种各样被时代抛弃、深感前途渺茫的工人开始支持右翼的本土主义和民粹主义政客。这些政客宣扬的限制移民与保护本土产业的政策与这些大失所望的工人产生了共鸣（第 7 章）。

工人们也许失去了议价能力，但是他们仍然握有政治权力。这就是我们书名中所谓的"大逆转"。

虽然全球化退潮进行到了哪个阶段是个见仁见智的话题，但这个"大逆转"的基本趋势是毋庸置疑的。正如我们所说的，有利的人口结构和迅猛的全球化是过去30年快速增长以及低通胀与低利率背后的主要（非全部）原因，那么预测未来30年增长放缓、通胀和名义利率上升就顺理成章了。

14.2 我们和主流观点的不同之处及其原因

虽然我们认为人口和结构性因素是未来宏观经济走势的关键背景，尤其是在现在这样的转折点上，但是大多数的经济预测（预测区间不超过两年）并未提及它们。这很大程度上是因为在这么短的时间里，人口和结构性因素通常可以假设为常量。所以，不管各种预测使用的数学模型多么新潮高级，它们通常都体现出两点：当下结果的延续（动量）和部分回调到估计的均衡水平（恢复常态）。但是如果均衡水平本身在发生变化，模型的常态水平又如何确定？在大逆转发生时，传统的预测方法可能存在缺陷。

幸好有一小群但正在逐渐壮大的经济学家关注人口变量并做更长期的预测。但是这些人（Papetti，2019）预测的名义变量和实际利率开始回升的时间也比我们的预测更加延后。

在该领域，我们的方法至少在三个重要的问题上和主流有所不同：

第一，我们对未来个人储蓄的趋势不如主流观点乐观。主流模型对消费的假设与老龄化社会将出现的消费格局完全不符。

第二，我们对劳动力总量收缩条件下的企业投资更加乐观。我们同意安德鲁·史密瑟斯的观点，即资本主义社会严重的治理问题阻碍了投资，尤其是在美国。

最后，主流观点认为，债务和人口因素都将在可预见的未来压低增长、通胀和利率。我们却认为这两个因素将起相反作用，债务就像巨大的路障，但不可抵抗的人口趋势终将绕过它。这也意味着货币和财政当局将出现冲突。

主流观点认为，人们的消费具有完美的前瞻性，因此消费在一个人的一生中将保持平稳。我们并不认同。这种假设的理论意义大于实践。当然消费确有平滑的趋势，但不能完全保证整个生命周期的平稳。比如，中国的个人储蓄率从过去很高的水平降至如今的水平；而按照主流观点，中国的储蓄率本该大幅上升。

因为未来人均实际产出会继续上升，生命周期的平滑理论意味着相对消费将随着年龄的上升而下降。但这样的情况在发达国家并不会发生，发达国家的人们在生命的最后10年消费会上升，这主要是因为医疗支出的上升集中于生命终点附近。这些医疗和护理成本的负担会不断上升，除非医疗领域出现奇迹，而这样的奇迹还遥遥无期。因为抚养需求，尤其是出现痴呆的情况时，会随着年龄的上升而指数性地上升，而且现在痴呆方面的护理资金严重匮乏。我们不仅考虑到这一因素，而且考虑到家庭在持续延后生育第一个孩子这一因素（据我们所知，其他论文均未探讨过

第14章 逆（主）流而行

后者的经济影响）。

就算不考虑抚养需求给老龄化社会带来的额外负担，随着实际增长放缓，政府征税能力下降，养老金和医疗护理的负担也必将上升。所以，主流观点一般认为，退休年龄会提高，甚至比预期寿命提高得更快，而且养老金的相对给付水平将下降。但迄今为止，大多数经济体正快速地朝着相反的方向前进。我们认同各国面临巨大的压力，最终将不得不采取主流观点预测的走向，但是这在政治上将遇到巨大的阻力。我们还认为，退休年龄的提高和养老金给付水平的下降都将是缓慢而有限的。法国总统马克龙对这一点肯定能感同身受！

大多数主流模型假设所有的投资发生在企业部门，忽略了住房投资。老年人安土重迁，不愿搬家，而且他们已经还清了抵押贷款，无须搬家。所以，老龄化社会将出现住房数量增加、空间分配不合理的问题。当下，住房的总数量是稳定的，因为更多老年人分开居住导致住房总量增加的同时，更多年轻人因为独自居住的成本太高而选择和父母同住，两者之间相互抵消。父母的这种支持也导致子女减少为退休而储蓄，第5章和第6章对此也有阐述。

综上所述，我们认为主流观点对未来的个人储蓄率太过乐观。

在企业部门，我们认为主要问题在于理解为什么发达国家的企业投资近些年持续低迷。毕竟只有了解了过去才能预测未来。在过去几年高利润率和极低资金成本的环境中，按理说投资应该远远高于现在的实际水平。

发达国家投资低迷的部分原因是，投资像生产一样，被外包到新兴的亚洲国家（见第9章中谈及日本的部分）。如果真的如此，全球化受阻将对发达国家国内投资起到一定的推动作用。再者，劳工议价能力的下降使得不可贸易的服务业部门的雇主通过雇用零工、降低工资的方式而不是更艰难地提高员工生产率的方式（主要通过加大投资，见第5—7章和第9章）提高利润。如果这点成立，劳工议价能力的恢复、最低工资的上升（见第7章专栏7.1）可能起到鼓励国内投资和提升生产率的效果。所以，我们并不像主流观点那么悲观，认为劳动力总量的潜在收缩将造成企业投资同等程度的下降。

但是我们同意安德鲁·史密瑟斯精妙阐述的观点，即投资率停滞的另一原因是资本主义社会，尤其是美国，存在的治理问题。当企业高管成功提升短期股市估值就可以获得极度丰厚的奖金时，他们就更有可能加大企业杠杆，发债回购股票，利用闲置资金派发红利，而不是进行长期（有风险的）投资。在大环境好的时候想自肥的心思是自然而强烈的。结果就是企业债务率的大幅上升，尤其是在亚洲，虽然亚洲企业债务率上升的原因和美国以及其他西方国家的原因有显著不同。但不管如何，目前世界各地的非金融企业债务率均比2008—2009年的水平高得多。

债务将扮演重要角色，但具体的途径不像主流观点想的那样。如果名义利率在可预见的未来继续保持极低水平，那就没有什么理由担心企业债务，因为偿债率会继续保持低水平。公共部门债务也是如此，也许压力更低。居民部门持续保持盈余，现在企业部门也很难出现盈余，公共部门为了保持宏观经济平衡必须积累赤字（第3章、第5章、第6章和第11章）。这一点在英、美等有经常项目逆差的国家尤其如此；对德国和中国这样有经常

第 14 章 逆（主）流而行

项目顺差的国家必要性稍微低一些。除了德国极端反常的情况，大多数其他发达国家的公共部门债务率过去数十年上升的速度比任何和平时期都要快（见第 1 章、第 3 章、第 5 章、第 6 章和第 11 章）。

再者，老龄化同时意味着对公共支出的需求会快速上升。但同时通过实际收入的上升提高政府税收以满足该需求的能力在下降。近几十年来，这一问题很大程度上被名义利率的下降掩盖了，因为偿债率保持在稳定水平。但是基于现有政策对这些债务率的预测（包括英国预算责任办公室和美国国会预算办公室所做的预测）让人恐惧（见第 1 章和第 11 章）。债务是否已经膨胀到央行稍稍提高名义利率就可能引发金融市场崩溃的水平？我们是否已经陷入债务陷阱：低利率加上资本主义的结构问题，使得债务上升的同时，利率上升受到限制，从而鼓励进一步的债务积累？

主流观点不认为财政政策和货币政策的关系出现了很大变化，这主要是因为对未来长期低通胀和低名义利率的预测意味着债务再融资和赤字积累几乎不会引发财政政策和货币政策之间的冲突。

我们在第 11 章和第 12 章中总结了逃离债务陷阱的办法，包括降低债权融资相对于股权融资的财务优势，防止企业通过避税天堂逃税等。也许还需要加征其他种类的税收，比如，对土地价值而非财富课税，对空气污染物征收诸如碳税之类的税收（见第 12 章和第 13 章）。企业高管（尤其是 CEO）的薪酬标准也需要重新审视。

如果我们的预测正确，即工资成本和通胀未来会大幅上升，决策明显会变得更加困难。但我们的预测也面临各种论点的驳斥。第一，菲利普斯曲线已经变得非常平坦（第8章）。第二，这样的情况并未在日本发生（第9章）。第三，中国为世界大规模生产可贸易的廉价商品，使其他地区保持低水平通胀和低工资成本，这样的角色未来可能由印度和非洲这些人口条件仍十分有利的国家和地区继承（第10章）。第10章还讨论了提高老年人口劳动参与率和使用自动化、机器人及人工智能等手段弥补劳动力增长放缓的可能性（第3章也有谈及）。

那么，最终我们的预测对财政和货币政策（第13章）以及实际利率（第6和第13章）意味着什么呢？

政策制定总是困难的。而且如果我们的预测正确，它将变得更加困难。人口老龄化会导致养老金支出和医疗护理成本上升，从而推高总公共支出。但是同时实际收入和政府税收的增长都在放缓。第13章探讨了提高税收收入的可能方式。

近几十年来，各国央行对国家财政鼎力相助，通过降息减少财政负担并稳定偿债率。但是如果通胀压力高企（我们认为这是不可避免的），之前的和谐便会变为针锋相对，因为央行想要捍卫通胀目标，但政客要追求高增长和低偿债水平。两者之间谁能更胜一筹？如果后者如愿以偿（这是我们的预测），实际利率会保持低水平，因为通胀上升速度将高于名义利率。如果央行更加强势，结果则相反。但就算是政客笑到最后，我们并不认为央行会轻易放弃它们致力于实现的通胀目标。这必将带来一段时期的政策不确定和动荡。

主流观点想当然地认为债务和老龄化将使通胀率以及名义和实际利率保持在低位。这很大程度上是从日本的经历中得出的错

第14章 逆（主）流而行

误结论，这个错误我们在第9章中有所探讨。

我们认为人口和债务是相互冲突而不是相互调和的两个因素。随着通胀率和利率在人口因素的作用下上升，债务水平不可持续的经济体或经济部门将一个个地倒下。债务冲击毫无疑问将引发一定时期的低增长，甚至衰退和危机，正如2018年土耳其和阿根廷的遭遇，同时还有周期性的低通胀和低利率。但是，在周期性放缓背后，通胀和利率仍会结构性地上升，突破债务的压制。这些挑战什么时候会出现，我们能否成功应对，都很难说，我们需要十足的运气才能不断向前。

后记　新冠疫情后不完美的未来

本书英文版主要写于2019年，并且在人们意识到即将到来的新冠疫情之前，就已经付梓了。疫情的总体影响加速了我们在本书中概述的趋势。中国将变得更加关注国内，减少给全球带来的通缩压力，通胀本身将比我们预期的更早、更快地上升。与此同时，新冠疫情已经并将继续对全球经济产生巨大影响。实际上，对我们经济产生重大影响的不是医疗卫生后果，而是为应对疫情采取的（必要和正确的）政策措施产生的重大冲击，即使这些冲击有可能只是短期的。

事实上，如果一个人是冷酷的经济学家，他的唯一目标是最大限度地提高GDP或者人均GDP，那么应对新冠疫情的最佳方式是什么都不做，完全无视它，任由它发展。新冠疫情主要影响老年人；到目前为止，英国的平均死亡年龄约为80岁；相对年轻一些的死亡者主要是伴有其他严重疾病的患者，用行话来说是并发症患者。死于新冠疫情的群体很大程度上需依赖他人的帮助维持日常生活，从而阻止了他们的看护者生产商品和其他服务来增加人均GDP。当时有人认为，约翰逊首相最初的"群体免疫"计划可能使英国的死亡人数在2020年增加25万。不过，与每年近50万的正常总死亡人数相比，这意味着一年内死亡人数增加了

后记　新冠疫情后不完美的未来

50%~60%。考虑到那些可能死亡的人的年龄和脆弱性，2020年死亡人数的增加几乎会被随后10年死亡人数的大幅下降完全抵消。

虽然人们应该认识到有这种分析，但这种冷酷的政策在道义上是错误的，在社会上和政治上也是完全不能接受的。事实上，没有了体育头条，新闻界每天都在向我们报告全国死亡人数的统计数字。因此，隔离和封锁几乎是不可避免的应对措施。与此同时，正如在危机中通常发生的那样，国际合作让位于国家间的人人为己（sauve qui peut）。这相当于一种自我施加的巨大的供给冲击。这种供给冲击降低了产出，提高了价格。这段时期的需求也不能完全恢复，特别是在服务业方面，一些消费永久性地损失了，如每天上下班的通勤，或者自己在家理得糟糕的头发，即使生活恢复正常，这些需求也不会重来。

政府当局像我们大多数人一样，被这场疫情的突然到来搞得措手不及，并迅速采取了限制不必要死亡的恰当措施。但是在这一过程中，造成了巨大的供给冲击。

为减少封锁给收入和支出造成立竿见影的毁灭性冲击（这一目标值得肯定），政策当局非常正确地打开了直接财政支出和间接鼓励银行向所有现金流有问题的借款人放贷的闸门。如预期的那样，这将减缓收入和支出的下降，不过很自然地，它也会产生一些负面影响。

在短期内，这种大规模的不利供给冲击带来的通胀影响将被非食品类大宗商品的价格暴跌抵消，而灾难性的石油价格战更是加剧了这一局面。另外，需求会相应下降与之匹配，有的是自愿的，有的是被迫的；有的是永久性的，有的只是推迟了而已。无

255

论如何，当我们购买的一篮子商品和服务突然被扭曲得面目全非时，从2020年3月开始的几个月中，几乎不可能为CPI、RPI（零售物价指数）或者任何其他通胀指数提供合理而有意义的数据，直至接近恢复常态才可以。

但是，在经历了一段时间的大规模财政和货币扩张之后，随着封锁解除、经济复苏接踵而至，接下来会发生什么？正如许多战争的后遗症一样，答案是通胀飙升，通胀很可能在2021年超过5%，甚至达到10%左右（假设疫情在2020年底得到控制，而控制疫情花费的时间越长，随之而来的实际经济活动和通胀的恢复就越弱）。

然而，在全球金融危机之后推出量化宽松政策时，也发出过关于通胀的预警。那些担心并没有变成现实，为什么现在有可能成真？原因有三。第一，量化宽松的设计意味着大部分注资仍以超额准备金的形式留在银行体系内。它们永远无法渗入影响通胀的更广义的货币总量。今天的政策措施是注入现金流，这将直接提高更广义的货币总量。第二，全球经济恢复到疫情暴发前产出水平的速度。经济复苏越强劲，这些注入资金的政策看起来越顺周期。第三，中国在全球经济中的角色已经从对外输出通缩的国家，转变为现在更加中性，未来通胀会越发严重的国家。

那么当局的反应会是什么？第一，也是最重要的，它们会说这是暂时的一次性现象。第二，货币当局会说，这正是非常希望的一种情况，是对之前几年未达到的通胀目标的一种再平衡，可以与平均通胀率或价格水平目标完全一致。第三，疫情冲击如此之大，将失业率降到2019年的水平需要时间，而且大量行业（航空公司、游轮、酒店等）可能仍处于困境。2020年以如此广

后记　新冠疫情后不完美的未来

泛的方式扶持企业之后，在2021年又让它们因利率上升和财政紧缩而倒闭，这有什么意义吗？无论如何，借贷游说团体（政府、行业、抵押贷款者）在政治上比储蓄游说团体强大得多。

但是，如果要（迅速）制止这种通胀上升，那么一些人的实际收入就必然遭受损失。那可能是谁呢？过去30年来，普通工人的实际收入一直停滞不前。在前面的章节中，我们将其归因于由全球化和有利的人口因素造成的巨大的正向劳动力供给冲击。除非工人降低他们的要求，否则雇主将威胁把工作岗位转移到亚洲，或者威胁让更多合适的移民来到本国；这是一个可信的威胁。

特朗普式的政策、民粹主义、移民壁垒以及现在的新冠疫情综合起来，已经削弱了对工人的威胁。

议价能力的天平现在正转向工人，而不是雇主；当前更加社会主义的政治趋势正在强化这一点。只要经济复苏发生，工资趋势就会发生变化。尽管在通胀出现"暂时性波动"的背景下，人们不可避免地会呼吁不要急着涨工资，但届时工资很可能仍会赶上甚至超过通胀。新冠疫情及其引发的供给冲击，将标志着过去三四十年的通缩力量与未来20年通胀再起之间的分水岭。

输家将是储户、养老基金、保险公司，以及那些主要金融资产为现金的公司。在财政上，保护养老金的实际价值不受通胀侵蚀将不再可行。为了应对2007—2009年的过度债务危机，当时鼓励所有借款人（银行除外）承担更多的杠杆和债务，这一行为的愚蠢之处将变得显而易见。

那么接下来会发生什么？通胀将大大高于我们的政治领袖能容忍的名义利率水平。非金融企业和政府中的过度债务将被高通胀稀释。由于在全球化逆转和就业人口下降的情况下，实际增长放缓，负的实际利率很可能是出清经济所必需的。即使各国央行会对更高的通胀感到不安，它们也必须意识到，债务水平的持续高企仍使经济十分脆弱。如果它们试图在这种背景下提高利率，将面临政治上的阻力，甚至可能威胁到它们的独立性。只有当债务恢复到可承受的水平时，才可以加大对通胀的治理力度。下一次，我们是否可以按照理想的方式（如第 11 章和第 12 章所述）改良资本主义，这样就不至于每次经济陷入困境时只能靠举债来饮鸩止渴？

在过去几十年中，任何此类的通胀效应都必须面对中国融入世界带来的通缩效应。然而，中国不再是全球通胀的拦路虎。2018 年特朗普总统贸易战之后的艰难地缘政治形势自新冠疫情暴发以来变得更加棘手。各国政策变得越来越内顾，全球物质资本可能会紧随其后，尤其是在涉及中美两国争夺的战略要塞，即全球技术主导地位。不可避免的结论是，中国必须从现在起主要依靠国内创新来提高生产率。

从经济上讲，保护国内经济已成为首要任务，特别是在中国，共产党和人民之间的社会契约意味着必须确保稳定的经济和就业。与世界上大多数其他经济体一样，中国的财政扩张将要求它利用自己的储蓄池。就中国而言，这可能最终意味着要利用国有企业的大量储蓄，在过去几十年里，这些储蓄一直是中国国民储蓄的主要来源。

无论哪种情形，中国都有资源保护自己的未来，但它对全球经济的影响将不再像过去那样。

随着去全球化的进一步深入，人们会把世界看作不同地方实

后记　新冠疫情后不完美的未来

体的集合，这会导致错误的结论。全球化趋势的放缓会与各类冲击在全球的传播完全保持一致，特别是当世界主要经济体都面对老龄化这一共同冲击时。

当这本书最终出版时，斯坦斯伯里和萨默斯（Stansbury and Summers）发表了一篇重要且相关的新论文，题为"工人力量下降假说：美国经济近期演变的解释"（NBER 工作论文 27193，2020 年 5 月）。这篇论文和我们一样，非常强调工人议价能力的下降，并且在许多方面与我们的研究相似，并支持我们的结论。

但有一个关键的区别，就是他们否认这种议价能力的下降是由于全球化。关于工人的议价能力，他们和我们一样，也引用彼得·肖特等人（Bernard、Bradford Jenson and Schott，2006）的研究论文《适者生存：暴露于低工资国家和美国制造业工厂的（不均衡）增长》（Journal of International Economics）以及他们的其他研究（Pierce and Schott，NBER 工作论文 18655，2012 年 12 月）。令人惊讶的是，斯坦斯伯里和萨默斯没有参考后者。这些论文表明，在那些从低工资国家进口增长最明显的行业中，工厂和就业受到的不利影响最大。但是，斯坦斯伯里和萨默斯接着认为，来自低工资国家的这种竞争将导致"资本回报率随劳动力租金的下降而下降，同时该行业的总租金（利润加上劳动力租金）将会下降"。然而，有的公司总部设在低工资国家，只有当来自国外的竞争采取销售这些公司生产的产品这种形式时，上述情况才会发生。

与斯坦斯伯里和萨默斯的观点相反，全球化主要采取了公司驻地于发达经济体的形式，即美国将商品或服务的物质生产外包到国外，但保持对最终销售、整体基础设施、资本、管理技能和

259

知识产权的控制。事实上，皮尔斯和肖特（2012）提供的微观经济证据非常确凿地表明，"美国制造业就业人数意外快速下降"是由于劳动密集型产品的生产向中国转移。同样，众所周知的是，中国大陆和中国台湾在 iPhone 生产中占据了整个供应链的大部分，但苹果的总部仍然设在美国加利福尼亚州。中国企业的崛起在很多情况下都是引人注目的，但它们在占据国内市场方面做得远比占据全球市场成功。在这种情况下，我们当然会预计，发达经济体的资本回报率相对于那里的劳动力租金会上升。

因此，我们认为斯坦斯伯里和萨默斯对全球化的假说验证完全错了。相反，他们只能说明，劳动力议价能力下降的驱动力是商人越来越冷酷无情。的确，商人更为无情，但这在很大程度上是因为他们可以把生产外包给其他国家，从而削弱了国内劳动力的议价能力。全球化起到了决定性的作用，同时伴随着全球劳动力供给的大幅上升。当全球劳动力在未来几十年里出现萎缩时，这一点仍然适用。

总而言之，由于这场疫情，一个通胀会来临的不完美未来将来得比我们预期的更快。全球老龄化趋势下的全球化放缓将使未来与过去完全不同。

参考文献

第1章

Congressional Budget Office. (2019). *The Budget and Economic Outlook: 2019 to 2029*. https://www.cbo.gov/system/files?file=2019-03/54918-Outlook-Chapter1.pdf.

Friedman, M. (1968, March). The Role of Monetary Policy. *The American Economic Review, 58*(1), 1–17.

Gutiérrez, G., & Piton, S. (2019, July). *Revisiting the Global Decline of the (Non-Housing) Labor Share* (Bank of England Staff Working Paper No. 811).

International Monetary Fund. (2017, October). *Fiscal Monitor: Tackling Inequality*. Washington, DC: IMF.

King, M. (2003, October 14). Speech, Bank of England, East Midlands Development Agency/Bank of England Dinner, Leicester. https://www.bankofengland.co.uk/-/media/boe/files/speech/2003/east-midlands-development-agency-dinner.

Krueger, A. B. (2018). Luncheon Address: Reflections on Dwindling Worker Bargaining Power and Monetary Policy. In *Changing Market Structures and Implications for Monetary Policy: A Symposium Sponsored by The Federal Reserve Bank of Kansas City* (pp. 267–282). Kansas City: Federal Reserve Bank of Kansas City.

Obstfeld, M. (2019, July 22). *Global Dimensions of U.S. Monetary Policy* (Centre for Economic Policy Research Discussion Paper DP1388).

Office for Budget Responsibility. (2018). *Fiscal Sustainability Report*. https://obr.uk/fsr/fiscal-sustainability-report-july-2018/.

Piketty, T. (2014). *Capital in the Twenty-First Century*. Cambridge, MA and London, UK: Harvard University Press.

Schwellnus, C., Pak, M., Pionnier, P.-A., & Crivellaro, E. (2018, September). *Labour Share Developments Over the Past Two Decades: The Role of Technological Progress, Globalisation and "Winner-Takes-Most" Dynamics* (OECD Economics Department Working Papers No. 1503).

第2章

Agarwal, I., Gu, G. W., & Prasad, E. S. (2019, September). *China's Impact on Global Financial Markets* (National Bureau of Economic Research Working Paper 26311).

Jiang, K., Keller, W., Qiu, L. D., & Ridley, W. (2018). *Joint Ventures and Technology Transfers: New Evidence from China.* Vox CEPR Policy Portal, voxeu.org.

Lardy, N. R. (2001, May 9). *Issues in China's WTO Accession.* The Brookings Institution. https://www.brookings.edu/testimonies/issues-in-chinas-wto-accession/.

Ma, G., & Fung, B. S. C. (2002, August). *China's Asset Management Corporations* (Bank for International Settlements Working Paper No. 115).

Nabar, M. (2011, September). *Targets, Interest Rates, and Household Saving in Urban China* (International Monetary Fund Working Paper WP/11/223).

Pierce, J. R., & Schott, P. K. (2012, December). *The Surprisingly Swift Decline of U.S. Manufacturing Employment* (National Bureau of Economic Research Working Paper No. 18655).

Rodrik, D. (2011, October). Unconditional *Convergence* (National Bureau of Economic Research Working Paper No. 17546).

第3章

BBC News. (2018, August 29). *Russia's Putin Softens Pension Reforms After Outcry.* https://www.bbc.co.uk/news/world-europe-45342721.

Börsch-Supan, A., Härtl, K., & Ludwig, A. (2014). Aging in Europe: Reforms, International Diversification, and Behavioral Reactions. *American Economic Review: Papers and Proceedings, 104*(5), 224–229.

Button, P. (2019, May). *Population Aging, Age Discrimination, and Age Discrimination Protections at the 50th Anniversary of the Age Discrimination in Employment Act* (National Bureau of Economic Research Working Paper 25850).

Cravino, J., Levchenko, A. A., & Rojas, M. (2019, September). *Population Aging and Structural Transformation* (National Bureau of Economic Research Working Paper 26327).

Maestas, N., & Jetsupphasuk, M. (2019). What Do Older Workers Want?, Chapter 5. In D. E. Bloom (Ed.), *Live Long and Prosper? The Economics of Ageing Populations.* London: A VoxEU.org eBook, CEPR Press.

United Nations. (2015). *World Population Ageing*. Department of Economic and Social Affairs, Population Division, United Nations. https://www.un.org/en/development/desa/population/publications/pdf/ageing/WPA2015_Report.pdf.

第4章

Bauer, J. M., & Sousa-Poza, A. (2015). Impacts of Informal Caregiving on Caregivers: Employment, Health and Family. *Journal of Population Ageing, 8*(3), 113–145.

Bauer, J. M., & Sousa-Poza, A. (2019). Employment and the Health Burden on Informal Caregivers of the Elderly, Chapter 3. In D. E. Bloom (Ed.), *Live Long and Prosper? The Economics of Ageing Populations*. London: A VoxEU.org eBook, CEPR Press.

Cavendish, C. (2013). *The Cavendish Review: An Independent Review into Healthcare Assistants and Support Workers in the NHS and Social Care Settings*. Department of Health, London. https://assets.publishing.service.gov.uk/government/uploads/system/uploads/attachment_data/file/236212/Cavendish_Review.pdf.

Cavendish, C. (2019). *Extra Time: 10 Lessons for an Ageing World*. London, UK: HarperCollins.

Dwyer, J. (2019, November). *Innovative Approaches to Increasing Investment in Alzheimer's Research, Treatment and Cure*. Presentation at the 6th Annual Lausanne Conference on Preparing the Alzheimer's Ecosystem for a Timely, Accurate and Compassionate Diagnosi.

Eggleston, K. (2019). Understanding 'Value for Money' in Healthy Ageing, Chapter 12. In D. E. Bloom (Ed.), *Live Long and Prosper? The Economics of Ageing Populations*. London, UK: A VoxEU.org eBook, CEPR Press.

Financial Times. (2019, June 25). *How the World Deals with Alzheimer's and Dementia—In Charts* (Financial Times Special Report: FT Health—Dementia Care).

Financial Times. (2019, July 16). Foreign Operators Take on Chinese Elderly Care, p. 14.

Financial Times. (2019, June 10). Robots/Ageing Japan: I, Carebot. *Lex Column*, Monday, p. 22.

Gratton, L., & Scott, A. (2016). *The 100 Year Life—Living and Working in an Age of Longevity*. London: Bloomsbury.

Green, D. (2019, April 29). *Fixing the Care Crisis*. Centre for Policy Studies.

Kingston, A., Comas-Herrera, A., & Jagger, C. (2018). Forecasting the Care Needs of the Older Population in England Over the Next 20 Years: Estimates from the Population Ageing and Care Simulation (PACSim) Modelling Study. *The Lancet Public Health, 3*(9), e447–e455.

Kingston, A., Robinson, L., Booth, H., Knapp, M., & Jagger, C. (2018). Projections of Multi-Morbidity in the Older Population in England to 2035: Estimates from the Population Ageing and Care Simulation (PACSim) Model. *Age and Ageing, 47*(3), 1–7.

Kingston, A., Wohland, P., Wittenberg, R., Robinson, L., Brayne, C., Matthews, F. E., et al. (2017). Is Late-Life Dependency Increasing or Not? A Comparison of the Cognitive Function and Ageing Studies (CFAS). *The Lancet, 390*(10103), 1676–1684.

Kivipelto, M., Ngandu, T., Laatikainen, T., Winblad, B., Soininen, H., & Tuornilehto, J. (2006, September). Risk Score for the Prediction of Dementia Risk in 20 Years Among Middle Aged People: A Longitudinal, Population-Based Study. *Lancet Neurol, 5*(9), 735–741

Kydland, F., & Pretnar, N. (2018). *The Costs and Benefits of Caring: Aggregate Burdens of an Aging Population* (NBER Working Paper 25498).

Kydland, F., & Pretnar, N. (2019). Who Will Care for All the Old People?', Chapter 2. In D. E. Bloom (Ed.), *Live Long and Prosper? The Economics of Ageing Populations*. London: VoxEU.org eBook, CEPR Press.

Lancet Commissions. (2017, December 16). On Dementia Prevention, Intervention, and Care. *The Lancet, 390*, 2673–2734.

Lex. (2019, June 10). Robots/Ageing Japan: I, Carebot. *Financial Times*, Monday, p. 22.

Livingston, G., Sommerlad, A., Orgeta, V., Costafreda, S. G., Huntley, J., Ames, D., et al. (2017, December 16). Dementia Prevention, Intervention, and Care. *The Lancet, 390*, 2673–2734.

Mayda, A. M. (2019, June 19). Discussion of *Demographic Changes, Migration and Economic Growth in the Euro Area* by A. Börsch-Supan, D. N. Leite, & J. Rausch, European Central Bank Sintra Forum, Portugal.

Norton, S., Matthews, F. E., Barnes, D. E., Yaffe, K., & Brayne, C. (2014, August). Potential for Primary Prevention of Alzheimer's Disease: An Analysis of Population-Based Data. *Lancet Neurol, 13*(8), 788–794.

Patterson, C. (2018). *World Alzheimer Report 2018: The State of the Art of Dementia Research: New Frontiers*. London, UK: Alzheimer's Disease International (ADI).

Prince, M., Wilmo, A., Guerchet, M., Ali, G.-C., Wu, Y. T., & Prina, M. (2015). *World Alzheimer Report 2015: An Analysis of Prevalence, Incidence, Cost and Trends*. London, UK: Alzheimer's Disease International (ADI).

Scott, A. (2019). A Longevity Dividend Versus an Ageing Society, Chapter 11. In D. E. Bloom (Ed.), *Live Long and Prosper? The Economics of Ageing Populations* London: A VoxEU.org eBook, CEPR Press.

Vradenburg, G. (2019, November). 'Welcome Remarks' at the 6th Annual Lausanne Conference on *Preparing the Alzheimer's Ecosystem for a Timely, Accurate and Compassionate Diagnosis*.

World Alzheimer Report. (2016). *World Alzheimer Report 2015: An Analysis of Prevalence, Incidence, Cost and Trends*. London, UK: Alzheimer's Disease International (ADI).

World Alzheimer Report. (2018). *The State of the Art of Dementia Research: New Frontiers*. London, UK: Alzheimer's Disease International (ADI).

World Alzheimer Report. (2019). *Attitudes to Dementia*. London, UK: Alzheimer's Disease International (ADI).
World Dementia Council. (2012, December). *Defeating Dementia: The Road to 2025*. worlddementiacouncil.org.

第5章

Aksoy, Y., Basso, H. S., Smith. R. P., & Grasl, T. (2015). *Demographic Structure and Macroeconomic Trends* (Banco de Espana, Documentos de Trabajo No. 1528).
Autor, D., Dorn, D., Katz, L. F., Patterson, C., & Van Reenen, J. (2017). Concentrating on the Fall of the Labor Share. *American Economic Review Papers and Proceedings, 207*(5), 180–185.
Autor, D., Dorn, D., Katz, L. F., Patterson, C., & Van Reenen, J. (2019, May). *The Fall of the Labor Share and the Rise of Superstar Firms* (National Bureau of Economic Research Working Paper No. 23396).
Bernanke, B. S. (2005, March 10). *The Global Saving Glut and the U.S. Current Account Deficit*. The Federal Reserve Board, Speech. Available at https://www.federalreserve.gov/boarddocs/speeches/2005/200503102/.
Button, P. (2019, May). *Population Aging, Age Discrimination, and Age Discrimination Protections at the 50th Anniversary of the Age Discrimination in Employment Act* (National Bureau of Economic Research Working Paper 25850).
Congressional Budget Office. (2019). *The Budget and Economic Outlook: 2019 to 2029*. https://www.cbo.gov/system/files/2019-03/54918-Outlook-3.pdf.
Covarrubias, M., Gutiérrez, G., & Philippon, T. (2019, June). *From Good to Bad Concentration? U.S. Industries Over the Past 30 Years* (National Bureau of Economic Research Working Paper No. 25983).
Crouzet, N., & Eberly, J. (2019, May). *Understanding Weak Capital Investment: The Role of Market Concentration and Intangibles* (National Bureau of Economic Research Working Paper No. w25869). Available at SSRN https://ssrn.com/abstract=3394650.
Hernández-Murillo, R., Ott, L. S., Owyang, M. T., & Whalen, D. (2011, May/June). Patterns of Interstate Migration in the United States from the Survey of Income and Program Participation. *Federal Reserve Bank of St. Louis Review, 93*(3), 169–185.
Hundtofte, S., Olafsson, A., & Pagel, M. (2019, October). *Credit Smoothing* (National Bureau of Economic Research Working Paper 26354).
Juselius, M., & Takáts, E. (2016, April 6). *The Age-Structure-Inflation Puzzle* (Bank of Finland Research Discussion Paper No. 4/2016).
Kalecki, M. (1954). *Theory of Economic Dynamics: An Essay on Cyclical and Long-Run Changes in Capitalist Economy*. London: George Allen & Unwin.
Liu, E., Mian, A., & Sufi, A. (2019, August). *Low Interest Rates, Market Power, and Productivity Growth* (National Bureau of Economic Research Working Paper No. 25505).

Mayhew, L. (2019, June/July). A Home Alone Explosion, Cass Business School, *Financial World*, 13–15.

McGovern, M. (2019). Life Cycle Origins of Pre-Retirement Financial Status: Insights from Birth Cohort Data, Chapter 10. In D. E. Bloom (Ed.), *Live Long and Prosper? The Economics of Ageing Populations*. London: A VoxEU.org eBook, CEPR Press.

Meen, G. (2005). On the Economics of the Barker Review of Housing Supply. *Housing Studies, 20*(6), 949–971.

Melitz, J., & Edo, A. (2019, September). *The Primary Cause of European Inflation in 1500–1700: Precious Metals or Population? The English Evidence* (Centre for Economic Policy Research Discussion Paper DP14023).

Office for Budget Responsibility. (2018). *Fiscal Sustainability Report*. https://obr.uk/fsr/fiscal-sustainability-report-july-2018/

Papetti, A. (2019, March). *Demographics and the Natural Real Interest Rate: Historical and Projected Paths for the Euro Area* (European Central Bank Working Paper No. 2258).

Philippon, T. (2019). *The Great Reversal: How America Gave Up on Free Markets*. Cambridge, MA and London, UK: Belknap Press of Harvard University Press.

Schön, M., & Stähler, N. (2019). When Old Meets Young? Germany's Population Ageing and the Current Account (Deutsche Bundesbank, No. 33/2019).

Smithers, A. (2009). *Wall Street Revalued: Imperfect Markets and Inept Central Bankers*. Hoboken, NJ: Wiley.

Smithers, A. (2013). *The Road to Recovery: How and Why Economic Policy Must Change*. Chichester, UK: Wiley.

Smithers, A. (2019). *Productivity and the Bonus Culture*. Oxford: Oxford University Press.

Wood, J. (2019). *Retirees Will Outlive Their Savings by a Decade*. World Economic Forum. Available at https://www.weforum.org/agenda/2019/06/retirees-will-outlive-their-savings-by-a-decade/.

World Economic Forum. (2018). *How We Can Save (for) Our Future*. Available at https://www.weforum.org/whitepapers/how-we-can-save-for-our-future.

World Economic Forum. (2019). *Retirees Will Outlive Their Savings by a Decade*. Available at https://www.weforum.org/agenda/2019/06/retirees-will-outlive-their-savings-by-a-decade/.

第6章

Brand, C., Bielecki, M., & Penalver, A. (Eds.). (2018, December). *The Natural Rate of Interest: Estimates, Drivers, and Challenges to Monetary Policy* (European Central Bank Occasional Paper, No. 217).

Caballero, R. J., Farhi, E., & Gourinchas, P.-O. (2017). The Safe Assets Shortage Conundrum. *Journal of Economic Perspectives, 31*(3, Summer), 29–46.

参考文献

Davis, S. J., Haltiwanger, J. C., & Schuh, S. (1996). *Job Creation and Destruction*. Cambridge: MIT Press.

French, E. B., Jones, J. B., McCauley, J., & Kelly, E. (2019, August). *End-of-life Medical Expenses* (Centre for Economic Policy Research Discussion Paper DP13913).

Gordon, R. J. (2012, August). *Is U.S. Economic Growth Over? Faltering Innovation Confronts the Six Headwinds* (National Bureau of Economic Research Working Paper, No. 18315).

Hamilton, J. D., Harris, E. S., Hatzius, J., & West, K.D. (2015, August). *The Equilibrium Real Funds Rate: Past, Present and Future* (Natural Bureau of Economic Research, No. 21476).

Heise, M. (2019). *Inflation Targeting and Financial Stability: Monetary Policy Challenges for the Future*. Cham, Switzerland: Springer.

Kalemli-Özcan, S., Laeven, L., & Moreno, D. (2019, February). *Debt Overhang, Rollover Risk, and Corporate Investment: Evidence from the European Crisis* (European Central Bank Working Paper No. 2241).

Laubach, T., & Williams, J. C. (2003, November). Measuring the Natural Rate of Interest. *The Review of Economics and Statistics, 85*(4), 1063–1070.

Marx, M., Mojon, B., & Velde, F. R. (2019, July 9). *Why Have Interest Rates Fallen Far Below the Return on Capital* (Bank for International Settlements Working Paper, No. 794).

Mokyr, J., Vickers, C., & Ziebarth, N. L. (2015). The History of Technological Anxiety and the Future of Economic Growth: Is This Time Different? *Journal of Economic Perspectives, 29*(3, Summer), 31–50.

Rachel, L., & Smith, T. D. (2015, December). *Secular Drivers of the Global Real Interest Rate* (Bank of England Staff Working Paper No. 571).

Rachel, L., & Summers, L. H. (2019, March 4). *On Falling Neutral Real Rates, Fiscal Policy, and the Risk of Secular Stagnation* (Brookings Papers on Economic Activity, BPEA Conference Drafts).

Smithers, A. (2009). *Wall Street Revalued: Imperfect Markets and Inept Central Bankers*. Hoboken, NJ: Wiley.

Smithers, A. (2013). *The Road to Recovery: How and Why Economic Policy Must Change*. Chichester, UK: Wiley.

Smithers, A. (2019). *Productivity and the Bonus Culture*. Oxford: Oxford University Press.

第7章

Autor, D. H. (2019). Work of the Past, Work of the Future. *AEA Papers and Proceedings, 109*, 1–32.

Boehm, C., Flaaen, A., & Pandalai-Nayar, N.(2019, May). *Multinationals, Offshoring and the Decline of U.S. Manufacturing* (National Bureau of Economic Research Working Paper 25824).

Bayoumi, T., & Barkema, J. (2019, June). *Stranded! How Rising Inequality Suppressed US Migration and Hurt Those "Left Behind"* (IMF Working Paper WP/19/122).

Blinder, S. (2015). Imagined Immigration: The Impact of Different Meanings of 'Immigrants' in Public Opinion and Policy Debates in Britain. *Political Studies, 63,* 80–100.

Borella, M., De Nardi, M., & Yang, F. (2019, March). *The Lost Ones: The Opportunities and Outcomes of Non-College-Educated Americans Born in the 1960s* (Opportunity and Inclusive Growth Institute, Working Paper 19).

Bratsberg, B., Moxnes, A., Raaun, O, & Ulltveit-Moe, K.-H. (2019, April). *Opening the Floodgates: Industry and Occupation Adjustments to Labor Immigration* (Centre for Economic Policy Research Discussion Paper 13670).

Compertpay, R., Irmen, A., & Litina, A. (2019, March). Individual Attitudes Towards Immigration in Aging Populations (CESifo Working Paper 7565).

Desmet, K., Nagy, D. K., & Rossi-Hansberg, E. (2018). The Geography of Development. *Journal of Political Economy, 126*(3), 903–983.

Duffy, R., & Frere-Smith, T. (2014). *Perceptions and Reality: Public Attitudes to Immigration.* London: IPSOS-MORI Social Research Institute.

Durant, W., & Durant, A. (1968). *The Lessons of History.* New York, NY: Simon & Schuster Paperbacks.

Federal Reserve Bank of Kansas City. (2018). *Changing Market Structures and Implications for Monetary Policy: A Symposium Sponsored by The Federal Reserve Bank of Kansas City.* Kansas City: Federal Reserve Bank of Kansas City.

Gbohoui, W., Lam, W. R., & Lledo, V. (2019). The Great Divide: Regional Inequality and Fiscal Policy (IMF Working Paper, WP/19/88).

George, A., Lalani, M., Mason, G., Rolfe, H., & Rosazza, C. (2012). *Skilled Immigration and Strategically Important Skills in the UK Economy,* Migration Advisory Committee.

Hainmueller, J., & Hiscox, M. J. (2007). Educated Preferences: Explaining Attitudes Towards Immigration in Europe. *International Organization, 61*(2), 399–442.

Hainmueller, J., & Hiscox, M. J. (2010). Attitudes Toward Highly Skilled and Low-Skilled Immigration: Evidence from a Survey Experiment. *American Political Science Review, 104,* 61–84.

High Pay Centre. (2019). *No Routine Riches: Reforms to Performance-Related Pay.* http://highpaycentre.org/files/No_Routine_Riches_FINAL.pdf.

Immervoll, H., & Richardson, L. (2011, December). *Redistribution Policy and Inequality Reduction in OECD Countries: What Has Changed in Two Decades?* (Institute for the Study of Labor (IZA) Discussion Paper No. 6030).

International Monetary Fund. (2017, October). *Fiscal Monitor: Tackling Inequality.* IMF: Washington, DC.

Ipsos MORI. (2018). *Attitudes Towards Immigration Have Softened Since Referendum But Most Still Want to See It Reduced.* https://www.ipsos.com/ipsos-mori/en-uk/attitudes-immigration-have-softened-referendum-most-still-want-see-it-reduced.

Kaufmann, E. (2017). Levels or Changes? Ethnic Context, Immigration and the UK Independence Party Vote. *Electoral Studies, 48,* 57–69.

Krueger, A. B. (2018). Luncheon Address: Reflections on Dwindling Worker Bargaining Power and Monetary Policy. In *Changing Market Structures and Implications for Monetary Policy: A Symposium Sponsored by The Federal Reserve Bank of Kansas City* (pp 267–282). Kansas City: Federal Reserve Bank of Kansas City.

Mayda, A. M. (2019, June 19). Discussion of *Demographic Changes, Migration and Economic Growth in the Euro Area* by A. Börsch-Supan, D. N. Leite, & J. Rausch, European Central Bank Sintra Forum, Portugal.

Migration Advisory Committee. (2018). *EEA Migration to the UK: Final Report.* London: MAC.

Milanovic, B. (2016). *Global Inequality: A New Approach for the Age of Globalization.* Cambridge, MA and London, UK: The Belknap Press of Harvard University Press.

Philippon, T. (2019). *The Great Reversal: How America Gave Up on Free Markets.* Cambridge, MA and London, UK: Belknap Press of Harvard University Press.

Piketty, T. (2014). *Capital in the Twenty-First Century.* Cambridge, MA and London, UK: Harvard University Press.

Rachel, L., & Summers, L. H. (2019, March 4). *On Falling Neutral Real Rates, Fiscal Policy, and the Risk of Secular Stagnation* (Brookings Papers on Economic Activity, BPEA Conference Drafts).

Rodrik, D. (2018). Populism and the Economics of Globalization. *Journal of International Business Policy, 1*(1), 12–33.

Rolfe, H. (2019, May). Challenges for Immigration Policy in Post-Brexit Britain: Introduction. *National Institute Economic Review, 248,* R1–R4.

Rolfe, H., Ahlstrom-Vij, K., Hudson-Sharp, N., & Runge, J. (2018). *Post-Brexit Immigration Policy: Reconciling Public Attitudes with Economic Evidence.* Leverhulme Trust, NIESR.

Rolfe, H., Runge, J., & Hudson-Sharp, N. (2019, May). Immigration Policy from Post-War to Post-Brexit: How New Immigration Policy Can Reconcile Public Attitudes and Employer Preferences. *National Institute Economic Review, 248,* R5–R16.

Scheidel, W. (2017). *The Great Leveler: Violence and the History of Inequality from the Stone Age to the Twenty-First Century.* Princeton: Princeton University Press.

Stiglitz, J. (2019). *People, Power, and Profits: Progressive Capitalism for an Age of Discontent.* London: Allen Lane.

第8章

Engles, F. (2018). *The Conditions of the Working Class in England in 1844.* London: Forgotten Books.

Engels, F., & Marx, K. (2018). *The Communist Manifesto.* London: Arcturus.

Flemming, J. S. (1976). *Inflation.* London: Oxford University Press.

Forbes, K. J. (2019, June). *Has Globalization Changed the Inflation Process?* (Bank for International Settlements Working Paper No. 791).

Friedman, M. (1968, March). The Role of Monetary Policy. *The American Economic Review, 58*(1), 1–17.

Hooper, P., Mishkin, F. S., & Sufi, A. (2019, May). *Prospects for Inflation in a High Pressure Economy: Is the Phillips Curve Dead or is It Just Hibernating?* (National Bureau of Economic Research Working Paper, No. 25792).

Lindé, J., & Trabandt, M. (2019, April 23). *Resolving the Missing Deflation Puzzle* (Centre for Economic Policy Research Discussion Paper DP13690).

McLeay, M., & Tenreyro, S. (2018). *Optimal Inflation and the Identification of the Phillips Curve* (Discussion Papers 1815, Centre for Macroeconomics [CFM]).

Mojon, B., & Ragot, X. (2019, March). *Can an Ageing Workforce Explain Low Inflation?* (Bank for International Settlements Working Paper 776).

Phelps, E. S. (1968). Money-Wage Dynamics and Labor-Market Equilibrium. *Journal of Political Economy, 76,* 678–711.

Phillips, A. W. (1958, November). The Relation Between Unemployment and the Rate of Change of Money Wage Rates in the United Kingdom, 1861–1957. *Economica, 25*(100), 283–299.

Robertson, D. H. (1959, December). A Squeak from Aunt Sally. *The Banker,* CIX, p. 720.

Stock, J. H., & Watson, M. W. (2019, June). *Slack and Cyclically Sensitive Inflation* (National Bureau of Economic Research Working Paper 25987).

第9章

Ahmadjian, C. L., & Robinson, P. (2001, December). Safety in Numbers: Downsizing and the Deinstitutionalization of Permanent Employment in Japan. *Administrative Science Quarterly, 46,* 622–654.

Bank of Japan. (2019, July). *Japan's Balance of Payments Statistics and International Investment Position for 2018.* International Department. https://www.boj.or.jp/en/statistics/br/bop_06/bop2018a.pdf.

International Monetary Fund. (2011, July). *Japan: Spillover Report for the 2011 Article IV Consultation and Selected Issues* (International Monetary Fund Country Report No. 11/183).

Johnson, C. (1982). *MITI and the Japanese Miracle: The Growth of Industrial Policy, 1925–1975.* Stanford: Stanford University Press.

Kang, J. S., & Piao, S. (2015, July). *Production Offshoring and Investment by Japanese Firms* (International Monetary Fund Working Paper WP/15/183).

Kiyota, K. (2015, September/October). Trends and Characteristics of Inward and Outward Foreign Direct Investment in Japan. *Japan SPOTLIGHT,* Japan Economic Foundation. https://www.jef.or.jp/journal/pdf/203rd_Cover_04.pdf.

Kuroda, H. (2014, August 23). *Deflation, the Labour Market, and QQE.* Remarks at the Economic Policy Symposium held by the Federal Reserve Bank of Kansas City. https://www.bis.org/review/r140825a.pdf.

METI. (2011). *White Paper on International Economy and Trade*. Policy Planning and Research Office, Trade Policy Bureau. https://www.meti.go.jp/english/report/data/gWT2011fe.html.

Ministry of Economy, Trade and Industry (METI). (1997–2019). *Survey of Overseas Business Activity*. Published Annually. https://www.meti.go.jp/english/statistics/tyo/kaigaizi/index.html.

Ogawa, K., Saito, M., & Tokutsu, I. (2012, July). *Japan Out of the Lost Decade: Divine Wind or Firms' Effort?* (International Monetary Fund Working Paper WP/12/171).

Sakura, K., & Kondo, T. (2014). *Outward FDI and Domestic Job Creation in the Service Sector* (Bank of Japan Working Paper No. 14-E-3).

第10章

Benzell, S. G., Kotlikoff, L. J., LaGarda, G., & Sachs, J. D. (2018). *Simulating U.S. Business Cash Flow Taxation in a 17-Region Global Model*. https://kotlikoff.net/wp-content/uploads/2019/03/Simulating-U.S.-Business-Cash-Flow-Taxation_0.pdf.

Börsch-Supan, A. (2019, June 17–19). *Demographic Changes, Migration and Economic Growth in the Euro Area*. ECB Forum on Central Banking, Sintra, Portugal.

Börsch-Supan, A., Härtl, K., & Ludwig, A. (2014). Aging in Europe: Reforms, International Diversification, and Behavioral Reactions. *American Economic Review: Papers and Proceedings, 104*(5), 224–229.

Börsch-Supan, A. H., & Wilke, C. B. (2004). *Reforming the German Public Pension System* (Center for Intergenerational Studies Discussion Paper 226). Institute of Economic Research, Hitotsubashi University.

Button, P. (2019, May). *Population Aging, Age Discrimination, and Age Discrimination Protections at the 50th Anniversary of the Age Discrimination in Employment Act* (National Bureau of Economic Research Working Paper 25850).

Desmet, K., Nagy, D. K., & Rossi-Hansberg, E. (2018). The Geography of Development. *Journal of Political Economy, 126*(3), 903–983.

International Monetary Fund. (2015, April). *How Can Sub-Saharan Africa Harness the Demographic Dividend?* IMF African Department.

Kotlikoff, L. J. (2019). Ageing in Global Perspective, Chapter 4. In D. E. Bloom (Ed.), *Live Long and Prosper? The Economics of Ageing Populations*. London: A VoxEU.org eBook, CEPR Press.

The World Bank. *Human Capital Project*. https://www.worldbank.org/en/publication/human-capital.

The World Bank. (2018, October 11). *Human Capital Index*. The World Bank Group. https://www.worldbank.org/en/publication/human-capital.

The World Bank. (2019). *Doing Business 2019: Training for Reform* (16th ed.). The World Bank Group. https://www.doingbusiness.org/content/dam/doingBusiness/media/Annual-Reports/English/DB2019-report_web-version.pdf.

第11章

Alfaro, L., & Kanczuk, F. (2019, October). *Undisclosed Debt Sustainability* (National Bureau of Economic Research Working Paper 26347).
Altavilla, C., Boucinha, M., & Peydró, J.-L. (2018, October). Bank Profitability. *Economic Policy, 96*, 531–586; earlier (2017) in (ECB Working Paper No. 2015).
Borio, C., Gambacorta, L., & Hofmann, B. (2017). The Influence of Monetary Policy on Bank Profitability. *International Finance, 20*, 48–63.
Borio, C., Rungcharoenkitkul, P., & Disyatat, P. (2019, October). *Monetary Policy Hysteresis and the Financial Cycle* (Bank for International Settlements Working Paper No. 817).
Brunnermeier, M. K., & Koby, Y. (2018, December). *The Reversal Interest Rate* (National Bureau of Economic Research Working Paper No. 25406).
Cunliffe, J. (2019, May 7). *Financial Stability Post Brexit: Risks from Global Debt*. Bank of England Speech.
Eggertsson, G. B., Juelsrud, R. E., Summers, L. H., & Wold, E. G. (2019, January). *Negative Nominal Interest Rates and the Bank Lending Channel* (National Bureau of Economic Research, Working Paper 25416).
El-Erian, M. A. (2016). *The Only Game in Town, Central Banks, Instability, and Avoiding the Next Collapse*. (Penguin Random House).
Ford, J. (2019, July 29). Warren is Right to Worry about Dangers of Private Equity Looting. *Financial Times*, p. 8.
Goodhart, C. A. E., & Hudson, M. (2018, January 16). *Could/Should Jubilee Debt Cancellations be Reintroduced Today?* (CEPR Discussion Paper DP12605).
Goodhart, C. A. E., & Kabiri, A. (2019, May 23). *Monetary Policy and Bank Profitability in a Low Interest Rate Environment: A Follow-Up and a Rejoinder* (Centre for Economic Policy Research Discussion Paper DP 13752).
Heer, B., Polito, V., & Wickens, M. R. (2018, June). *Population Aging, Social Security and Fiscal Limits* (CESifo Working Paper No. 7121).
Heider, F., Saidi, F., & Schepens, G. (2019, October). Life Below Zero: Bank Lending Under Negative Policy Rates. *The Review of Financial Studies, 32*(10), 3728–3761.
Hudson, M. (2018). *...and Forgive Them Their Debts: Lending, Foreclosure and Redemption from Bronze Age Finance to the Jubilee Year*. Glashütte: ISLET-Verlag Dresden.
Kalemli-Özcan, S., Laeven, L., & Moreno, D. (2019, February). *Debt Overhang, Rollover Risk, and Corporate Investment: Evidence from the European Crisis* (European Central Bank Working Paper No. 2241).

Mian, A., & Sufi, A. (2014). *House of Debt: How They (and You) Caused the Great Recession, and How We Can Prevent It from Happening Again*. Chicago: University of Chicago Press.

Office for Budget Responsibility. (2018). *Fiscal Sustainability Report*. https://obr.uk/fsr/fiscal-sustainability-report-july-2018/.

Papetti, A. (2019, March). *Demographics and the Natural Real Interest Rate: Historical and Projected Paths for the Euro Area* (European Central Bank Working Paper No. 2258).

Xu, T., Hu, K., & Das, U. S. (2019, January). *Bank Profitability and Financial Stability* (International Monetary Fund Working Paper WP/19/5).

第12章

Auerbach, A., Devereux, M. P., Keen, M., & Vella, J. (2017, January). *Destination-Based Cash Flow Taxation* (Oxford University Centre for Business Taxation, WP 17/01).

Benetton, M., Bracke, P., Cocco, J. F., & Garbarino, N. (2019, April). *Housing Consumption and Investment: Evidence from Shared Equity Mortgages* (Bank of England Staff Working Paper No. 790).

Benford, J., Best, T., & Joy, M (2016, September). *Sovereign GDP-Linked Bonds* (Bank of England, Financial Stability Paper No. 39).

Devereux, M., & Vella, J. (2018). Gaming Destination Based Cash Flow Taxes. *Tax Law Review, 71,* 477–514.

Goodhart, C. A. E., & Hudson, M. (2018, January 16). *Could/Should Jubilee Debt Cancellations Be Reintroduced Today?* (CEPR Discussion Paper DP12605).

Goodhart, C. A. E., & Lastra, R. (2019, January 28). Equity Finance: Matching Liability to Power (CEPR Discussion Paper, DP 13494).

Goodhart, C. A. E., & Lastra, R. M. (2020, March 11). *Journal of Financial Regulation*. Published Online. https://academic.oup.com/jfr/advance-article-abstract/doi/10.1093/jfr/fjz010/5802863.

Huertas, T. (2019, May 22). *'Rebalance Bankers' Bonuses: Use Write-Down Bonds to Satisfy Both Supervisors and Shareholders*. SSRN. Available at SSRN https://ssrn.com/abstract=3336186 or http://dx.doi.org/10.2139/ssrn.3336186.

Institute for Fiscal Studies (Ed.). (2011). *Tax by Design: The Mirrlees Review*. Oxford: Oxford University Press.

International Monetary Fund, Fiscal Affairs Department. (2019, March 10). *Corporate Taxation in the Global Economy* (IMF Policy Paper No. 19/007).

Mayer, C. (2018). *Prosperity: Better Business Makes the Greater Good*. Oxford: Oxford University Press.

Mirrlees Review, Institute for Fiscal Studies (Ed.). (2011). *Tax by Design: The Mirrlees Review*. Oxford: Oxford University Press.

Sheedy, K. (2014, April). *Debt and Incomplete Financial Markets: A Case for Nominal GDP Targeting* (Brookings Papers on Economic Activity, pp. 301–373).

Wolf, M. (2018, December 12). Rethink the Purpose of the Corporation. *Financial Times*.

第13章

Bianchi, F., Kung, H., & Kind, T. (2019). *Threats to Central Bank Independence: High-Frequency Identification with Twitter* (National Bureau of Economic Research Working Paper, No. w26308).
Bloom, D. E. (Ed.). (2019). *Live Long and Prosper? The Economics of Ageing Populations*. London: A VoxEU.org eBook, CEPR Press.
Börsch-Supan, A. (2019). Pension reform in Europe, Chapter 19. In D. E. Bloom (Ed.), *Live Long and Prosper? The Economics of Ageing Populations*. London: A VoxEU.org eBook, CEPR Press.
Conesa, J. C., Kehoe, T. J., Nygaard, V. M., & Raveendranathan, G. (2019). Macroeconomic Effects of Ageing and Healthcare Policy in the United States, Chapter 7. In D. E. Bloom (Ed.), *Live Long and Prosper? The Economics of Ageing Populations*. London: A VoxEU.org eBook, CEPR Press.
Congressional Budget Office. (2019). *The Budget and Economic Outlook: 2019 to 2029*. https://www.cbo.gov/system/files?file=2019-03/54918-Outlook-Chapter1.pdf.
George, H. (2015). *Our Land and Land Policy and Other Works*. Rutherford: Fairleigh Dickinson University Press.
Heer, B., Polito, V., & Wickens, M. R. (2018, June). *Population Aging, Social Security and Fiscal Limits* (CESifo Working Papers 7121/2018).
Hobbes, T. (2014). *Leviathan*. London: Wordsworth Classics of World Literature.
Kotlikoff, L. J. (2019). Ageing in Global Perspective, Chapter 4. In D. E. Bloom (Ed.), *Live Long and Prosper? The Economics of Ageing Populations*. London: A VoxEU.org eBook, CEPR Press.
Kotlikoff, L. J., Kubler, F., Polbin, A., Sachs, J. D., & Scheidegger, S. (2019, April). *Making Carbon Taxation a Generational Win Win* (National Bureau of Economic Research Working Paper No. 25760).
Laitner, J., & Silverman, D. (2019). Population Ageing and Tax System Efficiency, Chapter 17. In D. E. Bloom (Ed.), *Live Long and Prosper? The Economics of Ageing Populations*. London: A VoxEU.org eBook, CEPR Press.
Mill, J. S. (2016). *The Principles of Political Economy: John Stuart Mill*. Scotts Valley: CreateSpace Independent Publishing Platform.
OECD Secretariat. (2019, October). Secretariat Proposal for a "Unified Approach" Under Pillar One, Public consultation document, OECD.
Office for Budget Responsibility. (2018). *Fiscal Sustainability Report*. https://obr.uk/fsr/fiscal-sustainability-report-july-2018/.
Smith, A. (1982). *The Wealth of Nations: Books I–III*. London: Penguin Classics.
The Economist (2019, April 13). Interference Day: Independent Central Banks are Under Threat. That is bad news for the world.

第14章

Hamilton, J. D., Harris, E. S., Hatzius, J., & West, K.D. (2015, August). *The Equilibrium Real Funds Rate: Past, Present and Future* (Natural Bureau of Economic Research, No. 21476).

Papetti, A. (2019, March). *Demographics and the Natural Real Interest Rate: Historical and Projected Paths for the Euro Area* (European Central Bank Working Paper No. 2258).

后记

Bernard, A. B., Jensen, J. B., & Schott, P. K. (2006, January). Survival of the Best Fit: Exposure to Low-Wage Countries and the (Uneven) Growth of U.S. Manufacturing Plants. *Journal of International Economics, 68*(1), 219–237.

Pierce, J. R. & Schott, P. K. (2012, December). *The Surprisingly Swift Decline of U.S. Manufacturing Employment* (National Bureau of Economic Research Working Paper 18655).

Stansbury, A. & L.H. Summers, L.H. (2020, May). *The Declining Worker Power Hypothesis: An Explanation for the Recent Evolution of the American Economy* (National Bureau of Economic Research Working Paper 27193).

译后记

我们着手翻译此书，正是2020年下半年新冠疫情肆虐全球之时。全球宏观经济自2008年以来陷入低利率、低通胀和低增长的困境。该书独树一帜，将其中两大谜题——低通胀和低利率，归结为人口这一长期、缓慢的结构性变量，并且旗帜鲜明地提出，随着即将到来的全球人口大逆转，低通胀和低利率也将逆转，而且新冠疫情正在加速这一进程。

困扰宏观经济研究者多年的谜题就这样破解了，谜底还这么简单，就是人口！初读本书，很是吃惊，就连作者也坦承他们的观点并不主流。毕竟，影响利率和通胀的因素众多，仅就通胀而言，译者之一曾专门撰文分析各种主流通胀决定论的不足，货币数量论、单位劳动成本、产出缺口等单一因素都难以决定通胀，更少见将通胀与抚养比直接联系起来，认为更少的劳动力抚养更多的人必然导致通胀。细细品味，其言或可商，但该书视角独特，逻辑自洽，仍不失为一本好书。在译校的过程中反复再读，体会该书切中了主流宏观经济分析的盲点，那就是过于关注周期性和短期因素而忽视结构性和长期变量，确是一本难得的上乘之作。

本书最大的特点就是聚焦人口问题及其宏观影响。人口的变化和波动要远远小于资本积累和技术进步等其他驱动经济的长期变量。这或许是人口因素一直被忽视的原因。尚且不说，财政和货币政策协调范式在经济周期频率上压倒性的影响力。但本书提供了全新的视角和有说服力的论据，人口这一长期被忽视的慢变量正在发生逆转，加速到来的老龄化和少子化，生育年龄的推迟，储蓄潜力的下降，老年护理需求的上升，都将推升名义利率和通胀。译者之一曾经主修人口与发展经济学，认为本书因其系统而全面的分析，全球化和结构化的视角，必将成为人口经济学的典范之作；就通胀或利率而言，不管是货币现象还是政治现象，归根结底仍是人的现象。

在本书译稿即将付梓之际，第七次全国人口普查结果公布，我国总和生育率降至1.3的全球极低水平。本书所说的人口大逆转虽然是全球现象，但突出体现在中国。如果说人口红利和中国融入世界的全球化红利，最集中体现在世纪之交二十年的中国，那么即将（或许已经）到来的大逆转，中国仍将是焦点，七普数据也证实了这一点。我国刚刚宣布了渐进延迟退休和开放三胎等措施，但面临的挑战还很多，比如劳动力的迁徙、城乡之间人口抚养比的差异、劳动力议价能力的差别等，更包括数字经济、平台经济给普通劳动者的福利带来的双刃剑的影响等，这些都将影响国内大循环、国内国际双循环是否顺畅有力。更重要的是，只有人的发展才是根本的发展，经济发展的出发点和落脚点都是人，回到人既是增长的需要，更是发展的应有之义。作为中国读者，这本书既有助于我们进一步把中国放在全球大背景下来看待，又为我们在未来更加重视研究人口问题提供了难得的帮助。

各章节翻译的分工如下：财政部廖岷负责第1章和第2章；

译后记

南加州大学刘立中负责第 3 章和第 7 章；财政部国经中心聂宇程负责第 4 章和第 14 章；北京大学光华管理学院刘建建负责第 5 章和第 11 章；中央外汇业务中心缪延亮和中央财经大学王帅负责第 6 章和第 8 章、中文版序言以及与作者的对话；上海银保监局汤颖男负责第 9 章和第 10 章；上海立信会计金融学院周叶菁负责第 12 章和第 13 章。廖岷和缪延亮先后两次统校了全书，囿于水平和精力，错误之处在所难免，敬请方家批评指正，疏忽和遗漏之处，责任均在我们。中央外汇业务中心的胡李鹏对译稿提出了很多宝贵意见，财政部的栾楠也提供了文字整理工作，在此一并致谢！还要感谢我们的老朋友、中信出版集团《比较》编辑室的吴素萍和孟凡玲，不仅督促我们完成译稿，还安排了和原作者的对话。我们将这一对话翻译成中文，作为导读，希望对读者有所裨益。

廖岷　缪延亮
2021 年 6 月于北京